MARCO POLO

CITYGUIDE

Kölner

2017

LIEBE LESERINNEN, LIEBE LESER,

wussten Sie schon? Bügeln ist das neue Yoga. Sagt jedenfalls die Facebook-Seite der buegel.bar im Gottesweg in Zollstock. Denn: »Wenn der Dampf aus dem Eisen steigt, glätten sich auch die Gedanken.« Stimmt eigentlich ... und mit den hippen Bügelbrettbezügen der witzigen Boutique bekommt dieser Gedanke sogar einen trendigen, nunja, Überzug. Auch anderswo geht's in Köln shoppingtechnisch originell zu, etwa in der Skaterladen-Waschsalon-Mischung Cleanicum oder im Spa Kenkawai, das Wellness to go und ausgefallene Gadgets verkauft.

Weniger originell ist natürlich, was an der Baustelle Oper und Schauspiel passiert, aber Kölns Kulturszene hält wacker dagegen, trotz schwindender Budgets, und überrascht mit Neueröffnungen wie dem Turistarama – einem Kino! Gewagt! Einen cleveren Schachzug machte das Laden Ein: Einfach Street Food unters Dach geholt und dem stark strapazierten Trend ein neues, originelles Gesicht verpasst. Chapeau! Kölns Nachtleben hat sich von der unrühmlichen Silvesternacht 2015/16 erholt, Locations wie King Georg, Heinz Gaul oder das neu eröffnete JackWho sind so angesagt und stark frequentiert wie eh und je. Sie fragen »Jack wer«? Kannten Sie nicht? Dann schauen Sie mal in den neuen »Köln für Kölner«! Hier finden Sie unzählige Tipps und Adressen für Alltag und -nacht, ob Sie Hardcore-Bügler, Müsli-Man, Wellness-Jüngerin, Kickbox-Pärchen oder kleiner Carrera-Racer sind!

MARION ZORN
Chefredakteurin
MARCO POLO

CLAUDIA SCHALL
Chefredakteurin
Radio Köln 107,1

KÖLN FÜR KÖLNER

SYMBOLE

INSIDER TIPP — **MARCO POLO INSIDER-TIPPS** Von uns für Sie entdeckt

★ — **MARCO POLO HIGHLIGHTS** Kölns wichtigste Adressen

NEU — **NEUERÖFFNUNG** Das ist neu in Köln

ÖKO — **ÖKOLOGISCH, BIOLOGISCH** Umweltbewusst genießen

LOW BUDGET Viel erleben für wenig Geld

DRAUSSEN SITZEN Frischluft-Empfehlung

STADTVIERTEL Das ist in meiner Nähe

(*) **KOSTENPFLICHTIGE TEL.-NR.**

ESSEN & TRINKEN
PREISKATEGORIEN*

€€€ = mehr als 20 Euro
€€ = 10 bis 20 Euro
€ = 5 bis 10 Euro
*Hauptgericht ohne Getränke

RESTAURANT-BEWERTUNG

■□□ = bewährt ■■■ = sehr gut

KARTEN

(224 A1) **SEITENZAHLEN UND KOORDINATEN** im Cityatlas
U-/S-Bahn-Plan in der hinteren Umschlagklappe

AUTOR

RALF JOHNEN (Jahrgang 1968) ist überzeugter Kölner. Doch er kommt ohne die gängigen Klischees aus, wenn er seine Zuneigung für die Stadt zum Ausdruck bringt. Der Dom ist ihm nicht so wichtig. Der Rhein schmeichelt dem Auge auch in seiner Geburtsstadt Bonn. Dafür ist er Ende der 1980er-Jahre in Köln in eine Stadt hineingewachsen, in der alle coolen Bands aufgetreten sind. Später, als Journalist für den Kölner Stadtanzeiger, nahm er andere Facetten Kölns wahr. Er lernte, was ein Strippenzieher ist und erkannte, dass Unternehmer hier die Chance haben, ihre Geschicke mit Hilfe eines Katalysators namens Klüngel in geeignete Bahnen zu lenken. Den Katholizismus hält er nach tieferen Einblicken in die Seele der Stadt für eine unverzichtbare folkloristische Einrichtung. Sündigen, beichten und wieder von vorne anfangen? Klingt plausibel! Als Bewohner des Kwartier Latäng weiß er die Kompaktheit Kölns zu schätzen. Man kommt überall zu Fuß hin. Oder mit der KVB. Ein Wunder, dass Autos hier so selbstverständlich geduldet sind. Als Foodie genießt er das enorme Restaurantangebot. Wenn er ehrlich ist, würde er gern mehr Nächte im Stereo Wonderland verbringen. Und während der Karnevalstage überkommt ihn ein irrationales Überlegenheitsgefühl: Soll der Rest des Landes doch arbeiten! Ich gehe schunkeln und singe irgendwas über die Stadt mit K. Ralf Johnen lebt als freiberuflicher Buchautor, Journalist und Lektor in Köln. Er betreibt zudem den Blog *www.boardingcompleted.me.*

Der Rhein steigert Kölns Freizeit- und Erholungswert zu Füßen von Dom und Groß St. Martin

Die Stadtviertel auf einen Blick

Schnell finden, was in Ihrer Nähe ist. So geht's: Stadtbezirk in der Karte auf der nächsten Seite suchen, Farbe einprägen und anhand der bunten Pfeile im Band nah gelegene Adressen auswählen.

Ehrenfeld

Ehrenfeld führt ein Eigenleben. Durch den Grüngürtel scheint die Distanz zum yuppiesierten Belgischen Viertel größer, als sie rein geografisch ist. Doch sie genügt, um eine eigene Klientel zu definieren. Das einstige Arbeiterviertel zeigt heute ein vielseitiges Gesicht: Auf der Venloer Straße führen hippe Cafés und Biosupermärkte eine friedliche Koexistenz mit anatolischen Gemüsehändlern und Fachgeschäften für Mobiltelefonzubehör. In ihren engen Seitenstraßen hingegen werden die Häuser mit den Zweifensterfronten inzwischen nicht mehr nur von Kreativen und Studenten, sondern zunehmend von Familien bewohnt. Sie alle teilen die Sorge, dass die liebgewonnenen Industriebrachen jenseits des Gürtels, die Clubs und Ateliers beherbergen, bald von Investoren aufgekauft und durch gesichtslose Zweckbauten ersetzt werden könnten. Am Wochenende aber sind alle Befürchtungen vorübergehend vergessen, denn dann ist Ehrenfeld ein Epizentrum des Kölner Nachtlebens, das es mit dem Heinz Gaul oder dem JackWho immer wieder schafft, auch Touristen aus der Hauptstadt neidisch zu machen.

Innenstadt

Die mondänen Gründerzeitbauten im Agnesviertel, die touristische Altstadt am Rheinufer, das hippe Belgische Viertel und die gentrifizierten Straßenzüge der Südstadt – all das nennt sich in Köln Innenstadt. Und ja, auch der Dom und die Ehrenstraße gehören dazu.

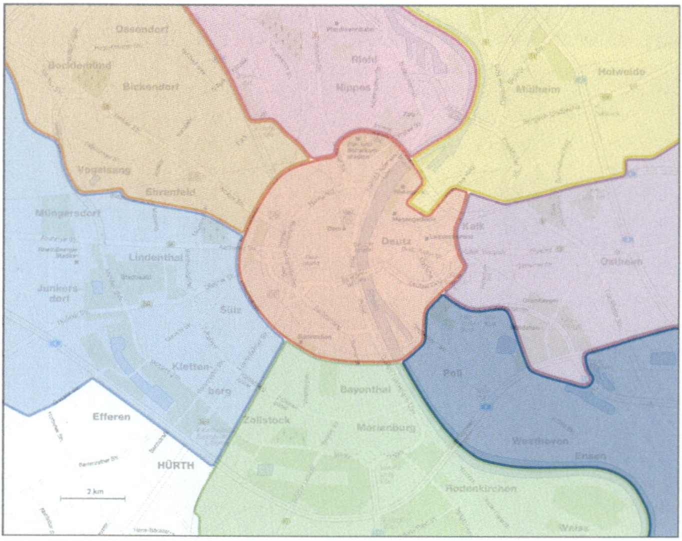

- Ehrenfeld
- Innenstadt
- Kalk
- Lindenthal
- Mülheim
- Nippes
- Porz
- Rodenkirchen
- Andere Stadtviertel

Lauschige Plätze zum Zusammensitzen, wie hier in der Altstadt, prägen Kölns Veedel-Flair

Die Definition ist denn auch historisch bedingt: Der heutige Verwaltungsbezirk Innenstadt wird linksrheinisch durch die Umrisse des einstigen Festungsrings aus dem 19. Jh. bestimmt. So deckt sich seine Grenze größtenteils mit dem Inneren Grüngürtel, nur dass dieser ihn nicht – wie einst vorgesehen – vollständig umschließt. Dabei entspricht der eigentliche Stadtkern der römischen Stadt Colonia Claudia Ara Agrippinensium, und der Straßenverlauf des »Rings« folgt den mittelalterlichen Stadtmauern, die 1881 abgerissen wurden. Auf der Schäl Sick erstreckt sich der Bezirk bis zum Ostrand von Deutz. Trotz ihrer Diversität weiß die Innenstadt mit einer beispiellosen Kompaktheit zu glänzen: Vom Fort X am Neusser Wall im Norden bis in die hintersten Gefilde der Südstadt sind es gerade einmal 5 km. Auf diesem überschaubaren Flecken Erde befinden sich vom Kolumba-Museum und dem Palast des römischen Statthalters (dem Praetorium) über die romanischen Kirchen bis hin zu den Kranhäusern am Rhein nahezu alle Sehenswürdigkeiten der Stadt. Das Areal beherbergt Dutzende Brauhäuser, Hunderte Restaurants, immer wieder neue Bars und das Gros der tonangebenden Geschäfte und Museen. Kein Wunder also, dass die Innenstadt alle anderen acht Verwaltungsbezirke in den Schatten stellt! Dafür ist es hier auch am teuersten. Denn obwohl gerade zwischen der historischen City und der Südstadt seltsam unglamouröse Straßenzüge existieren, ist die Innenstadt auch eine Enklave der Wohlhabenden.

Kalk

Kalk im Osten der Stadt ist das neue Ehrenfeld. Diese Behauptung ist in Köln nicht selten zu vernehmen. Tatsächlich zieht es mehr und mehr Studenten, junge Berufstätige und kreative Geister hierher. Die Folge ist ein immer rasanterer Erneuerungsprozess: Schon jetzt beherbergt das einst raue Pflaster von

Kalk einige innovative Galerien und etwas abgerockte Cafés, die an den Charme von Berlin-Neukölln erinnern. Auch logistisch ist das Leben in Kalk nicht ohne Komfort: Unabhängig davon, ob man sie mag, bieten die Köln Arcaden eine organisierte Einkaufsinfrastruktur – und die Linien 1 und 9 der KVB bringen ihre Fahrgäste binnen zehn Minuten zum Zülpicher Platz.

Lindenthal

Dem Kölner Westen eilt der Ruf einer gewissen Noblesse voraus. Tatsächlich sind Klettenberg, Sülz und Lindenthal ziemlich grün und strahlen eine überraschende Lebensfreude aus. Rund um die Dürener und die Berrenrather Straße frönt man gern dem Savoir Vivre – es ist ja auch verführerisch, an einem lauen Sommerabend auf dem Trottoir ein Glas Chianti zu trinken, während frisch frisierte Damen ihre Schoßhündchen ausführen. Besonders gut hat es das Schicksal mit jenen gemeint, die entlang der beiden Kanäle residieren, wo Bürgertum und junge Familien im Frühjahr verzückt den Nachwuchs der ortsansässigen Schwanenfamilien begutachten, während durchtrainierte Sportstudenten teilnahmslos ihre Runden drehen. Im Gegensatz zu den anderen genannten Veedeln kann Müngersdorf auch mit der Aufmerksamkeit von Innen- oder Vorstädtern punkten: Der »Effzeh« hat hier seine eigene Strahlkraft.

Mülheim

Der Nordosten erfreut sich seit geraumer Zeit unverhofften Zuspruchs des Bildungsbürgertums: Weil die Sanierung der Städtischen Bühnen infolge mutmaßlichen Missmanagements unerwartet viel Zeit in Anspruch nimmt, wurde das Schauspiel ins Carlswerk nach Mülheim outgesourct. Darüber hinaus profitiert der Stadtteil ähnlich wie Kalk von der fortschreitenden Gentrifizierung vormals angesagter Viertel, was auf Dauer nicht ohne Folgen für die multikulturelle Vielfalt bleibt. Rund um die Keupstraße ist »Klein Istanbul« noch intakt. Doch die Neubausiedlungen am Rheinufer sind schon jetzt fest in der Hand einstiger Innenstädter.

Nippes

Nippes ist eine bevorzugte Adresse für citynahes Qualitätswohnen, die zunehmend junge Familien zu schätzen wissen. Prächtige Gründerzeitpaläste, liebenswerte niedrige Backsteinhäuser und etwas brachiale Nachkriegsbauten prägen das heterogene Stadtbild. Doch die Cafés am sogenannten »Chillplatz«, der an jedem Wochentag geschäftige Markt auf dem Wilhelmplatz und nicht zuletzt die formidable Vintage-Kneipe

Kuen bilden ein attraktives Gesamtpaket, zumal der Rhein, die Flora und der Zoo nicht weit weg sind.

Porz

In einer gepflegten Vorstadt wohnen und dennoch ein »K« auf dem Nummernschild haben – diese Kombination ermöglichen Langel, Libur und andere Teile von Porz. Mit der Freizeitinsel Groov und dem Flughafen beheimatet der Südosten zudem zwei Institutionen, an denen kaum ein Kölner vorbeikommt. Die Distanz zur City bleibt vorerst noch ein Garant dafür, dass sich das Hipstertum wenig für den Stadtteil interessiert.

Rodenkirchen

Als Stadtbezirk könnte Rodenkirchen kaum heterogener sein: Sowohl Zollstock als eines der letzten authentischen Arbeiterklasseviertel als auch das mondäne Bayenthal werden von hier aus regiert. Für sich gesehen vereint Rodenkirchen ähnlich viele Eigenschaften: Die auf dem Rhein schaukelnde Alte Liebe und der Sandstrand der »Kölschen Riviera« sind tief im kollektiven Bewusstsein der Kölner verankert. Von diesen Hotspots und dem kleinen historischen Kern abgesehen, bleiben die Rodenkirchener meist unter sich.

Andere Stadtviertel

Auch außerhalb gelegene Bezirke lohnen einen Besuch. Beispielsweise Chorweiler, denn auch wenn die Hochhaussiedlungen in Kölns 9. Bezirk heute als architektonisches Missverständnis gelten, bietet das Umfeld im hohen Norden zumindest im Sommer beliebte Ausflugsziele mit hohem Freizeitwert: den Fühlinger See, einen Reitstall, ein Spaßbad und den Worringer Bruch.

Auf dem Schillplatz in Nippes lässt sich der Tag entspannt in einem Straßencafé vertrödeln

VON A NACH B

Ein eigenes Auto? Öffentliche Verkehrsmittel? Es gibt auch andere Wege, um sich in Köln fortzubewegen.

CARSHARING

CAMBIO

Man findet die Autos an einer der über die Stadt verteilten 80 Stationen. Statt Minutenpreisen gibt es ein Tarifsystem mit monatlichen Grundgebühren, Stunden- und Kilometerpreisen (auch Tages- und Wochentarife). Die Flotte bietet mit vier Klassen eine Auswahl vom kleinen Citroën C1 bis zum Ford Transit in der Bus- und Transportervariante. ÖKO Oder Sie mieten den Mitsubishi i-MiEV – ein Elektroauto mit Ökostrom-Akku.
Tel. 0221 9 49 97 00 | www.cambio-carsharing.de

CAR2GO

Einfach bei Car2go registrieren (19 Euro). Dann in einer der Registrierungsstationen erscheinen, und los geht's. Über die Car2go-App finden Sie freie Autos, die sich nach App-Anweisung öffnen lassen. Die Minute kostet 29 Cent, Parken zur Fahrtunterbrechung 19 Cent pro Minute. Gegen eine Gebühr von 4,90 Euro je Fahrt lässt sich zwischen den Köln und Düssselsdorf und den Flughäfen pendeln. Auch in Bonn und bei Bayer in Leverkusen gibt es Parkspots. Die rund 480 Wagen starke Flotte besteht aus blau-weißen Smarts.
Tel. 030 23 34 01 10 | www.car2go.com

DRIVENOW

Drivenow funktioniert wie Car2go. Die Anmeldegebühr beträgt 29 Euro. Die Fahrt kostet zwischen 31 und 34 Cent pro Minute, Parken 15 Cent pro Minute; günstiger sind 4 Prepaid-Pakete. Die Flotte aus 1er-BMWs, Minis und Cabrios besteht aus 250 Wagen. Das Auto abstellen können Sie auf allen legalen, kostenlosen Parkplätzen, in etwa vom Militärring bis zur Frankfurter Straße, zudem in Düsseldorf (auch am Flughafen), am Köln/Bonner-Flughafen und am Leverkusener Bayerwerk. Ums Tanken kümmern sich die Mitarbeiter., aber im Handschuhfach liegt auch eine Prepaid-Tankkarte,

und wer tankt, bekommt Freiminuten.
Tel. (*) 0180 6 29 29 29 | www.drive-now.com

FLINKSTER
Den Autoverleih der Bahn gibt es in über 200 deutschen Städten. Nach einmaliger Legitimierung (mit Führerschein und Personalausweis) können die Wagen per App geortet, angemietet und abgerechnet werden. An den festen Flinkster-Stationen können Automobile ab 2,30 Euro pro Stunde (nachts 1,50 Euro) und 39 Euro pro Tag abgeholt werden.
www.flinkster.de

E-MOBILITÄT

Infos zu Elektro-Autos s. »Carsharing«.

E-MOTION
Die Auswahl an Pedelecs und E-Bikes dürfte die größte in Köln sein: vom Mountain- bis zum Citybike, vom Tourenrad bis zum kompakten Flitzer. Selbst E-Dreiräder und E-Tandems sind erhältlich.
Junkersdorf
Mo, Di, Do, Fr 10–13 u. 14–19, Sa 10–15 Uhr | Tagesmiete 25–75 Euro | Aachener Str. 1052 | Tel. 0221 54 02 01 85 | www.emotion-technologies.de | U 1 Mohnweg (236 C3)

RADSTATION
Die Radstation am Hinterausgang des Hauptbahnhofs bietet neben Tandems, Trekking- und Mountainbikes auch eine Auswahl an E-Bikes und Pedelecs. Selbst E-Skooter (elektrisch betriebene Roller) sind im Angebot.
Innenstadt
Mo–Fr 5.30–22.30, Sa 6.30–20, So 8–20 Uhr | 3 Std. 20, 1 Tag 29 Euro | Breslauer Platz | Tel. 0221 139 71 90 | www.radstationkoeln.de | U 16, 18 Breslauer Platz/Hbf. (227 E1)

LEIHRÄDER

CALL A BIKE
Die Fahrräder mit dem markanten silbernen Hinterteil können Sie über Ihr Handy orten. Jedes Bike hat eine eigene Telefonnummer, über die man es freischalten kann, wenn man sich vorher kostenfrei angemeldet hat. Die Nutzung kostet einen Euro pro 30 Minuten und höchstens 15 Euro am Tag. Bahncard-Inhaber und Studenten zahlen weniger. Die Räder müssen im Call-a-Bike-Gebiets (linksrheinisch innerhalb vom Gürtel, rechtsrheinisch nur in Deutz) wieder gut sichtbar an einer Kreuzung oder einer Call-a-Bike-Station abgestellt werden.
www.callabike.de

KASIMIR LASTENRAD
Konstanze, Wespa und Kasimir heißen die Lastenfahrräder, die Sie beim gemeinnützigen Verein »Wie leben wir« kostenlos ausleihen können. Eine Spende wäre schön, ist aber kein Muss. Konstanze steht am Asta-Büro der Uni, Wespa in der Südstadt und Kasimir immer an verschiedenen Stationen. Das Handling der schweren Räder erfordert ein paar Minuten Training, aber dann macht es Spaß, damit zu fahren.
www.kasimir-lastenrad.de

KVB-RÄDER
Schon mehr als 900 Velos mit dem Logo der KVB sind als Ergänzung zu Bus und Bahn in Gebrauch. Über eine App können Kunden sehen, wo eins verfügbar ist. Ein Bordcomputer reguliert die Öffnung des Schlosses und die Zahlungsmodalitäten. Über Details klärt ein Video auf der KVB-Homepage auf. 30 Minuten kosten einen Euro, VRS-Chipkartenkunden fahren die erste halbe Stunde umsonst.
www.kvb-koeln.de/kvb-rad

SCHOKOLADEN**MUSEUM.DE**

DAS SCHOKOLADENMUSEUM

GESCHICHTE UND GEGENWART DES KAKAOS UND DER SCHOKOLADE

Lindt
SCHWEIZER CHOCOLADE-KULTUR SEIT 1845

Imhoff
Schokoladen museum

Angesagt

Wo hat der nächste Gourmetimbiss eröffnet? Auf welche Clubs ist man selbst in Berlin neidisch? Ob Neuzugang oder Klassiker: Diese Tipps sind aber sowas von in!

KÖLN ERLEBEN

FÜHRUNG ÜBER DIE DÄCHER DES DOMS

Eine Begehung der Dächer des Unesco-Weltkulturerbes sollte jeder Kölner einmal mitgemacht haben, denn sie führt an Orte, die sonst nicht zugänglich sind, z. B. unter die beeindruckende Stahlkonstruktion des Dom-Dachstuhls. Auch die Aussicht vom Dachreiter ist atemberaubend. Da es zum Teil in beachtlichen Höhen über schmale Bretterplanken entlang eines filigranen Geländers geht, ist Schwindelfreiheit Voraussetzung für die Teilnahme. Stadt und Rhein sehen von oben aus wie die Spielzeugwelt einer Modelleisenbahn-Landschaft.

Altstadt-Nord

Dauer 1,5 Std. | Gebühr Einzelperson 15 Euro, als geschlossene Gruppe (17 Leute) 150–170 Euro | Anfragen drei Monate im Voraus möglich | Anmeldung unter www.domfuehrungen-koeln.de (227 E2)

RHEINBOULEVARD DEUTZ

Ihre Sonnenseite haben viele Kölner bislang verschmäht. So gesehen ist der Rheinboulevard zwischen Hohenzollernbrücke und Deutzer Brücke eine Offen-

Ein Reisspeicher aus Indonesien von 1935 steht im Foyer des Rautenstrauch-Joest-Museums

barung: Auf der ☀ Freitreppe kann ein jeder den Blick auf die Silhouette von Altstadt und Dom genießen. Wer lukullischen Freuden zugetan ist, sollte ein Picknick mitnehmen, denn in der Nähe sind keine Versorger zugelassen. Auch von Rotweinkonsum wird abgeraten, denn die Treppe gilt als fleckenanfällig.

Deutz

Rheinufer | U 1,3,4,9 Messe Deutz
(230 C4–5)

KUNST & KULTUR

FILMPALETTE

Das kleinste Kino der Stadt ist zugleich das vielleicht schönste. Anstelle einer pompösen Leinwand mit aufgeblasenem Soundsystem können sich die Besucher hier auf eine Top-Auswahl feiner Arthouse-Filme verlassen. Wenn die Werbung doch einmal zu lange dauert, wandert der Blick in den stilisierten Sternenhimmel, der die Decke des Saals für nur 68 Zuschauer ziert. Das Kino mit Fifties-Ambiente hat einen Zweitsaal für 44 Zuschauer und ist als Schauplatz für kleine Filmfestivals und Bühne internationaler Filmkultur kontinuierlicher Publikumsliebling.

Neustadt-Nord

Eintritt 5,50–7,50 Euro | Lübecker Str. 15 | Tel. 0221 12 21 12 | www.filmpalette-koeln.de | U 12, 15, 16, 18 Ebertplatz
(230 F3)

RAUM 13

Anja Kolacek, Tänzerin, Choreografin und Kulturmanagerin, sowie Lichtgestalter Marc Leßle öffnen mit ihrem politisch-philosophischen Projekt »Raum 13« Räume an der Schnittstelle von Tanz, Schauspiel, Musik und bildender Kunst. Dafür gibt es weder ein festes Ensemble noch eine feste Spielstätte. Vielmehr soll an immer anderen Orten mit unterschiedlichen Gastkünstlern der Konflikt zwischen Politik, Kunst und Leben künstlerisch reflektiert werden. Das aktuelle Projekt »Deutzer Zentralwerk der schönen Künste«, bei dem leer stehende Gebäude von Klöckner-Humboldt-Deutz zu einer offenen Plattform für Theater, Tanz, Kunst, Musik und Medien umgenutzt werden, wurde bereits vom Goethe-Institut ausgezeichnet. Experimentell und äußerst spannend!

Deutz

Öffnungszeiten je nach Veranstaltung | Deutzer Zentralwerk der schönen Künste, Deutz-Mülheimer Str. 147–149 | Tel. 0221 4 23 21 85 | www.raum13.com | U 3, 4 Stegerwaldsiedlung (231 D3)

RAUTENSTRAUCH-JOEST-MUSEUM – KULTUREN DER WELT

Warum war das Leben im Tipi so praktisch? Weshalb tragen die Menschen Tätowierungen? Welchen Sinn haben Ahnenfiguren? Interessante Fragen wie diese werden hier geklärt. Auf über 3600 m² erstreckt sich die Ausstellung, die dem Prinzip des Kulturvergleichs folgt und als Wahrzeichen im Foyer einen 8 m hohen, 80 Jahre alten, filigran und ohne einen Nagel gebauten indonesischen Reisspeicher präsentiert. Mit verstaubter Völkerkunde hat das nichts zu tun, stattdessen widmet man sich mit moderner Technik und Pädagogik übergreifenden, soziologisch-kulturellen Themen: Wie entstehen Vorurteile? Warum sammeln wir kulturelle Gegenstände? Ein Highlight unter den Kölner Museen, das man jedes Mal mit neuen Erkenntnissen und auch mit neuen Fragen verlässt.

Innenstadt

Di–So 10–18, Do 10–20 Uhr | Eintritt 7 Euro | Cäcilienstr. 29–33 | Tel. 0221 22 13 13 56 | www.museenkoeln.de/rjm | U 1, 3, 4, 7, 9, 16, 18 Neumarkt (226 C4)

ESSEN & TRINKEN

BAGATELLE

Neben Street-Food und Sterneküche behauptet sich noch ein dritter gastronomischer Trend: die internationalisierte Tapas-Kultur. In der Bagatelle wird die Komposition einer vollwertigen Mahlzeit aus verschiedenen Gerichten auf französische Weise interpretiert – z. B. mit Jakobsmuschel-Riesling-Terrine, Blutwurst-Carpaccio mit Apfel-Schalotten-Relish und grünem Spargel mit Meersalz in Beurre Blanc. Die »Bagatellen« kosten zwischen 3 und 5 Euro, und die keineswegs nur französischen Flaschenweine sind ebenfalls fair kalkuliert. Weil das Konzept nicht nur Leute aus der hedonistischen Südstadt, sondern auch aus anderen Veedeln anzieht, ist das Lokal stets voll. Im Sommer sitzt man schön auf dem Trottoir und kann das INSIDER TIPP Flair der Gründerzeithäuser genießen.

Südstadt

€–€€ Mo–Sa 17–1, So 15–24 Uhr | Teutoburger Str. 17 | Tel. 0160 99 44 52 67 | www.bagatelle.koeln | U 15, 16, 17 Chlodwigplatz (234 B2)

Essen ■■■ Ambiente ■■■ Service ■■■

LADEN EIN

NEU Eine einleuchtende Idee: Weil sich in Deutschland die Start-up-Imbissveredler mit ihren Street-Food-Trucks nicht an jede x-beliebige Straßenecke stellen dürfen, können sich diese stattdessen in einem Ladenlokal die Klinke in die Hand geben: Im Laden Ein gastiert alle 14 Tage ein anderer Protagonist der rasant wachsenden Street-Food-Szene. Auf den Teller kommen glutenfreie Arepas mit Pulled Pork oder Softshellcrab-Tempura auf Schwarzsesambrötchen. Im Ambiente einer ehemaligen Metzgerei bürgt dies für eine ständige Wiederholung des gastronomischen Pop-

Unkonventionelle Mode von fabelhaften Labels: 1000 Fliegende Fische

up-Effekts, wobei das sichere Terrain der omnipräsenten Edel-Burger-Bude verlassen wird.

Agnesviertel

€ Mo–Sa 12–22 Uhr | Blumenthalstr. 66 | Tel. 0157 51 63 25 12 | www.laden-ein.com | U 16, 18 Reichenspergerplatz (230 B2)

Essen ■■■ Ambiente ■■■ Service ■■■

MEET & EAT WOCHENMARKT

Regionale Produkte, die nach dem Zyklus der Natur »saisonal« wachsen, werden fast okkultisch verehrt. Ist zudem eine handwerkliche Veredelung im Spiel, kennt die Begeisterung des Foodies keine Grenzen mehr. Der Meet & Eat Wochenmarkt an Donnerstagabenden auf dem Rudolfplatz hat sich daher zu einer Institution und einem beliebten Treffpunkt gemausert. Geräucherter Fisch, Alpenkäse und Brot aus der Eifel ist hier für zu Hause oder zum Sofortverzehr unter freiem Himmel zu haben. Zu vielen der Speisen trinkt das bunte Publikum des Street-Food-Markts auch gern ein Gläschen Sekt.

Innenstadt

Do 16–21 Uhr | Rudolfplatz | Tel. 02234 209 35 50 | www.meet-and-eat.koeln | U 1, 7, 12, 15 Rudolfplatz (229 E5)

OX & KLEE

Bodenständigkeit und Qualitätsbewusstsein können für einen Koch in hoher gastronomischer Anerkennung münden, wenn diese Tugenden mit Innovationsfreude und ein klein wenig Risikobereitschaft einhergehen. Dies beweist Daniel Gottschlich mit seinem auf den ersten Blick unscheinbaren Restaurant auf der Richard-Wagner-Straße, denn das Ox & Klee ist Kölns jüngstes Lokal, das mit einem Michelin-Stern dekoriert wurde. Die Küche versteht sich als Repräsentant der deutschen Moderne, im Angebot sind ausschließlich Menüs mit vier bis neun Gängen. Während der Stern im preisbewussten Deutschland für viele Lokale rasch zu einer Bürde wird, kann sich das Ox & Klee über mangelnden Zuspruch nicht beklagen: Die Tische sind stets über Wochen hinweg ausgebucht.

Belgisches Viertel

€€€ Mo–Mi Fr, Sa 19–23 Uhr | Richard-Wagner-Str. 20 | Tel. 0221 16 95 66 03 | www.oxundklee.de | U 1, 7 Moltkestraße (229 D5)

Essen ■■□ Ambiente ■■□ Service ■■□

EINKAUFEN

1000 FLIEGENDE FISCHE

Mal quietschbunt, mal gedeckt und auf jeden Fall individuell geht es zu in dem angesagten Lieblingsladen vieler Studentinnen und Fans von unkonventioneller Mode. Der trendige Style wird durch einen gekonnten Mix von Labels wie Sessun, Minimum, LJB und Mavi kreiert, deren sehenswerte Teile regelmäßig auch in den fabelhaft gestalteten Schaufenstern zu bewundern sind – modische Langeweile und Graue-Mäuschen-Looks haben da keine Chance!

Kwartier Latäng

Mo–Fr 11–20, Sa 11–19 Uhr | Roonstr. 16 | Tel. 0221 2 40 02 33 | www.tausendfliegendefische.de | U 9, 12, 15 Zülpicher Platz (226 A5)

GREATLIVE

ÖKO Das Sortiment umfasst Pappkicker zum Selbstbauen, Lampen und Lastenfahrräder, Fair-Trade-Kaffee, Blumensamen sowie Postkartenboxen. Auch toll: Die Upcycling-Möbelecke mit Couchtischen aus Paletten, Garderoben aus alten Skateboards und Zeitungsständern aus Weinregalen. Inhaber Cem Yilmaz ist ein Lokalpatriot mit Geschmack und bietet auch coole und faire Ökomode von Kölner Labels wie Stegerwald, Earth Positive oder Kummerlöwe an. Die Platten und CDs stammen fast alle von Rappern aus Köln.

Kwartier Latäng

Di–Sa 12–19 Uhr | Luxemburger Str. 41–43 | Tel. 0221 80 14 66 90 | www.greatlive.de | U 12, 15, 16, 18 Barbarossaplatz (226 A6)

HERRENBUDE

Die Kollektion dieser Ehrenfelder Hinterhofboutique ziert einen jeden Gentleman. Die Hausmarke kommt klassisch mit einem leicht extravaganten Unterton daher und wird in Italien aus Merinowolle geschneidert. Das Sortiment umfasst auch Sportswear bekannterer Labels. Dabei gilt stets die Maxime, dass nichts auf den Bügel kommt, was der Chef nicht auch selbst tragen würde. Er hat nicht den schlechtesten Geschmack, hört auf den Namen Achim Schmitz, und ebenfalls nicht zu unterschätzen: Er bleibt auch bei kurzfristiger Anfrage für einen Hochzeitsanzug tiefenentspannt.

Ehrenfeld

Di–Do 17–20, Fr 12–20, Sa 12–18 Uhr | Rothehausstr. 4 | Tel. 0171 142 02 01 | www.herrenbude.de | U 3, 4 Körnerstraße (228 C3)

SPASS FÜR KINDER

FARINA-MUSEUM

Bei der Kostümführung durch das Farina-Haus haben Kinder bei speziellen Führungen ganz besonders ihren Spaß. Ein Experte in der authentischen Kleidung eines Nobelmannes erklärt ihnen, wie es zur Erfindung des Eau de Cologne im frühen 18. Jh. gekommen ist. Auch die Führung mit einem Schauspieler als Parfümeur ist für Kinder nett, und schnuppern, wie es duftet, dürfen sie natürlich auch.

Innenstadt

Do 17, Sa, So 15 Uhr und auf Anfrage | Eintritt 9/4,50 Euro (Tickets nur über die Webseite) | Obenmarspforten 21 | Tel. 0221 3 99 89 85 | www.farina.org | U 1, 7, 9 Heumarkt (227 E3)

KLETTERWAND HENNEF

Aus zehn Metern Höhe von einem Baum springen? Erwachsene bekommen Angst, aber den meisten Kindern macht es wenig aus, das Plateau mit einem beherzten Satz zu verlassen. Gut zu wissen: Alle Probanden dieser Mutprobe sind mit Karabinern sicher an Seilen befestigt, auch wenn sie sich an einer Zipline in die Tiefe stürzen. Es geht hier allerdings auch mit weniger Adrenalin: Kletterstrecken sind in unterschiedlichen Schwierigkeitsgraden vorhanden.

Hennef

Mitte März–Anfang Nov., variable Öffnungszeiten | Eintritt 14/19 Euro | Sövener Str. 60 | Tel. 02622 9 86 92 60 | www.kletterwald-hennef.de | Anfahrt am besten mit dem Auto (237 D4)

WELLNESS & SPORT

MEDITERANA

Das Mediterana wird regelmäßig als beste und schönste Wellnessanlage Deutschlands bezeichnet, und das vollkommen zu Recht. Schon die vielseitige Architektur mit orientalischen Einflüssen sorgt hier für ein sofortiges Urlaubsgefühl, das durch die zahlreichen Angebote noch verstärkt wird: persisches Edelsteinbad oder Bergquell-Brunnen? Entspannen in der Maharaja-Suite oder Schwitzen auf dem Stepper? Oder möchten Sie lieber unter Olivenbäumen liegen oder Rosenaufgüsse in der Sauna genießen? Wer in dieser Oase für Körper und Sinne alle Anwendungen und Angebote ausprobieren möchte, braucht viel Zeit oder muss mehrmals kommen. Aber angesichts des tollen Service und der angenehmen Atmosphäre nimmt man sich die Zeit hier sehr gern, zumal es auch viel zu entdecken gibt. Beliebte Geschenkideen sind Gutscheine für

Im indisch gestalteten Innenhof des Mediterana wähnt man sich in einer fernen Welt

Massagen, Wellness- oder Schönheitsanwendungen. Angeboten werden auch Kinderschwimmkurse und krankenkassengeförderte Fitnesskurse. Am Nachmittag gibt es im Sommer regelmäßig Live-Konzerte, die auf der Webseite angekündigt werden.

Bergisch Gladbach

Sauna tgl. 9–24, Thermal 9–22.30, Beauty und Massage 9–22 Uhr | 2 Std. Sauna Mo–Fr 24, Sa, So 26 Euro, 2 Std. Thermal Mo–Fr 12, Sa, So 14 Euro | Saaler Mühle 1 | Tel. 02204 20 20 | www.mediterana.de | U 1 Neuenweg (237 D2)

SPA CHABA

Ob die Wahl auf eine Relax-Massage, die klassische Thai-Massage oder die speziellere Bein- und Fußmassage fällt, der Fokus liegt in diesem kleinen Studio immer auf der medizinischen Behandlung und nicht auf esoterischem Geklimper oder Traumsequenz-Illuminierung. Die ausführenden Kräfte verfügen über Zertifikate von Eliteschulen aus Bangkok. Weil sie kräftig anzupacken gewohnt sind, sei der Hinweis erlaubt, dass die Massagen nichts für Heulsusen sind.

Kwartier Latäng

Mo–So 10–21 Uhr | 60 Min. ab 39 Euro | Zülpicher Platz 3–5 | www.spachaba.de | U 9, 12, 15 Zülpicher Platz (226 A5)

AUSGEHEN

HEINZ GAUL

Von extravaganten Dub-Step-Abenteuern über düstere Drum&Bass-Sessions bis zu Auftritten von DJ-Granden – bewegungsfreudige Musikliebhaber werden hier ziemlich verwöhnt. Neuerdings in einem kleinen Zweitsaal und wie gehabt mit einer überdachten Abhäng-Area im Freien. Hauptstädter staunen: So etwas gibt es in Berlin nämlich nicht.

Ehrenfeld

Vogelsanger Str. 197 | www.facebook.com/heinzgaul197 | U 3, 4, 13 Venloer Str./Gürtel (228 B3)

JACKWHO

NEU Ein großzügiger Kellerraum, der sich weit hinten auf dem Areal eines stillgelegten Güterbahnhofs befindet. Elektronische Musik aller distinguierten Stilrichtungen, die erst gegen 8 Uhr morgens verstummt. Ein DJ-Line-up, das neben den heimischen Kompakt-Größen auch Gäste wie Acid Pauli umfasst. Dazu fair kalkulierte Preise für Drinks und ein Open-Air-kompatibles Freigelände. Dies sollte reichen als Beweis für die These: Der Kölner Underground lebt.

Ehrenfeld

Fr, Sa ab 23.59 Uhr | Vogelsanger Str. 231 | www.jackwho.de | U 3, 4 Leyendeckerstraße (228 B3)

KING GEORG

Konzertsaal für Legenden wie Thurston Moore, die das intime Ambiente lieben. Podium für vielversprechende Bands auf der finalen Tour vor dem Durchbruch. Bühne für Lesungen, Diskurse oder Debatten. Und Wohnzimmer mit Rotlicht-Appeal und formidabler Cocktailbar. Diese Kombination macht das King Georg zum Epizentrum der Kölner Gegenkultur. Weil der König unter den Lokalen noch dazu gebührend unprätentiös ist, dürfte er auf absehbare Zeit weit über die Stadtgrenzen hinaus konkurrenzlos bleiben. In den Sommermonaten firmiert der Club mit einigen Konzerten unter dem Namen King Ludwig auf dem Dach des gleichnamigen Museums. So erwirbt man sich Heldenstatus.

Agnesviertel

Do–Sa ab 22, Veranstaltungen ab 20 Uhr | Sudermanstr. 2 | Tel. 0177 7 49 55 76 | www.kinggeorg.de | U 12, 15, 16, 18 Eberplatz (230 A3)

REINEKE FUCHS

Kölner Clubgänger sind sich einig: Die lautesten und fettesten Bässe der Stadt wummern im Reineke Fuchs. Die DJs sind weit über Köln hinaus bekannt für ihre ausgewählten Electronic-Sounds, ab und an gibt es aber auch Hip-Hop oder Indie-Gitarren zu hören.

Belgisches Viertel

Do–Sa ab 23 Uhr | Aachener Str. 50 | Tel. 0178 3 48 49 42 | www.reinekefuchs.com | U 1, 7 Moltkestraße (229 D5)

SUDERMAN

NEU Sichtbeton, diskretes Licht und Ledercouchs sind die Konstanten dieser Bar. Musik von Vinylschallplatten, gekonnt gemixte Cocktails und wechselnde Craft-Biere prägen die vergänglichen Momente. Mit diesem Portfolio konnte Dominique Simon, der in der Engelbertstraße auch das Spirits betreibt, auf Anhieb ein Publikum gewinnen, das den Weg aus allen Teilen der Stadt in Kauf nimmt.

Agnesviertel

Di–Do 19–1, Fr, Sa 19–3, So 19–24 Uhr | Sudermanplatz 3 | Tel. 0221 96 26 55 06 | U 12, 15, 16, 18 Eberplatz (230 A3)

Köln erleben

Ein Kurs bei einem Meisterkoch? Minigolf im Dunkeln? Oder doch lieber ein wenig Fußballnostalgie? Köln bietet immer wieder neue Kicks und andere Arten der Freizeitgestaltung.

AUSSICHTSPUNKTE

HERKULESBERG

Elf Trümmerberge gibt es in Köln, auf denen nach dem Zweiten Weltkrieg bis in die späten 1950er-Jahre Schutt entsorgt wurde. Der Pilzberg im Beethovenpark wird in schneereichen Wintern zur Schlittenpiste, der Berg am Aachener Weiher im Sommer zum Grillplatz. Der höchste ist der Herkulesberg, auch »Monte Klamotte« genannt. Er überragt seine Nachbarschaft um 25 m und ist ein beliebtes Ziel für Spaziergänger und Jogger. Die Bläck Fööss haben ihn in ihrem berühmtesten Lied »Mer losse d'r Dom en Kölle« verewigt.

Neustadt-Nord

zwischen Mediapark und Innerer Kanalstr. | U 12, 15 Christophstr./Mediapark (229 E3)

HYATT REGENCY

Das Hyatt Regency Hotel liegt direkt am Rheinufer auf der Schäl Sick gegenüber der Altstadt. Die Regency Club Lounge, das Glashaus-Restaurant, die Terrasse und die Schälsick Bar bieten dem Besucher ein grandioses Rheinpanorama. Die Aussicht auf Dom, Museum Ludwig, Hohenzollernbrücke, Rheingarten und Stapelhaus ist konkurrenzlos und postkartenreif! Besonders abends, wenn die Lichter der Stadt das Panorama illuminieren und alles in einem besonderen Zauber erstrahlt, ist dies der perfekte Ort für ein leckeres Abendessen oder für einen Cocktail mit dem Herzblatt.

Deutz

Kennedy-Ufer 2a | Tel. 0221 8 28 12 34 | cologne.regency.hyatt.com | U 1, 9 Deutzer Freiheit (230 B4)

KAUFHOF-PARKHAUS

Der 1950er-Jahre-Bau von Hermann Wunderlich ist schon in architektonischer Hinsicht ein echtes Schmuckstück! Tipp: Betreten Sie es von der Straße An St. Agatha aus. Das Schild »Aufgang Parkhaus« weist den Weg. Im Inneren erstrahlt oben an der Decke die licht-

Offen, hell und mit einer Glasfront Richtung Rhein: die Lounge des Hyatt Regency

durchflutete Kuppel, die mit ihren kreisrunden Aussparungen an einen Sternenhimmel erinnert. Von hier aus führt ein komplett verglastes Treppenhaus aufs Dach – das sechste Parkdeck –, von wo aus sich ein spektakuläres Panorama über die ganze Stadt bietet. Das Beste: Das Ganze ist kostenfrei!

Altstadt-Süd

Mo–So 7–24 Uhr | An St. Agatha/Ecke Cäcilienstraße | U 1, 3, 4, 7, 9, 16, 18 Neumarkt (226 C4)

KÖLN-TRIANGLE

Viele Kölner meinen, von hier aus habe man den stadtweit schönsten Blick auf den Dom. In 100 m Höhe schaut man von der auch architektonisch reizvollen, komplett verglasten Plattform über den Rhein auf das spektakuläre Unesco-Kulturerbe. Das zweithöchste Hochhaus Kölns ist 103,2 m hoch und hat 29 Etagen. Feiern Sie Ihre Hochzeit bei dieser Aussicht! Über *www.KölnSky.de* lassen sich Locations für bis zu 400 Personen im

27. und 28. Stock sowie auf der Dachterrasse buchen. Eine gebührendere Location für diesen Tag ist schwer zu finden!

Deutz

Okt.–April Mo–Fr 12–20, Sa, So 10–20 Uhr, Mai–Sept. Mo–Fr 11–23, Sa, So 10–23 Uhr (bei Sturm und Gewitter geschl.) | Eintritt 3 Euro | Ottoplatz 1 | Tel. 02234 9 92 15 55 | www.koelntriangle.de | S 6, 11 Messe/Deutz (226 C4)

BESONDERE ERLEBNISSE

INSIDER TIPP 3-D-SCHWARZLICHT-MINIGOLF

Auf dieser Indoor-Minigolfbahn spielt man mit speziellen Brillen bei Schwarzlicht inmitten von gemalten Landschaften, die sich nicht nur am Boden, sondern auch an den Wänden befinden und einen so ruckzuck in eine andere Welt katapultieren. Auch 3-D-Effekte sind eingebaut, was das Spiel auf den Bahnen nicht gerade leichter, den Spaß am Ambiente aber umso größer macht. Gestaltet wurde der Kurs von vier Künstlern, es gibt viel Lokales zu sehen, aber auch Unterwasser- oder Weltraumwelten.

Ehrenfeld

Mo–Do 14–21, Fr 11–24, Sa 10–24, So 10–21 Uhr | Preis 9,50 Euro | Venloer Str. 383 | Tel. 0221 58 98 33 85 | www.glowingrooms.com/koeln | U 3, 4, 13 Venloer Str./Gürtel (228 C3)

BALLONFAHRT

Einmal Köln aus der Vogelperspektive bewundern – davon träumen viele. Von fünf verschiedenen Plätzen innerhalb der Stadt heben die Ballone mit maximal 12 Passagieren an Bord ab. Wer es intimer mag, kann auch einen kleinen Korb nur für sich und seine Liebsten buchen. Eine Fahrt dauert zwischen 60 und 90 Minuten, mit Start, Einweisung, Landung, Abbau und Rückfahrt zum Startpunkt ist

man gute vier bis fünf Stunden unterwegs. Ob sie in einem Korb mit dem Wind über Köln schweben und an den Domspitzen kratzen können, kann allerdings nicht garantiert werden. Die Route hängt vom Wetter und den tagesaktuellen Freigaben der Flugsicherung ab.
Preise pro Person 149–199 Euro | Tel. 02433 9 86 30 13 | www.aeronautic.de

MASTERCLASS NILS HENKEL

ÖKO Ein Bewusstsein für die Herkunft unserer Lebensmittel ist wichtig. Und mit Freunden und Familie an einem Tisch zu sitzen, gehört zu den größten Genüssen unseres Daseins. Wer diese Ansichten teilt und noch dazu gern am Herd steht, kann seine Gäste nach einer Schulung im Port Culinaire mit elitärem Geheimwissen überraschen: In der Seminarküche gewährt Nils Henkel Einblicke in seine Kochkünste. Der langjährige Küchenchef des Schlosshotels Lerbach wurde derzeit mit zwei Michelin-Sternen dekoriert und hat unter dem Etikett »Pure Nature« eine eigene Philosophie für eine »grüne Küche« entwickelt.
Innenstadt
220 Euro zu ausgesuchten Terminen | Port Culinaire | Werderstr. 21 | Tel. 0221 56 95 94 21 | www.port-culinaire.de | U 12, 15, Christophstraße/Mediapark **(229 E4)**

REGIERUNGSBUNKER ★

In zwei Eisenbahntunneln im Ahrgebirge befand sich jahrzehntelang eines der bestgehüteten Geheimnisse der Bundesrepublik: der Regierungsbunker, in den sich im Krisenfall die deutsche Staatsführung zurückziehen konnte. Die von 1960 bis 1972 erbaute Anlage war 17 km lang, atombombensicher und darauf ausgerichtet, 3000 Mitarbeitern 30 Tage lang das Überleben sowie das Weiterführen der Regierungsgeschäfte zu sichern. Heute kann man einen Teil des angeblich teuersten deutschen Bauwerks (auch die Privaträume des Kanzlers) besichtigen, sich gruseln und das 1970er-Retrogefühl genießen.
Bad Neuenahr
Mitte März–Mitte Nov. Mi, Sa, So 10–18 Uhr | Eintritt 9 Euro | Am Silberberg | Tel. 02641 9 11 70 53 | Gruppen ganzjährig nach Anmeldung unter Tel. 02641 91 71 75 | www.regbu.de **(237 D5)**

STADIONFÜHRUNG UND FC-MUSEUM ★

Der »Effzeh« setzt neuerdings mit einigem Erfolg auf Stabilität statt auf Spek-

MARCO POLO HIGHLIGHTS

★ **Regierungsbunker**
Zum Glück wurde er nie benutzt: Der Regierungssitz für Krisenzeiten ist tief unter der Erde versteckt → S. 24

★ **Stadionführung und FC-Museum**
In Müngersdorf beim 1. FC Köln mit Vereinspromis das Stadion besichtigen → S. 24

★ **Flora**
Kölns botanischer Garten ist eine Oase für Flaneure, Pflanzenliebhaber und Erholungsbedürftige → S. 26

★ **Führung bei Nacht im Dom**
Der Dom bei Nacht – einmal im Monat kann man bei einer Führung einen ganz besonderen Abend erleben → S. 28

takel. Höchste Zeit, sich die turbulente Historie des Vereins in Erinnerung zu rufen. Möglich ist dies bei einer Führung durch das Stadion, die im FC-Museum beginnt. Später geht es auf den heiligen Rasen. Fans können INSIDER TIPP mit Promis auf Tour gehen, so z. B. mit Vereinsikone Harald Konopka und Schiedsrichterlegende Walter Eschweiler.

Müngersdorf
Termine nur über Vorverkauf | Eintritt ab 9,90 Euro | Rhein-Energie-Stadion | Eingang FC-Museum, Nordtribüne | Aachener Str. 999 | Tel. 0221/26 0112 21 | www.fc-koeln.de, U1 Müngersdorf/Alter Militärring (224 A3)

TEAM ESCAPE

Wer schafft es raus? Bei diesem Detektivspiel werden zwei bis sechs Personen nach vorheriger Einweisung in einen Raum eingesperrt und haben eine Stunde Zeit, sich selbst zu befreien. Dabei helfen Hinweise, Spuren und Rätsel, die es gemeinsam zu lösen gilt. Teamgeist und Kommunikationsfähigkeit sind also genauso gefragt wie ein helles Köpfchen und Spaß am Knobeln und Querdenken.

Belgisches Viertel
Termine nach Vereinbarung tgl. ab 11 Uhr | Tickets pro Person 22,50–35,50 Euro | Brüsseler Platz 14 | Tel. 0221 25 91 04 50 | www.teamescape.de | U 1, 7 Moltkestraße (229 D5)

Neustadt-Nord
Lübecker Str. 8–10 | U 12, 15, 16, 18 Ebertplatz (229 F3)

Der ehemalige Regierungsbunker – ein Zeugnis der Geschichte mit Gänsehautfaktor

GRÜNE OASEN

BEETHOVENPARK

Diesen überwiegend naturbelassenen, gut 40 ha großen Landschaftspark in Sülz halten viele für das schönste Naherholungsgebiet der Stadt, denn er ist nicht so überlaufen und wird von keiner großen Straße oder Eisenbahnlinie begrenzt. Auf den weitläufigen Wiesen unter einem Schatten spendenden Baum lesen, joggen, Rad fahren, Drachen steigen lassen, Boule spielen oder grillen – alles geht hier.

Sülz

Haupteingang: Neuenhöfer Allee | U 13 Neuenhöfer Allee (232 B3)

DECKSTEINER WEIHER

Erst um den Weiher joggen (etwa 5,6 km), dann auf dem Fitnessparcours die Bauchmuskulatur stärken und zum Abschluss beim Rudern den Oberkörper trainieren. Dies alles ist auch ohne sportlichen Anspruch möglich, ebenso wie eine Bötchentour mit Picknick auf dem Wasser.

Sülz

Haus am See, Bootsverleih und Minigolfplatz | ab 6 Euro pro Std. | Bachemer Landstr. 420 | Tel. 0221 9 43 51 60 | U 18 Klettenbergpark (224 A4–B5)

FINKENS GARTEN

Der Erlebnisgarten in Rodenkirchen ist als klassisches Ausflugsziel für Kinder bekannt, aber auch den Großen sei ein Spaziergang durch dieses Naturidyll mit Streuobstwiese, Tast- und Duftgarten, großem Teich, Pilzgarten, Bienenzucht etc. ans Herz gelegt! Das 5 ha große Gelände beheimatet u. a. viele Vogel- und Insektenarten. Ornithologen bieten regelmäßig Führungen an.

Rodenkirchen

Tgl. 9 Uhr–Sonnenuntergang | kostenlos | Friedrich-Ebert-Str. 49 | Tel. 0221 2 85 73 64 (Di–Fr 13–14 Uhr) | unter »Parks und Gärten« auf www.stadt-koeln.de | U 16 Rodenkirchen (234 C6)

FLORA ★

Seit 150 Jahren lädt dieser botanische Garten die Kölner zum Flanieren ein. Zu sehen gibt es die hohe Schule der Gartenbaukunst. Ob englische Gärten, italienische Renaissance oder französischer Barock – die Einflüsse und Stilrichtungen sind vielfältig. Durch Hainbuchengänge lustwandelt man Richtung Farn- und Heidegarten oder zum Duftgarten für Blinde und Sehende vorbei an Stauden, Springbrunnen und Fontänen. Seit 2015 erstrahlt auch das für 40 Mio. Euro komplett entkernte Haupthaus in neuem Glanz. Besuchen Sie bei gutem Wetter auf jeden Fall das INSIDER TIPP Gartenlokal Dank Augusta. Hier auf der Südterrasse trifft kaiserliche Erhabenheit auf moderne Picknick-Küche (Achtung: nur Außengastronomie).

Riehl

Tgl. ab 8 Uhr bis zur Dämmerung (max. 21 Uhr) | kostenlos | Haupteingang: Alter Stammheimer Weg | unter »Flora« auf www.koeln.de (Freizeit) | U 18 Zoo/Flora (230 C2)

LINDENTHALER KANÄLE

Clarenbach- und Rautenstrauchkanal sind ein herrliches Revier zum Joggen und Spazierengehen. Selbst bei Dunkelheit und Schnee eignet sich der rund 2,5 km lange Parcours zur Leibesertüchtigung. Davon abgesehen handelt es sich um die grünste und ruhigste Traverse vom Inneren Grüngürtel in den Stadtwald. Die Möglichkeiten zur Verlängerung der Strecke in den Äußeren Grüngürtel sind vielseitig, u. a. lockt der Decksteiner Weiher.

Lindenthal

Clarenbachstraße/Rautenstrauchstraße | U 1, 7 Universitätsstraße (228 B–C5)

MELATENFRIEDHOF

Der Melatenfriedhof dient den Kölnern auch als Ruhe- und Erholungsraum und ist mit speziellen Führungen Teil der alljährlichen Karnevalsfeiern. Auch Radfahren darf man hier, aber nur mit maximal 10 km/h. Auf Melaten gibt es opulente Grabwerke, zirpende Vögel, viel Grün und Stadthistorie: Die Ursprünge des Friedhofs reichen bis ins 12. Jh. zurück, doch auch die jüngere Geschichte wird spürbar. Hier ruhen u. a. Willy Millowitsch, Dirk Bach, Heinz G. Konsalik, Sigmar Polke, Eau-de-Cologne-Erfinder Johann Maria Farina, die Melissengeist-Klosterfrau Maria Clementine Martin ...

Lindenthal

April–Okt. ab 7. Nov.–März ab 8 Uhr | Haupteingang: Aachener Straße | Tel. 0221 22 12 44 42 | unter »Melatenfriedhof« auf www.stadt-koeln.de | U 1, 7 Melaten (229 C4–5)

ROSENGARTEN IM FORT X

Das Kleinod, in dem mehr als 70 Subspezies der edlen Rose gedeihen, liegt gut versteckt auf dem Dach der preußischen Gemäuer des Fort X und entfaltet – vor allem in der Abendsonne – unerwarteten Zauber. Das Fort gehört zum Kölner Festungsring aus dem 19. Jh.

Agnesviertel

April–Nov. Mo–Fr 7–20, Sa, So ab 9 Uhr | kostenlos | Neusser Wall 33 (Nähe Lentstraße) | U 16, 18 Reichensperger Platz (230 B)

INSIDER TIPP SÜDPARK

Der nur 5 ha große Park mitten im exklusiven Villenviertel Marienburg ist ein Geheimtipp. Das von Kiefern geprägte Areal geht auf den Kölner Gartendirektor Adolf Kowallek zurück, der den Park zwischen 1891 und 1901 anlegte. Von damals stammen auch die prächtigen Villen rings um den Park. Kinder lieben den Spielplatz mit Piratenschiff, Kletterspinne, Labyrinth und jeder Menge Sand! Im ÖKO *Hokaido-Kiosk* kann man sich mit hausgemachten Eintöpfen, sauren Bohnen mit Speck, Biofrikadellen, -schnitzel und -gulasch stärken. Der Haupteingang ist an der Goethestraße.

Es sitzt sich gut im grünen Südpark

Marienburg

Hokaido Deli-Kiosk | Nov.–April Mo–Fr 7–14, So 8–12, Mai–Okt. Mo–Fr 7–19, So 8–12 Uhr | Am Südpark 0 | Tel. 0221 34 21 11 | www.hoka-i-do.de | U 16 Heinrich-Lübke-Ufer (234 B–C5)

STADTFÜHRUNGEN

»EIMOL ÖM KÖLLE RÖM«

Wandern und viel Neues über Köln erfahren – beides geht auf dieser Tour durch die Kölner Geschichte. Der Wan-

Die Kreuzblume vor dem Dom ist ein Modell der Domspitzen und ein beliebter Treffpunkt

derweg rund um die Stadt besteht aus elf zwischen 9 und 22 km langen Etappen und ist insgesamt 171 km lang. Das Besondere am Kölnpfad: Beim Wandern in idyllischer Natur erfährt man viel zu den Hintergründen der Stadtgeschichte. So verläuft der Weg sowohl durch den Grüngürtel als auch entlang befahrener Verkehrswege und Industriezonen, wie sie zu einer typischen Großstadt dazugehören. Infotafeln weisen auf Besonderheiten am Wegesrand hin. Startpunkt ist die Rodenkirchener Brücke. Die Etappen können individuell variiert werden, da unterwegs gut erreichbare Haltestellen von Bus und Bahn liegen. Der Verein *Querwaldein (www.querwaldein.de)* bietet geführte Wanderungen mit Themenschwerpunkten wie Wildkräuter-, Seen- und Kindertouren auf dem Kölnpfad an. Auch der *Kölner Eifelverein (www.koelner-eifelverein.de)* bietet auf 15 Teilstücken geführte Begehungen.

Rodenkirchen

Startpunkt der ersten Etappe, U 16, 17 Heinrich-Lübke-Ufer (235 A5)

FÜHRUNG BEI NACHT IM DOM ★

»Wenn am Himmel die Stääne danze un d´r Dom« – da ist er nun doch – »sing Glocke spillt«, ja, bei diesem Schauspiel kann man ganz nah dabei sein: Bei einer Nachtführung durch die Kathedrale lässt sich der erhabene Raum ganz ohne den alltäglichen Touristentrubel erkunden – inklusive intimer Blicke auf das mittelalterliche Chorgestühl und den Dreikönigsschrein. Die Führungen sind begehrt, die Teilnahmeberechtigungen limitiert, doch die Erfahrung beeindruckt jeden noch so abgeklärten Großstädter. Spätestens beim abschließenden Aufstieg auf 20 m Höhe wird der Abend zu einem unvergesslichen Erlebnis.

Innenstadt

Nachtführungen durch den Dom, Dombauhütte und Domforum, zwei- bis dreimal pro Monat | 15 Euro | www.domfuehrungen-koeln.de / U 5, 16, 18 Dom/Hbf. (227 D2)

HISTÖRCHENTOUR

Es darf geschmunzelt werden – Fragen, die eigentlich jeder Kölner beantworten können sollte, werden hier geklärt, etwa: Wieso hat der Dom eine Hausnummer? Wo sind Tünnes und Schäl geboren? Weshalb eigentlich erhielt Willy Millowitsch als einer der wenigen bereits zu Lebzeiten ein Denkmal? Was hat es mit dem Kallendresser auf sich? So macht Lernen Spaß, und nach der Tour sind Sie fit in Stadtgeschichte!

Innenstadt

Dauer ca. 1,5 Std. | Gruppe bis 15 Teilnehmer 125 Euro | Tel. 0221 9 32 72 63 | www.tour-agentur.de (230 C4)

KÖLNER FRAUENGESCHICHTSVEREIN

Wie haben Frauen früher in Köln gelebt? Wie haben sie Kultur geschaffen, geliebt und gearbeitet? Was passierte zur Zeit der Hexenverfolgung in der Stadt, und was machte eine Frau zur Hexe? Seit den 1980er-Jahren beantwortet der Kölner Frauengeschichtsverein diese und ähnliche Fragen und macht mit frauenspezifischen Touren die weibliche Seite Kölns sichtbar. Das Programm umfasst ca. 30 verschiedene Führungen und Stadtspaziergänge in ganz Köln. Highlight und entsprechend beliebt sind die frauengeschichtlichen Rheinfahrten. Für Einheimische besonders interessant ist zudem die Führung »Touristin in der eigenen Stadt«.

Dauer ca. 2 Std. | ab 9 Euro pro Person zzgl. Museumseintritt | Tel. 0221 24 82 65 | www.frauengeschichtsverein.de (229 D3)

LINDENSTRASSENBESUCH

Die Lindenstraße spielt zwar in München, aber da die Serie seit bald 30 Jahren hier gedreht wird, hat sie der Kölner natürlich längst eingemeindet und ins Herz geschlossen. Gedreht wird in Bocklemünd, wo auch für andere WDR-Produktionen Kulissen gemalt, gebaut und geschreinert werden. Bei einem Rundgang über das Gelände kann man die imposanten Kulissen der Kultsendung bestaunen. Mutter Beimer werden Sie dabei aber wahrscheinlich nicht treffen: Die Führungen finden samstags statt, wenn nicht gedreht wird.

Bocklemünd

Sa 11 u. 14 Uhr | Führung kostenlos | Freimersdorfer Weg 6 | Tel. 0221 2 20 67 44 | www.wdr.de | U 3 Schaffrathsgasse (224 A2)

DIE UNVERGESSLICHEN

Äußerst unterhaltsam und originell sind die Stadtführungen der Unvergesslichen. Highlight ist die kabarettistische Kostümführung mit Jan und Griet »Wer et hät jewoß ...?«: Der legendäre Jan von Werth und seine große Liebe Griet führen durch die Domstadt und erklären in frechen Dialogen, was es mit kölschen Tugenden wie Klüngel, Toleranz und Katholizismus auf sich hat. Nach all den Lobeshymnen und Lästereien über Kölner Urgesteine und Lokalpatrioten wird die Führung mit einem Kölsch im Brauhaus Früh am Dom gekrönt.

Innenstadt

Dauer ca. 1,5 Std. | 15 Euro pro Person bzw. 229 Euro pro Gruppe bis 20 Teilnehmer (inkl. ein Kölsch) | Treffpunkt: Kreuzblume vor dem Dom | Tel. 0221 96 26 76 29 | www.die-unvergesslichen.com | U 5, 16, 18 Köln/Hbf. (227 E2)

MEINE STADT

▶ Köln hatte mal ein eigenes Automodell – den Ford Köln, der von 1932 bis 1936 in Niehl rund 11 000-mal gebaut wurde. Der Vierzylinder mit Hinterradantrieb schaffte 85 km/h und war als Limousine und Cabrio erhältlich.

icon-design.de
KÖLNISCHES STADTMUSEUM –
Geschichte für heute!
Entdecken Sie die Geschichte Kölns vom Mittelalter bis heute: Über 5000 Exponate lassen im Kölnischen Stadtmuseum vergangene Zeiten lebendig werden!
KÖLNISCHES STADTMUSEUM
Ein Museum der
Stadt Köln

Kunst & Kultur

Die Sanierung von Oper und Schauspiel zieht sich. Eine gute Gelegenheit, die Bühnen auf der Schäl Sick zu besuchen. Oder die innovativen Kölner Galerien, Clubs und Museen.

Die Reputation der Kulturmetropole Köln leidet. Der erfolgreiche Abschluss der Sanierung von Oper und Schauspiel etwa ist auf keinen Fall mehr vor 2018 zu erwarten, bei Redaktionsschluss war gar ein Baustopp nicht mehr auszuschließen. Schwindende Budgets machen der Kulturszene sehr zu schaffen. Dies aber muss kein Grund für Trübsal sein, denn die bestehende Kölner Museums- und Kunstszene setzt noch immer Maßstäbe.

Sammlung und Wechselausstellungen sind sowohl im *Museum Ludwig* → **S. 53** als auch im *Wallraf-Richartz-Museum* → **S. 56** ein Garant für Kunstgenuss auf hohem Niveau. Auch vermag die allgegenwärtige Historie der Stadt bei Spaziergängen immer wieder inspirierend zu wirken – z. B. in Form der *romanischen Kirchen* → **S. 33**. Viele wichtige Akzente aber gehen auf die Initiative der ortsansässigen Kreativen und ihre verlängerten Arme zurück. Mit originellen Newcomern wie *Bruch & Dallas* → **S. 34** oder Traditionshäusern wie *Boisserée* → **S. 37** bleibt die Galerienszene exklusiv. Die *Art Cologne* und die *Passagen* sorgen für weiteren frischen Wind. Erfreulich: Nach Jahren des Niedergangs eröffnen auch wieder neue Kinos – wie zuletzt das *Turistarama* → **S. 45**.

BESONDERE BAUWERKE

FORTS

Köln ist eine historische Festungsstadt, deren bis heute vorhandene, ringförmige Struktur auf alten Verteidigungsanlagen beruht. Nach dem Ersten Weltkrieg mussten diese geschleift, also abgebaut werden, allerdings umging der damalige Oberbürgermeister Konrad Adenauer die strengen Vorgaben.

»Wolkenbügel« – Kölns Kranhäuser am Rheinauhafen

Teilweise erhaltene Forts findet man in Höhenberg (Fort X äußerer Festungsring), Deckstein (Fort VI äußerer Festungsring) und im Agnesviertel (Fort X innerer Festungsring). Im Marienburger Zwischenwerk VIIIb gibt es neben der letzten originalen Zugbrücke auch ein Museum zur spannenden Geschichte der Festungen.

Südstadt

Zwischenwerk VIIIb: jeden 1. Sa und 3. So im Monat 12–18 Uhr | Eintritt frei | Militärringstr. 10 | Tel. 0162 7 39 95 05 | www.museum.crifa.de | U 16 Heinrich-Lübke-Ufer (234 C5)

KRANHÄUSER

Die Vorlage zu den drei Kranhäusern stammt von dem russischen Architekten El Lissitzky, der in den 1920er-Jahren »Wolkenbügel« als Gegenmodell zu den kapitalistisch geprägten Wolkenkratzern entwarf. Die Umsetzung entfernte sich zwar von den konstruktivistischen Ideen Lissitzkys, passt aber dafür zur Umgebung am Rheinauhafen mit seinen Kränen und Verladestellen. Bei ihrer Fertigstellung 2010 waren viele noch befremdet über diesen wuchtigen Eingriff ins Stadtbild, inzwischen haben die meisten Kölner die drei mit diversen Architekturpreisen ausgezeichneten Haken jedoch ins große kölsche Herz geschlossen. Von innen besichtigen lassen sich die Häuser nicht – für ein Musterappartement sind die Wohn- und Büroräume zu exklusiv.

Südstadt

Im Zollhafen 18 | www.rheinauhafen-koeln.de/171 | U 15, 16 Ubierring (227 F6)

DIE ROMANISCHEN KIRCHEN

Die zwölf romanischen Kirchen innerhalb der ehemaligen Stadtmauern sind ein absolutes Alleinstellungsmerkmal für Köln. Egal, ob Groß St. Martin mit einem 75 m hohen Vierungsturm, St. Maria im Capitol mit einem INSIDER TIPP hübschen Rosengarten oder St. Pantaleon mit zwei entzückenden Rundtürmen: Die Bauwerke sind allesamt architektonische Preziosen. Einst sollten die Kirchen in Form einer Via Sacra verbunden und somit ihr touristisches Potenzial erschlossen werden. Dazu ist es nicht gekommen – so bleiben die bis zu 1000 Jahre alten Kirchen Oasen der Ruhe in urbaner Hektik.

www.romanische-kirchen-koeln.de, www.via-sacra-koeln.de

SCHLÖSSER AUGUSTUSBURG UND FALKENLUST

Nachdem sie 1288 aus der Stadt vertrieben wurden, mussten die Kölner Erzbischöfe in der näheren Umgebung residieren. Den wohl prächtigsten Wohnsitz ließ sich Clemens August von

Wittelsbach im nahen Brühl errichten. Das Meisterwerk des Rokoko hat mit dem berühmten Treppenhaus von Balthasar Neumann, der barocken Gartenanlage und dem Jagdschlösschen Falkenlust gleich mehrere Highlights zu bieten. Ein überaus sehenswertes Ensemble.

Brühl

Schlösser: Di–Fr 9–12 u. 13.30–16 (letzter Einlass), Sa, So 10–17 Uhr, Dez.–Jan. geschl. | Eintritt 5–6 Euro | Schlossstr. 6 | Tel. 02232 4 40 00 | www.schloss bruehl.de | U 18 Brühl-Mitte (236 C3)

GALERIEN & KUNSTRÄUME

ARTCLUB

Der Initiator Parzival betreut rund 100 Vereinsmitglieder aus der Kölner Szene – Maler und Fotografen, Bildhauer und Raumkünstler. Sie zeigen alle sechs Wochen neue Arbeiten in einer Gruppenausstellung. Zeitgleich sind in den hinteren Räumen und im Keller noch kleine »Kabinettausstellungen« zu sehen. Performance-Weekends, Vorträge und Künstlergespräche ergänzen das Programm.

Agnesviertel

Tgl. 15–20 Uhr | Melchiorstr. 14 | www. artclub-galerie.de | U 12, 15, 16, 18 Ebertplatz (230 A3)

BRUCH & DALLAS ★

Das Erscheinungsbild des Ebertplatzes ist derart brachial, dass er als nicht kommerzialisierbar gelten darf. Somit ist er ein ideales Terrain für den Underground. Seit 2009 haben weniger arrivierte Künstler in der Galerie Bruch & Dallas Gelegenheit, ihre Werke auszustellen, die durch die Glasfront weithin sichtbar sind. Die Betreiber verstehen ihr Wirken als »Katalysator einer kritischen Zeitgenossenschaft«. In diesem

MARCO POLO HIGHLIGHTS

★ Bruch & Dallas
Die betonlastige Ebertplatzpassage ist ein kongeniales Umfeld für diese Galerie für junge Undergroundkunst → S. 34

★ Gloria
Samt und Plüsch, gold und rot, Spitzensound und -licht: Das Ambiente im Gloria ist so toll, da ist es fast egal, wer auf der Bühne steht → S. 41

★ Metropolis
Sorry für Christian Brückner und andere Synchronsprecher, aber wir sehen Filme mit de Niro & Co. lieber im Original. Und gehen ins Metropolis → S. 44

★ Junge Kammeroper Köln
Die Oper ist nichts für junge Leute? Eine Fehleinschätzung, die hier immer wieder aufs Neue mit spannenden Vorführungen widerlegt wird → S. 46

★ Lutherkirche
Vorträge, Rockkonzerte, Lesungen: Diese Kirche überzeugt ihre »Gläubigen« mit einem ganz besonderen Programm → S. 49

★ Kolumba
Die spektakuläre Architektur des Schweizers Peter Zumthor veredelt das Kunstmusem des Erzbistums Köln dauerhaft → S. 52

Wir
Köln
Radio
Köln
UKW 107,1

Sinne ist schon die denkwürdige Location als kreatives Statement zu werten.
Agnesviertel
Fr, Sa 16–19 Uhr sowie nach Vereinbarung | in der Ebertplatzpassage | Tel. 0179 7 52 04 57 | www.bruchunddallas.de | U 12, 15, 16, 18 Eberplatz (230 A3)

INSIDER TIPP CLAGES
Diese junge Galerie gilt als eine der wichtigsten Plattformen für talentierte Newcomer der zeitgenössischen Kunst. Ob Sara MacKillops minimalistische Faltkunst aus Briefumschlägen oder die Artefakte, die Otelo M. Fabio aus Mülltonnen fischt und neu arrangiert – hier kann man sich verzaubern lassen, sich ärgern, diskutieren oder nachdenken. Nur langweilen, das wird schwer.
Belgisches Viertel
Di–Fr 13–18, Sa 13–17 Uhr | Brüsseler Str. 5 | Tel. 0221 99 20 91 81 | www.mariettaclages.de | U 1, 7 Moltkestraße (229 D5)

INSIDER TIPP DELMES & ZANDER
Was ist Kunst? Wann ist man ein Künstler? Oft gestellte Fragen, auf die Susanne Zander und Nicole Delmes eine eigene Antwort gefunden haben. Sie präsentieren »Art Brut«: Arbeiten von Menschen, die von der Gesellschaft ausgegrenzt sind oder psychische Probleme und Erkrankungen haben. Die Werke dieser »Künstler wider Willen«, die früher als »naiv« oder als »Therapiekunst« abgetan wurden, erfahren inzwischen eine größere Wertschätzung. Zu Recht, denn der Blick auf das Leben und die Welt aus der »Outsider«-Perspektive bietet viele Erkenntnisse.
Belgisches Viertel
Di–Fr 12–18, Sa 11–16 Uhr | Antwerpener Str. 1 | Tel. 0221 52 16 25 | www.delmes-zander.de | U 3–5, 12, 15 Friesenplatz (226 A2)

DREI
Der Ausstellungsraum unter der ambitionierten Leitung von Dennis Hochköppeler und Jakob Pürling hat sich auf die Präsentation nationaler und internationaler zeitgenössischer Kunst spezialisiert. Aufsehenerregend sind etwa die Arbeiten von Matthias Wermke und Mischa Leinkauf, die Kunst, Sport

Ein Schwergewicht der Kölner Szene: die Galerie Karsten Greve

und Wahnsinn verbinden, indem sie illegalerweise auf Gebäude klettern und sich dort filmen oder fotografieren.
Innenstadt
Mi–Sa 14–18 Uhr | Arndtstr. 4 | Tel. 0221 46 75 39 79 | www.drei.cologne | U 9 Mauritiuskirche (226 B5)

GALERIE BOISSERÉE

Geschichtsbewusste Kölner wissen, dass es ohne das Engagement von Sulpiz Boisserée vermutlich nie zur Vollendung des Doms gekommen wäre. Der Kunsthistoriker hat 1816 eine Hälfte des verloren geglaubten Fassadenplans in Paris aufgetan. 1838 hat einer seiner Neffen die nach der Familie benannte Galerie gegründet, die somit zu den ältesten des Landes zählt. Zu sehen ist in würdevollem Ambiente vor allem die Elite des 20. Jhs., die von Georges Braque bis zu Helmut Newton reicht.
Innenstadt
Di–Fr 11–18, Sa 11–15 Uhr | Drususgasse 7–11 | Tel. 0221 257 85 19 | www.boisseree.com | U 3, 4, 5, 16, 17 Appellhofplatz (226 C3)

GALERIE BUCHHOLZ

Bin ich hier richtig? Diese Frage dürfte Daniel Buchholz schon oft gehört haben. Denn wer in seine Galerie möchte, muss erst einmal durch das Buch-Antiquariat, das er ebenfalls betreibt. Doch der Kontrast zwischen klassischer Bürgerbildung und moderner Kunst hat durchaus seinen Reiz. Buchholz mischt schon lange in der Kölner Szene mit und kann einen beeindruckenden Künstlerstamm vorweisen. Er vertritt Hochkaräter wie Isa Genzken oder Tony Conrad und stellte Wolfgang Tillmans' Fotografien aus, als sie nur 180 Euro kosteten.
Innenstadt
Di–Fr 11–18, Sa 11–16 Uhr | Neven-Du-Mont-Str. 17 | Tel. 0221 2 57 49 46 | www.galeriebuchholz.de | U 3–5, 16, 18 Appellhofplatz (226 C2)

GALERIE CHRISTIAN LETHERT

Zwar gehören auch etablierte Namen wie Imi Knoebel zu Christian Letherts Künstlerstamm, doch in erster Linie bestimmen junge Kreative wie Daniel Lergon das Erscheinungsbild der Galerie. Auch der Bildhauer Lutz Fritsch, der auf den Verteilerkreisen der Autobahn Köln-Bonn die 50 m hohe Doppelskulptur »Standortmitte« realisierte, wird von Lethert vertreten.
Belgisches Viertel
Di–Fr 14–18, Sa 11–16 Uhr | Antwerpener Str. 4 | Tel. 0221 3 56 05 90 | www.christianlethert.com | U 3–5, 12, 15 Friesenplatz (229 E4)

GALERIE GISELA CAPITAIN

Gisela Capitain betreut den Nachlass von Martin Kippenberger, der gerade in jüngster Zeit vom Kunstbetrieb »wiederentdeckt« wurde. Zu ihren Stammkünstlern gehören außerdem Malerstars wie Albert Oehlen oder Günther Förg.
Innenstadt
Di–Fr 10–18, Sa 11–18 Uhr | St.-Apern-Str. 26 | Tel. 0221 3 55 70 10 | www.galerie-capitain.com | U 3–5, 12, 15 Friesenplatz, U 3–5, 16, 18 Appellhofplatz (226 B3)

INSIDER TIPP GALERIE KARSTEN GREVE

Persönliche Freundschaften mit den renommiertesten Künstlern aus aller Welt schufen die Basis für das außergewöhnliche und hochkarätige Programm dieses Schwergewichts der Kölner Galerienszene. Gezeigt wurden und werden spektakuläre Werke, beispielsweise von Tony Cragg, Willem de Kooning und Diane Arbus. Darüber hinaus vertritt und fördert man ebenso enthusiastisch auch jüngere Künstler wie Georgia Russell, die Skulpturen aus zerschnittenem Papier fertigt, oder Claire Morgan, die für ihre surrealen Installationen Tiere präpariert. Dependancen in Paris, Mailand und St. Moritz untermauern die internationale Bedeutung dieser Kölner Galerie.

Innenstadt

Di–Fr 10–18.30, Sa 10–18 Uhr | Drususgasse 1–5 | Tel. 0221 2 57 10 12 | www.galerie-karsten-greve.com | U 3–5, 16, 18 Appellhofplatz (227 D3)

GALERIE THOMAS ZANDER

Auf Initiative von Thomas Zander entstand einst das Galeriezentrum am Rand der Südstadt, das Zander, sein Galeristenkollege Rolf Hengesbach und diverse Stiftungen für Fotografie bestücken. Zander hat sich auf Klassiker der amerikanischen Fotokunst wie Lewis Baltz und Garry Winogrand spezialisiert, zeigt aber auch Arbeiten des Schweizer Pop-Kunst-Unternehmers Dieter Meier, den Dance-Fans als eine Hälfte des Pop-Duos Yello kennen.

Südstadt

Di–Fr 11–18, Sa 12–18 Uhr und nach Vereinbarung | Schönhauser Str. 8 | Tel. 0221 9 34 88 56 | www.galeriezander.com | U 16 Schönhauser Straße (234 C3)

KAUNE, POSNIK, SPOHR

Der Spezialist für internationale, zeitgenössische Dokumentarfotografie und Videokunst ist eine feste Größe im Kölner Galerienleben. Die Galerie konzentriert sich auf stringente Fotografiekonzepte und den kritischen Realismus von Künstlern wie beispielsweise Todd Hido, der in seinen melancholisch-morbiden Bildern die Kehrseite des amerikanischen Traums zeigt. Zum Programm gehören u. a. Nathan Baker, Luke Batten & Jonathan Sadler, Marina Gadonneix und Greg Stimac.

Innenstadt

Di–Do 9.30–13, Fr 10–18, Sa 13–18 Uhr | Gereonskloster 12 | Tel. 0173 4 25 46 46 | www.gallery-kps.com | U 12, 15 Christophstraße/Mediapark (226 B1)

KÖLNISCHER KUNSTVEREIN

Seit 175 Jahren zeigt der Kölnische Kunstverein zeitgenössische Werke. Hier begannen die Karrieren von Hans Arp und Paul Klee, hier fand die Happening-und Fluxus-Bewegung erste größere Beachtung. Und auch in diesem Jahrtausend ist man am Puls der Zeit, wie die viel beachtete Ausstellung von Nathalie Djurberg und Hans Berg zeigte: Riesendonuts aus Plastik, Spiegeleier im Sofaformat und groteske Trickfilme mit stillenden Übermüttern aus Knete – der Diskurs war laut und lebhaft, genau, wie es sein soll.

Innenstadt

Di–Do 10–12 u. 14–17, Fr 10–12 Uhr | Hahnenstr. 6 (Die Brücke) | Tel. 0221 21 70 21 | www.koelnischerkunstverein.de | U 1, 3, 4, 7, 9, 16, 18 Neumarkt (226 B4)

KUNSTHANDEL MICHAEL WERNER

Er kennt sie alle und hat sie alle: Wer an den herausragenden Köpfen der deutschen Nachkriegs- und Gegenwartskunst interessiert ist, kommt an dem Galeristen Michael Werner nicht vorbei. Baselitz, Immendorff, Polke, Lüpertz, Penck und Nay – die Liste der hier vertretenen Künstler ist beeindruckend. Nicht selten werden **INSIDER TIPP** neue Werke zuerst hier ausgestellt, bevor sie auf Welttournee gehen oder verkauft werden.

Innenstadt

Mo–Fr 11–16 Uhr | Gertrudenstr. 24–28 | Tel. 0221 77 89 99 50 | www.michaelwerner.de | U 1, 3, 4, 7, 9, 16, 18 Neumarkt (226 B3)

KUNSTHAUS RHENANIA

Das Atelierhaus im alten Rhenania-Speicherhaus im Rheinauhafen bietet derzeit 50 Künstlern unterschiedlichster Gattungen Platz zum Kreativsein. In der 330 m² großen Ausstellungshalle findet regelmäßig ein Kunstprogramm aus den Sparten Malerei, Fotografie, Skulptur, Multimedia, Performance, experimentelle Musik und zeitgenössischer Jazz statt. Außerdem wird hier alle zwei Jahre auch das mehrtägige INSIDER TIPP Festival »Strom« ausgetragen, bei dem zeitgenössische Arbeiten, die im Haus entstanden sind, in Wechselwirkung zu den Werken der eingeladenen Gastkünstler präsentiert werden.

Südstadt

Bayenstr. 28 | Tel. 0221 16 89 84 79 | www.kunsthaus-rhenania.de | U 15, 16, 18 Ubierring (227 E6)

KUNSTWERK

Das Kunstwerk ist Deutschlands größtes selbstverwaltetes Künstlerhaus. Rund 150 Künstler, Designer und auch Musiker haben hier ihre Ateliers und ihre Proberäume und bilden so das Schwungrad der jungen, dynamischen rechtsrheinischen Kunstszene. Es gibt regelmäßig Ausstellungen, Performances und Konzerte, aber auch ohne konkreten Anlass lohnt sich ein Besuch auf dem charmant verranzten, ehemaligen Industriegelände. Denn irgendwo steht hier immer eine Tür offen.

Deutz

Geöffnet je nach Ausstellung/Veranstaltung | Deutz-Mülheimer Str. 127 | Tel. 0221 8 80 07 67 | www.kunstwerk-koeln.de | U 3, 4 Kölnmesse (231 D3)

MUSEUM FÜR VERWANDTE KUNST

Es bleibt in der Familie: Als Katrin Bergmann die Leitung des Museums für verwandte Kunst 2014 an ihre Tochter Pola sowie Jantina Lipphardt übergab, stellten diese als Erstes ihre eigenen Werke aus. In dem riesigen Keller ist ein offenes Atelier für junge Künstler entstanden, in den Ausstellungsräumen eine Etage darüber liegt das Hauptaugenmerk auf Streetart, Musik und Film. Das Museum ist ein Fixpunkt der freien Kölner Kunstszene.

Künstlern wie Thomas Steffens bietet das Rhenania Raum für ihre Werke

Belgisches Viertel
Do–So 15–18.30 Uhr | Genter Str. 6 | Tel. 0221 79 00 90 99 | www.museumfuer verwandtekunst.de | U 3–5, 12, 15 Friesenplatz **(229 E4)**

PRISKA PASQUER

Kunst in Zeiten gesellschaftlicher Krisen und des Wandels. So lautet der Anspruch der Galerie Priska Pasquer, die ein Zeitfenster bedient, das bis zu 100 Jahre zurückreicht. Der Schwerpunkt der Galerie liegt auf der Fotografie, die beim Bauhaus beginnt, die russische Avantgarde streift und bei den verstörenden Werken des Südafrikaners Pieter Hugo endet. Das bürgt für Spannungsfelder.

Innenstadt
Di–Fr 10–18, Sa 11–16 Uhr | Albertusstr. 18 | Tel. 0221 952 63 13 | www.priskapas quer.de | U 3, 4, 5, 12, 15 Friesenplatz **(226 B3)**

SCHARMANN & LASKOWSKI

Seit 2007 hat Marion Scharmann in der Schaafenstraße mit einigem Erfolg eine Galerie für zeitgenössische Kunst etabliert. Und seit 2015 tritt sie gemeinsam mit der Düsseldorfer Kunstberaterin Birgit Laskowski auf. Seitdem arbeiten die beiden zusammen daran, einen Stamm von spannenden Gegenwartskünstlern wie Dirk Löbbert oder Martina Sauter aufzubauen. Dabei liegt ihnen nicht nur der Kommerz, sondern auch die Kunstvermittlung am Herzen.

Innenstadt
Mi–Fr 14–18, Sa 12–16 Uhr | Schaafenstr. 10 | Tel. 0221 27 16 29 83 | www. scharmann-laskowski.com | U 1, 7, 12, 15 Rudolfplatz **(229 E5)**

Steter Wechsel gehört zum Konzept: Temporary Gallery

TEMPORARY GALLERY

Gegründet wurde die Temporary Gallery als Mietgalerie, in der internationale

Galerien ein paar Wochen lang die unterschiedlichsten Künstler präsentieren. Inzwischen ist man ein gemeinnütziger Kunstverein, in dem die zeitgenössische Kunsttheorie und -praxis verhandelt wird. Neben Ausstellungen finden hier auch Vorträge und Gespräche mit Künstlern und Kuratoren statt, um den Kulturaustausch zu fördern.

Innenstadt

Do–Fr 14–18, Sa–So 13–17 Uhr | Mauritiuswall 35 | Tel. 0221 30 23 44 67 | www.temporarygallery.org | U 1, 7, 12, 15 Rudolfplatz (226 A4)

THOMAS REHBEIN GALERIE

Diese Galerie bietet moderne zeitgenössische Kunst, bei der viel Wert auf Inhalte und Reflexionen gelegt wird. Ob Installationen, Malerei, Skulpturen, Fotografien oder Videos – die hier gezeigten Künstler wie Mel Chin, Gerard Hemsworth oder Michael Kalmbach sorgen für ein spannendes und vielfältiges Programm. Immer wieder sehenswert sind die scheinbar naiven, aber auf den zweiten Blick subtil verstörenden Gemälde des Schweizers Stephan Melzl.

Belgisches Viertel

Di–Fr 11–13 u. 14–18, Sa 11–16 Uhr | Aachener Str. 5 | Tel. 0221 3 10 10 00 | www.rehbein-galerie.de | U 1, 3, 4, 7, 9, 16, 18 Neumarkt (226 A3)

WARHUS RITTERSHAUS

Diese Galerie zählt zweifellos zu den spannendsten der Kölner Szene. Die Düsseldorfer Alexander Warhus und Anna-Luisa Rittershaus – sie Kunsthistorikerin, er ehemaliger Schüler von Albert Oehlen an der dortigen Akademie – bereichern die Domstadt mit jungen, zeitgenössischen Positionen. Zum Künstlerstamm gehört u. a. der in Berlin lebende Brite Ben Cottrell, der zwar auch plastisch arbeitet und druckt, vor allem aber Menschen und Naturlandschaften in prächtigen Farben malt.

Neustadt-Nord

Do–Fr 12–18, Sa 12–16 Uhr | An der Schanz 1a | Tel. 0151 15 23 19 77 | www.warhusrittershaus.de | U 12, 15, 16, 18 Ebertplatz (229 F3)

KABARETT, KLEINKUNST & MUSICALS

COMEDIA

In der ehemaligen Feuerwache in der Vondelstraße sorgen Kabarett, Musik und Theater, Schauspieltraining für Amateure und das preisgekrönte Kindertheater für ein abwechslungsreiches Kulturangebot. Ob Lesungen von der Krimi-Autorin Donna Leon oder Kabarett-Auftritte von Hagen Rether und Gernot Hassknecht, ob spaßige Abba-Hommage oder ein Auftritt von Kölns größtem Laienchor schwuler Männer: Hier kommt so gut wie jeder auf seine Kosten.

Südstadt

Vondelstr. 4–8 | Tel. 0221 3 99 60 10, Tickets Tel. 0221 88 87 72 22 | www.comedia-koeln.de | U 15, 16 Ulrepforte oder Chlodwigplatz (233 F2)

GLORIA ★

Köln in den 1950er-Jahren: Da gibt es das Kulturinstitut »Die Brücke«, den neuen Rheinpegelturm, die Klosterfrau-Reklame im Bahnhof, die Bundesgartenschau im Rheinpark – und eben das Gloria. Einst als Premierenkino genutzt, ist es heute Theater- und Kleinkunstbühne, Konzertsaal und Partylocation zugleich. Kölner Größen wie Bernhard Hoëcker oder Mirja Boes sind hier ebenso willkommen wie internationale Stars wie Asaf Avidan – selbst Coldplay haben hier schon gespielt. Alljährlich ist das Theater Veranstaltungsort des Köln Comedy Festivals und der Lit.Cologne.

Aber eigentlich ist es fast egal, wer hier auftritt. Die tolle Atmosphäre und das klassisch-plüschige Dekor sind schon Grund genug für einen Besuch.
Innenstadt
Apostelnstr. 11 | Tel. 0221 66 06 30 | www.gloria-theater.com | U 1, 3, 4, 7, 9, 16, 18 Neumarkt (226 B3)

HÄNNESCHEN THEATER
In dem mehr als 200 Jahre alten Puppenspieltheater versteckt sich die kölsche Seele im fiktiven Knollendorf, wo sie auf alle ihre Feinheiten geprüft und in Relation zum Rest der Welt gesetzt wird – inklusive örtlicher Prominenz vom Schlag Tünnes und Schäl. Das ist für Kinder und auch für Erwachsene eine große Freude. Kultig.
Innenstadt
Eintritt 8,50–28 Euro | Eisenmarkt 2–4 | Tel. 0221 2 58 12 01 | www.haenneschen.de | U 1, 5, 7, 9 Heumarkt (230 B5)

Mehr als einen Besuch wert: das Cinenova

KABARETT A–Z
Nach zwei Jahrzehnten Touren durch Deutschlands Kabarette haben sich Corinne Walter und Frank Zollner als Kabarettisten vor einigen Jahren in Köln niedergelassen und zeigen seitdem ihre Programme auf einer kleinen Bühne im Hansaviertel. Damit es ihnen und dem Publikum nicht langweilig wird, haben die beiden vier verschiedene Stücke im Repertoire, die abwechselnd im Wochentakt aufgeführt werden.
Hansaviertel
Krefelder Str. 26 | Tel. 0221 27 75 89 98 | www.kabarett-a-z.de | U 12, 15, 16, 18 Ebertplatz oder Hansaring (229 F3)

KLÜNGELPÜTZ
Die Kabarettistin und Betreiberin des Hauses, Marina Barth, unterhält mit bissiger Satire, die sich oft, aber nicht immer, mit den kleinen und großen Unzulänglichkeiten der Stadt beschäftigt. Neben den Kabarettprogrammen gibt es auch Reisevorträge, Krimilesungen, Improvisationsduelle und einmal im Monat INSIDER TIPP veganen Sonntagsbrunch mit experimentellem Livejazz.
Innenstadt
Gertrudenstr. 24 | Tel. 01520 4 44 33 68 | www.kluengelpuetz.de | U 1, 3, 4, 7, 9, 16, 18 Neumarkt (226 B3)

MUSICAL DOME
Mit seiner außergewöhnlichen Glas-Stahl-Bauweise ist das 1700 Plätze fassende, größte Theater Kölns ein architektonischer Blickfang direkt an der

Rheinuferpromenade im Herzen der Altstadt. Auf dem massenkompatiblen Veranstaltungskalender standen bereits Publikumsmagneten wie »Saturday Night Fever«, »We Will Rock You« sowie das Theatermusical »Jekyll & Hyde« und brachten den Saal zum Kochen. Daneben gibt es Rock, Pop und Comedy von Hochkarätern wie BAP, Patricia Kaas oder Otto.

Innenstadt

Goldgasse 1 | Tel. 0221 7 34 41 50 | www.musical-dome.de | U 5, 16, 18 Dom/Hbf. (230 B4)

SENFTÖPFCHEN

Politisches Kabarett, schrille Travestie-Revuen, abgründige Chanson-Abende und spritzige Comedy – das alteingesessene Senftöpfchen-Theater bietet fraglos ein facettenreiches Programm. TV-Stars wie Alfred Biolek, Dieter Nuhr, Ingo Appelt und Konrad Beikircher sind hier bereits mit dem Publikum auf Tuchfühlung gegangen. Neben etablierten Größen kann man auch immer wieder Nachwuchshoffnungen entdecken – z. B. bei der Kabarett-Bundesliga. Das knapp 200 Plätze umfassende Theater mit Parterre und Empore punktet mit einer wunderbar intimen Atmosphäre. Die Zuschauer sitzen nicht wie üblich in Reihen, sondern können das Bühnengeschehen gemütlich an kleinen Tischen bei einem Glas Wein oder einer Flasche Champagner verfolgen.

Altstadt-Süd

Große Neugasse 2–4 | Tel. 0221 2 58 10 58 | www.senftoepfchen-theater.de | U 5, 16, 18 Dom/Hbf. (227 E3)

KINO

CINENOVA ARTHOUSE-CENTER

Kino, Restaurant, Biergarten – so einfach kann man es ausdrücken, aber ganz wird man dem Cinenova damit nicht gerecht. Das Haus ist zwar kein klassisches Programmkino, die Filme sind jedoch meist anspruchsvoll, und der Action-Blockbuster bleibt außen vor. Produktionsfirmen und Verleiher mieten das Kino häufig für Premieren und Previews. ÖKO Das Restaurant serviert qualitativ Hochwertiges, oftmals vom Biobauern. Und im Biergarten kann man nach dem Kinogang auch noch einen lauen Sommerabend genießen.

Ehrenfeld

Eintritt 5,50–8,50 Euro | Herbrandstr. 11 | Tel. 0221 99 57 83 10 | www.cinenova.de | U 3, 4, 13 Venloer Str./Gürtel (228 B3)

FILMCLUB 813

Ein Dorado für Vollblutcineasten: Der Filmclub 813 wurde mit dem Ziel gegründet, Filmkunst abseits des Mainstreams zu zeigen. Unterstützt wird der Club, der vom ehrenamtlichen Engagement seiner Mitglieder lebt, durch den Kölnischen Kunstverein. Auf dem Terminkalender stehen Retrospektiven von Autorenfilmern wie Ingmar Bergman, Werner Herzog und Pier Paolo Pasolini. Anlässlich des Geisterzugs zu Karneval flimmern auch mal kultige Trashstreifen in der Reihe »Horrorfilme aus den 60er- bis 80er-Jahren« über die Leinwand. Experimentell, kunstsinnig und meist hochinteressant.

Innenstadt

Eintritt 6 Euro | Hahnenstr. 6 | Tel. 0221 3 10 68 13 | www.filmclub813.de | U 1, 3, 4, 7, 9, 16, 18 Neumarkt (226 B4)

FILMHAUS-KINO KÖLN

Für wahre Cineasten ist dies die erste Adresse Kölns: Ob ausländische Filmreihen, Kurzfilmnächte, Themenreihen oder kommentierte Vorführungen verbotener Nazifilme – das Kino im Kölner

Filmhaus wird auch nach der Sanierung Außergewöhnliches zeigen (Wiedereröffnung für 2017 geplant). Das angrenzenden Café Maybach mit Biergarten setzt auch während der Umbauarbeiten den Betrieb fort.

Hansaviertel

Maybachstr. 111 | Tel. 0221 26 13 78 08 | www.filmhauskino.de | U 12, 15 Hansaring (229 E4)

METROPOLIS ★

Dies ist das einzige Kölner Kino, das einen Großteil seiner Filme in Originalfassung – mit und ohne Untertitel – zeigt. Entsprechend international ist auch das Publikum, das hier in Scharen ansteht, wenn der neue Tarantino läuft. Vormittags und mittags wird ein beliebtes Kinderprogramm (auf Deutsch) angeboten, eine Mischung aus neuen Produktionen und Klassikern wie »Urmel aus dem Eis«.

Neustadt-Nord

Kinderfilme 4,50, Mo–Mi 5,50, Do 4,50, Fr–So u. feiertags 7,50 Euro | Ebertplatz 19 | Tel. 0221 72 24 36 | www.metropolis-koeln.de | U 12, 15, 16, 18 Ebertplatz (229 F3)

OFF BROADWAY

Winnie Markus und Hardy Krüger waren die Ersten, die es im Jahr 1949 in dem Film »Diese Nacht vergess' ich nie« auf der Leinwand des Hinterhofkinos, das damals noch Lupe hieß, zu sehen gab. Längst wurde das Haus renoviert, mit schönen Sälen und einem Café mit Terrasse. Hollywood-Blockbuster sind hier vom Programm eher ausgeschlossen, stattdessen sind filmkünstlerisch wertvolle deutsche und ausländische Produktionen zu sehen, teilweise in der Originalfassung mit Untertiteln. Jeden zweiten Sonntag im Monat INSIDER TIPP zeigen Psychoanalytiker ihre Lieblingsfilme und diskutieren danach aus fachlicher Perspektive über das Gesehene. Spannend!

Kwartier Latäng

Eintritt 6–8 Euro | Zülpicher Str. 24 | Tel. 0221 8 20 57 33 | www.off-broadway.de | U 9, 12, 15 Zülpicher Platz (226 A6)

RESIDENZ

Ein wahres Cineasten-Paradies: Drei Kinosäle (275, 150, 35 Plätze) mit einer 24 000-Watt-Tonanlage und 3-D-Technik bieten Filmliebhabern ein Kinovergnügen der Luxusklasse, bei dem High-End-Ledersessel für ausreichende Beinfreiheit sorgen. Im Eintrittsgeld enthalten sind der Garderobenservice, ein Cocktail sowie ein Kurzfilm im Vorprogramm. Live aus der New Yorker MET werden im Rahmen des Klassik-Programms Opernaufführungen übertragen. Gegen einen

MEINE STADT

▶ Das kölnische Liedgut hat frischen Wind bekommen. Schien das Terrain gefühlte Dekaden lang den Bläck Fööss und den Höhnern überlassen, werden die Kompositionen von Klüngelkopp, Kasalla oder Cat Ballou nicht mehr nur während der Karnevalssession textsicher mitgegrölt, sondern nahezu gesellschaftsübergreifend als eine Art immaterielles Erbgut der Stadt rezipiert. Die Rückkehr des Regionalen äußert sich auch in Form ausverkaufter Konzerte in des Karnevals unverdächtigen Monaten. Am besten für Einsteiger bleiben aber die Loss-mer singe-Wettbewerbe (www.lossmersinge.de), eine feste Größe in der Session.

Aufpreis kann man hier im Kinosaal kalte Speisen, Champagner oder Wein bestellen.

Innenstadt

Eintritt 10–16,50 Euro | Kaiser-Wilhelm-Ring 30–32 | Tel. 0221 91396913 | www.koeln.astor-filmlounge.de | U 12, 15 Christophstr./Mediapark (226 B1)

TURISTARAMA

NEU Der Niedergang des Kinos scheint vorerst aufgehalten. Dies zumindest signalisiert die Eröffnung des Turistarama in den Räumlichkeiten der legendären Lupe 2 aus dem Jahr 1968. Hinter dem Projekt steckt der Gastronom Michael Tromp, dessen Lokale »Jonny Turista« und »Turista Süd« nicht zufällig lexikalische Ähnlichkeiten aufweisen. Auf der Leinwand sind vornehmlich Arthouse-Filme zu sehen, darunter auch spannende Themenreihen. Mit Spätvorstellungen um 21.45 Uhr fällt das Haus nach heutigen Maßstäben fast schon aus dem Rahmen.

Innenstadt

Tgl. ab 17.45 Uhr | Mauritiussteinweg 102 | Tel. 0221 27 84 87 87 | www.turistarama.de | U 9 Mauritiuskirche (229 E5)

WEISSHAUS KINO

Eine weitere Alternative zu überfüllten Fast-watch-Multiplexkinos, denn hier geht es ebenso ruhig wie anspruchsvoll zu. Dass technisch nicht alles auf dem allerneuesten Stand ist, tut dem Filmgenuss keinen Abbruch, sondern unterstreicht das Profil »Programmkino mit Charme«. Es gibt einen schönen großen Saal mit 318 und einen kleineren mit 70 Plätzen. Von und für Menschen, die Filme lieben!

Sülz

Eintritt 6–8 Euro | Luxemburger Str. 253 | Tel. 0221 41 84 88 | www.weisshaus-kino.de | U 18, Sülzburgstraße (233 D1)

Filmhaus Köln: Kinokultur in Reinform

KLASSIK

CONCERTO KÖLN

Es ist eines der renommiertesten Orchester für Alte Musik überhaupt und wurde bereits mit dem Echo ausgezeichnet. Das international besetzte Ensemble ist in aller Welt gefragt, seine Auftritte sind beliebt, die mehr als 50 CDs teils preisgekrönt. Das hat allerdings zur Folge, dass man die Musiker immer seltener in ihrer Heimatstadt antrifft, aber gerade deshalb sollten Sie sich ihre Auftritte, beispielsweise in der Kölner Philharmonie, im Palladium oder im Brühler Schloss, nicht entgehen lassen. »Hörpiraten« spricht junge Hörer an und animiert sie zu Mitmachprojekten.

Ehrenfeld

Geschäftsstelle Heliosstr. 15 | Tel. 0221 3 10 60 80 | www.concerto-koeln.de | U 3, 4, 13 Venloer Str./Gürtel (228 C3)

FUNKHAUS WALLRAFPLATZ

Das unter Denkmalschutz stehende Funkhaus gibt mit seiner elegant geschwungenen optischen Leichtigkeit schon architektonisch einen Leckerbissen ab. Der Große Sendesaal, der 650 Konzertbesuchern Platz bietet, stellt eine der bedeutendsten Musikstätten Kölns dar. Hier finden mehr als 60 Konzerte pro Jahr statt. Auch der Kleine Sendesaal, der 160 Plätze umfasst, ist das ganze Jahr über mit Konzerten und Hörfunksendungen ausgelastet.

Innenstadt

Wallrafplatz | Tel. 0221 22 00 | www.wdr.de | U 5, 16, 18 Dom/Hbf. (227 D2)

HOCHSCHULE FÜR MUSIK UND TANZ KÖLN

Diese Schmiede für den begabten Klassik-Nachwuchs bietet einen Konzertsaal mit fast 800 Plätzen und einen Kammermusiksaal für 199 Zuschauer. Neben den engagierten Studenten, die hier selbst regelmäßig Kostproben ihres beachtlichen und mit viel Herzblut vorgetragenen Könnens bieten, sind auch immer wieder externe Musiker zu Gast. Zu hören gibt es z. B. komplette Examensprogramme auf hohem Niveau sowie Konzerte der Preisträger des landesweiten Wettbewerbs »Jugend musiziert«. Der Eintritt ist in der Regel frei.

Innenstadt

Unter Krahnenbäumen 87 | Tel. 0221 9 12 81 80 | www.hfmt-koeln.de | U 5, 16, 18 Dom/Hbf. (230 B4)

JUNGE KAMMEROPER KÖLN ★

Ein außergewöhnliches Ensemble mit einem außergewöhnlichen Ziel: Zum einen soll mit den Aufführungen der Jungen Kammeroper das Genre Oper einem jungen Publikum nähergebracht werden, zum anderen bietet es jungen Künstlern eine Möglichkeit, sich zu etablieren. Jeder der 130 Mitarbeiter ist »frischer« Absolvent oder Student im höheren Semester einer deutschen Musikhochschule. Neben Opernklassikern wie »Figaros Hochzeit«, »Der Nussknacker« oder »Don Giovanni« setzt man auch auf Musicalhits wie »My Fair Lady«. Seit Ende 2014 tritt das Ensemble in seiner neuen Spielstätte vor den Toren der Stadt auf, dem 333 Zuschauer fassenden Walzwerk in Pulheim.

Pulheim

Büro: Mo–Fr 10–16 Uhr | Rommerskirchener Str. 21 | Tel. 0221 24 36 12 | www.junge-oper-koeln.de | RB, RE Pulheim (236 C2)

KÖLNER DOMMUSIK

Die Musik im Kölner Dom ist vielseitig, mal wird sie nur mit zwei Händen gespielt, mal sieht man viele Gesichter, junge und ältere, männliche und weibliche. Es gibt fünf Chöre und Vokalensembles, eine Musikschule, zwei Organisten und – wenn man es ganz genau nimmt – zwölf Glocken. 2013 sang der Chor sogar für den Papst auf dem Petersplatz und in der Sixtinischen Kapelle in Rom – und erntete von Franziskus dafür einen Daumen nach oben.

Altstadt-Nord

Domkloster 4 | Tel. 0221 9 40 18 10 | www.koelner-dommusik.de | Eintritt frei | U 5, 16, 18 Dom/Hbf. (226 E2)

PHILHARMONIE

Mit dem Gürzenich-Orchester und dem WDR-Sinfonieorchester Köln verfügt die Philharmonie nicht nur über zwei exzellente Hausorchester, sie kann auch fast jeden Tag des Jahres ausgezeichnete Künstler aus aller Welt in ihrem wunderschönen Konzertsaal begrüßen. Als Mitglied der European Concert Hall Organisation fördert sie zudem mit der

Konzertreihe »Rising Stars« die heranwachsende Künstlerelite. Donnerstags lädt die Philharmonie oft um 12.30 Uhr zum kostenlosen INSIDER TIPP **Philharmonie-Lunch** ein. Machen Sie für eine halbe Stunde Pause und hören Sie der Probe eines Orchesters oder Solisten zu.

Innenstadt

Bischofsgartenstr. 1 | Ticket-Hotline 0221 28 02 80 | www.koelnmusik.de | U 5, 16, 18 Dom/Hbf. (227 E2)

Blick in den großen Saal der Kölner Philharmonie

KULTURZENTREN

AKADEMIE DER KÜNSTE DER WELT

Die Akademie der Künste der Welt will den interkulturellen Dialog und eine künstlerische sowie politische Praxis jenseits nationaler, ethnischer und religiöser Grenzen fördern. So gestalten renommierte Künstler aller Sparten und aus aller Herren Länder gemeinsam das Programm. Der Fokus liegt auf experimentellen, innovativen Kunstprojekten, die sich mit grenzübergreifenden Zusammenhängen befassen. Eine iranische Doku über tabuisierte Kunst? Ein Konzert mit elektronisch gesteuerten »Hybrid-Instrumenten«, die mit Videos und Licht interagieren? Eine Ausstellung von Nachwuchskünstlern, die sich mit der Migrationsgesellschaft auseinandersetzen? Das alles gehört zu den Veranstaltungen, die an verschiedenen Orten in der Stadt stattfinden.

Neustadt-Nord

Herwarthstr. 3 | Tel. 0221 3 37 74 80 | www.academycologne.org | U 12, 15 Christophstr./Mediapark (229 E3)

ALTE FEUERWACHE

Das soziokulturelle Bürgerzentrum mit seinem von Platanen gesäumten, hübschen Innenhof und Multikultiflair bereichert das dicht besiedelte Agnesviertel als grüne Oase. Es bietet ein vielfältiges Veranstaltungsprogramm mit Konzerten, Ausstellungen, Lesungen, Kunstaktionen, politischen Diskussionen sowie Tanz- und Theaterproduktionen. In diversen Werkstätten können handwerklich Interessierte an Holz, Metall, Schmuck und Fahrrädern arbeiten und ihrer Kreativität freien Lauf lassen.

Agnesviertel

Melchiorstr. 3 | Tel. 0221 97 31 55 10 | www.altefeuerwachekoeln.de | U 12, 15, 16, 18 Ebertplatz (229 F3)

ALTES PFANDHAUS

Einst war es das Leihhaus der Sparkasse Köln, dann die Pfandkreditanstalt der Stadt, bis es wegen Unrentabilität auf-

Ein Bürgerhaus im besten Sinne des Wortes ist das Stollwerck

gegeben wurde: das Alte Pfandhaus. Später nahm sich eine private Initiative der verwaisten Räume an und eröffnete ein sympathisches kleines Kulturzentrum mit Ausstellungshalle und Konzertsaal. Nun liegt der Schwerpunkt im Bereich Jazz, aber auch andere Konzerte, Lesungen und Ausstellungen finden regelmäßig hier statt.

Südstadt

Kartäuserwall 20 | Tel. 0221 2 78 36 85 | www.altes-pfandhaus.de | U 15, 16 Chlodwigplatz oder Ulrepforte (234 A2)

BAYER KULTURHAUS

Die größte Kulturinstitution Leverkusens ist eine hochkarätige Ergänzung zum Kölner Kulturprogramm. Im sogenannten Erholungshaus – eine der ältesten Spielstätten der Stadt mit bis zu 800 Sitzplätzen – gehen mehr als 150 Vorstellungen pro Jahr über die Bühne. Im Mittelpunkt stehen Musik, Tanz, Schauspiel und Kunst, aber auch Literatur- und Filmfans kommen auf ihre Kosten. Weltstars wie Alfred Brendel und Gilbert Bécaud standen hier bereits auf dem Parkett, zudem bereichern viele Gastauftritte bedeutender deutscher Theaterensembles das Programm.

Leverkusen

Nobelstr. 37 | Tel. 0214 3 04 12 83/-84 | www.kultur.bayer.de | S 6 Leverkusen-Mitte (237 D2)

BÜRGERHAUS STOLLWERCK

Längst ist das Bürgerhaus Stollwerck aus dem Kölner Kultur-, aber auch Protestalltag nicht mehr wegzudenken. Denn neben dem vielfältigen Angebot an kulturellen Veranstaltungen, das von Hardcore-Konzerten über Stand-up-Comedy bis zu Kindertheater reicht, wahrt die größte Kölner Einrichtung dieser Art ihre Tradition und mischt sich in die Belange der Einwohner und ihrer Heimat ein. Immer wieder kann man hier Diskussionen zu städtischen wie nationalen Themen miterleben, so etwa zu Straßenbauprojekten oder zu den nächsten Wahlen.

Südstadt
Dreikönigenstr. 23 | Tel. 0221 9 91 10 80 | www.buergerhausstollwerck.de | U 15, 16 Ubierring (234 B1)

LITERATURHAUS

Köln ist bekanntlich die Literaturhochburg in NRW. So ist auch das im Jahr 1996 gegründete Kölner Literaturhaus eines der relevantesten Institute seiner Art und der mitgliederstärkste Literaturhaus-Verein Deutschlands. Mit mehr als 100 Veranstaltungen im Jahr prägt es das literarische Leben Kölns maßgeblich und ermöglichte bereits Begegnungen mit Schriftstellern wie Orhan Pamuk, Umberto Eco, Paul Auster und Salman Rushdie. Ziel ist es, Jung und Alt lesenswerte deutschsprachige und internationale Literatur nahezubringen. Die Lesungen finden im würdevollen Rahmen des historischen Haus Bachem statt. Seit 2007 bietet das Junge Literaturhaus Lesungen, Workshops und Programm für junge Leute zwischen drei und 25 Jahren.

Neustadt-Süd
Großer Griechenmarkt 39 | Tel. 0221 9 95 55 80 | www.literaturhaus-koeln.de | U 3, 4, 16, 18 Poststraße (226 C5)

LUTHERKIRCHE ★

Die neogotische Lieblingskirche vieler Kölner fungiert nicht nur als Gotteshaus, sondern auch auch als innovativer Veranstaltungsort für kulturelle Events – daher auch der Name »Kulturkirche«. Das für ein Gotteshaus wirklich außergewöhnliche Programm umfasst Pop-, Rock- und Elektromusik, Workshops, Performance, Theater und bildende Kunst. Im Rahmen der Lit.Cologne präsentieren hier Größen aus Literatur und Theater anspruchsvolle Unterhaltung.

Nippes
Siebachstr. 85 | Tel. 0221 9 73 10 30 | www.kulturkirche-koeln.de | U 12, 15 Florastraße (230 A1)

MUSEEN

Jeden ersten Donnerstag im Monat ist *KölnTag (außer an Feiertagen | Infos unter Tel. 0221 22 12 40 33 | www.museenkoeln.de/home/KoelnTag)*. Dann haben alle Bürger freien Eintritt in die ständigen Sammlungen der folgenden städtischen Museen: Museum Ludwig, Wallraf-Richartz-Museum, Römisch-Germanisches Museum, Museum für Angewandte Kunst, Rautenstrauch-Joest-

MEINE STADT

▶ Das etablierte Museum Ludwig hat einen kleinen, feinen Doppelgänger im Miniaturformat. Seit den 1970er-Jahren steht in Volkhoven die Simultanhalle. Eigentlich sollten dort nur die zukünftigen Bodenbeläge, die Wandverkleidungen und die Wirkung des Lichteinfalls auf die Bilder des großen Museumsbaus getestet werden. 1983 war die Erprobungsphase beendet, es drohte der Abriss. Die Künstlerin Eva Janoskova hielt die Halle jedoch mit vielen Sonderausstellungen am Leben – zum Glück, heute steht sie jungen Künstlern zur Verfügung, die hier regelmäßig Ausstellungen organisieren.
Während der Ausstellungen Sa, So 14–18 Uhr | Eintritt frei | Volkhovener Weg 209–211 | www.simultanhalle.de | S 11 Volkhovener Weg (236 C2)

Das Deutsche Sport- und Olympiamuseum: Besucher erwartet ein breites Mitmachprogramm

Museum, Schnütgen-Museum, Museum für Ostasiatische Kunst, Kölnisches Stadtmuseum, NS-Dokumentationszentrum, Archäologische Zone. Geboten werden dabei oft besondere Führungen und Vorträge. Um dem Ansturm gerecht zu werden, schließen die Häuser dann erst um 22 Uhr. Schüler, Kölner unter 18 Jahren und Geburtstagskinder kommen stets kostenlos in die städtischen Museen.

ARCHÄOLOGISCHE ZONE

Köln war römisch, Köln hat eine lange jüdische Geschichte, Köln war eine bedeutende Metropole im Mittelalter. Das alles wird sichtbar in der 10 000 m² großen Archäologischen Zone vor dem Rathaus, wo schon seit 2006 gegraben wird. Wann das geplante Jüdische Museum gebaut wird, steht noch in den Sternen, doch ein Teil der Kölner Vergangenheit ist auch jetzt schon zu sehen. Etwa das Praetorium, ein imposanter römischer Statthalterpalast, in dem jeden Monat ein spannender neuer Fund der Ausgrabungen präsentiert wird. An heißen Tagen lohnt ein INSIDER TIPP Gang durch den angenehm kühlen römischen Abwasserkanal, und auch das Ubiermonument und die Mikwe, ein jüdisches Kultbad, geben einen höchst interessanten Vorgeschmack auf das, was hier künftig einmal zu sehen sein wird.

Innenstadt

Di–So 10–17 Uhr | Eintritt 3,50 Euro | Kleine Budengasse 2 | Tel. 0221 22 12 44 38 | www.museenkoeln.de/archaeologische-zone | U 5, 16, 18 Dom/Hbf. (227 E3)

ARTOTHEK – RAUM FÜR JUNGE KUNST

Die Artothek befindet sich in einem wunderschönen, mit einer elegant geschwungenen Empore ausgestatteten spätgotischen Bürgerhaus aus dem 15 Jh. südlich des Doms. Oberstes Ziel des dem Kulturamt der Stadt Köln angegliederten Ausstellungsraums ist die Förderung und Vermittlung junger Kreativer. Präsentiert werden experimentelle Arbeiten aus allen Bereichen aktueller Kunst: von Malerei über Zeichnungen, Skulpturen und Fotografien bis hin zu raumbezogenen Arbeiten oder auch Performances. Für 6 Euro kann man sich INSIDER TIPP **ein Kunstwerk zehn Wochen lang ausleihen. Die Versicherung ist inklusive.** Unter den Leihgaben gibt es Newcomer zur Auswahl und auch Werke bekannter Kunstgiganten wie Warhol, Richter oder Baselitz.

Innenstadt

Di–Fr 13–19, Sa 13–16 Uhr | Eintritt frei | Am Hof 50 | Tel. 0221 22 12 23 32 | www.museenkoeln.de/artothek | U 5, 16, 18 Dom/Hbf. (227 E3)

DEUTSCHES SPORT- UND OLYMPIAMUSEUM

Zu den Exponaten gehören u. a. die Schuhe, mit denen Michael Schumacher auf das Gaspedal und auf die Bremse trat, sowie ein Tennisschläger, den Boris Becker in Melbourne zerdroschen hat. Auf zwei Etagen wird die Geschichte des Sports in den vergangenen 2500 Jahren ausgebreitet – von der griechischen Antike bis zu den Athleten unserer Tage. Doch nicht nur Schaustücke sind zu sehen, es wird auch ein vielfältiges Mitmachprogramm mit Sandsacktraining, Radfahren im Windkanal oder Torwandschießen geboten.

Südstadt

Di–Fr 10–18, Sa, So 11–19 Uhr | Eintritt 6 Euro | Im Zollhafen 1 | Tel. 0221 33 60 90 | www.sportmuseum.de | U 1, 7, 9 Heumarkt, U 3, 4 Severinstraße (227 F5)

DUFTMUSEUM IM FARINAHAUS

Das 1709 von dem italienischen Parfümeur Johann Maria Farina kreierte Eau de Cologne, das ihn an Orangen, Zitronen, Pampelmusen, Bergamotte, Cedrat sowie die Blüten und Kräuter seiner Heimat erinnerte, machte Köln schon vor mehr als 300 Jahren als Duftstadt weltberühmt. Das heutige Duftmuseum ist in den originalen Produktionsräumen eben dieses Eau de Colognes aus dem 18. Jh. untergebracht und besitzt nostalgischen Charme. Auf mehreren Etagen werden die Produktionsmethoden und einst verwendeten Geräte gezeigt, darunter etwa die Destillierapparate. Angeboten werden auch Führungen, die auf Kinder zugeschnitten sind (→ **S. 18**).

Innenstadt

Mo–Sa 10–19, So 11–17 Uhr | Eintritt 5 Euro | Obenmarspforten 21 | Tel. 0221 3 99 89 94 | www.farina.org | U 1, 7, 9 Heumarkt (227 E3)

EL-DE-HAUS

Ein bedrückendes Gefühl vermitteln in der einstigen Folterzentrale der Gestapo vor allem die original erhaltenen Zellen im Keller, wo noch die Inschriften der Gefangenen zu lesen sind. In den oberen Etagen finden Ausstellungen zur Geschichte des Nationalsozialismus und des Widerstands in Köln statt. Dazu zeigt das Haus in regelmäßiger Folge Sonderausstellungen zu regionalen sowie überregionalen Aspekten der NS-Zeit.

Innenstadt

Di–Fr 10–18, Sa, So 11–18 Uhr | Eintritt 4,50 Euro | Appellhofplatz 23–25 | Tel. 0221 22 12 63 32 | www.nsdok.de | U 3–5, 16, 18 Appellhofplatz (226 C2)

KÄTHE KOLLWITZ MUSEUM

Das Museum in diesem vom Kölner Architekten Hans Schilling entworfenen Domizil im Obergeschoss der Neumarkt-Passage verfügt über die weltweit umfangreichste Kollwitz-Sammlung. Auf 1000 m² Ausstellungsfläche können neben dem kompletten plastischen Werk 270 Zeichnungen und rund 500 druckgrafische Blätter sowie alle Plakate der Künstlerin bewundert werden. Ein echtes Highlight stellen die 15 Bronzeplastiken dar, die fast alle in seltenen frühen Güssen zu sehen sind. Zusammen mit der Kopie des trauernden Elternpaars in der Kirchenruine Alt St. Alban und dem sehenswerten Grabrelief Levy auf dem Jüdischen Friedhof in Bocklemünd ist somit das bildhauerische Gesamtwerk der Künstlerin in Köln beheimatet.

Innenstadt

Di–Fr 10–18, Sa, So 11–18, Führung So 15 Uhr | Eintritt 5 Euro | Neumarkt 18–24 (Kreissparkasse Köln) | Tel. 0221 2 27 28 99 | www.kollwitz.de | U 1, 3, 4, 7, 9, 16, 18 Neumarkt (226 C4)

KÖLNISCHES STADTMUSEUM

Dieses Zeughausgebäude mit seinen Treppengiebeln entstand um 1600 als Rüstungs- und Waffenarsenal. Mit vielen Originalobjekten – darunter eine Ford-Limousine aus dem Jahr 1936, das prunkvolle Ratssilber und Ritterrüstungen – wird darin heute die Kölner Stadtgeschichte seit dem Mittelalter dargestellt. Im Obergeschoss finden Sie diverse Exponate zur wirtschaftlichen Entwicklung der Rheinmetropole. Natürlich gehören auch so stadttypische Phänomene wie Klüngel, Kölsch, Karneval, Hänneschen-Theater sowie das Kölnisch Wasser zu den Themen der Ausstellung, die auch Kindern Interessantes zu bieten hat.

Innenstadt

Di 10–20, Mi–So 10–17 Uhr | Eintritt 5 Euro | Zeughausstr. 1–3 | Tel. (Kasse) 0221 2 23 98 | www.museenkoeln.de/ksm | U 3–5, 16, 18 Appellhofplatz (226 C2)

KOLUMBA ★

Schon die preisgekrönte Architektur des Schweizer Stararchitekten Peter Zumthor macht das Kunstmuseum des Erzbistums Köln zu einem in jeder Hinsicht spektakulären Ausstellungshaus. Die Kombination von altem Gemäuer und modernem Neubau ist schlicht atemberaubend. Viel Backstein und Beton, großartige Sichtachsen und Ausblicke sowie gigantische Räume, die nur ganz sparsam mit Arbeiten bestückt sind, schaffen eine spirituelle Atmosphäre und lassen das Museum zu einem poetischen Ort der Stille werden. Die Kunstsammlung umfasst Werke von der Spätantike bis hin zur Gegenwart. Highlights sind der sakral anmutende Innenhof und die wunderschöne Bibliothek. Es lohnt ein Blick auf die Webseite oder ein Abonnement des Newsletters, denn es werden interessante Wechselausstellungen, Konzerte und samstags um 15 Uhr Lesungen in Kooperation mit dem Schauspielhaus angeboten.

Innenstadt

Mi–Mo 12–17 Uhr | Kolumbastr. 4 | Tel. 0221 9 33 19 30 | Eintritt 5 Euro, bis 18 Jahre frei | www.kolumba.de | U 5, 16, 18 Dom/Hbf. (227 D3)

MUSEUM FÜR ANGEWANDTE KUNST

Wie die meisten Kölner Museumssammlungen hat das Museum für Angewandte Kunst seinen Ursprung im Engagement der Kölner. Der historische Kernbestand umfasst die Sammlungen von Ferdinand Franz Wallraf (1748–1824) und Matthias Joseph de Noël (1782–1849), ergänzt um weitere Spenden. Heute versteht sich das Haus als kompetenter Standort für Design. Durch zeitgemäße Schauen zu den Themen Architektur, Fotografie und Neue Medien möchte man ein junges Publikum ansprechen. Die Räume des Rundgangs sind nach den jeweiligen Epochen gestaltet. Der Bogen reicht von Bildteppichen des späten Mittelalters, einer umfangreichen Schmucksammlung mit spektakulären Jugendstil-Stücken über das Textildesign der 1950er-Jahre bis hin zu Büromöbeldesign des neuen Jahrtausends. Es lohnt, an den Führungen teilzunehmen, die regelmäßig angeboten werden oder ein Gespräch in der Cologne Design Lounge anzuhören.

Innenstadt

Di–So 11–17 Uhr | Eintritt 6 Euro | An der Rechtschule | Tel. 0221 22 12 67 14 | www.makk.de | U 5, 16, 18 Dom/Hbf. (227 D2)

Ganz im Zeichen der Künstlerin – das Käthe Kollwitz Museum

MUSEUM FÜR OSTASIATISCHE KUNST

Willkommen im einzigen Museum Nordrhein-Westfalens, das sich vornehmlich der Kunstgeschichte Chinas, Koreas und Japans widmet. Den Grundstock bildet die Japan-Sammlung des Museumsgründers Adolf Fischer und seiner Frau Frieda Bartdorff mit buddhistischer Malerei und Holzskulpturen, bemalten japanischen Stellschirmen, wunderschönen Farbholzschnitten und edler Lackkunst. Die Boddhisattva-Skulpturen aus Zypressenholz und eine japanische Weltenwächterfigur aus dem 12. Jh. sind europaweit einmalig. Nach dem Kunstgenuss geht es hinaus ins Grüne: Die idyllische Lage des Hauses am Aachener Weiher bietet sich für einen entspannten Spaziergang oder ein Picknick an.

Kwartier Latäng

Di–So 11–17 Uhr | Eintritt 3,50–9,50 Euro | Universitätsstr. 100 | Tel. 0221 22 12 86 17 | www.museenkoeln.de/mok | U 1, 7 Universitätsstraße (228 C5)

MUSEUM LUDWIG

Der 1996 verstorbene Aachener Fabrikant Peter Ludwig hatte ein sehr breit gefächertes Sammlerinteresse: Er trug mittelalterliche Handschriften, präkolumbianische Kunst, Werke der amerikanischen Pop Art, des russischen Konstruktivismus und DDR-Malerei zusammen. Heute beherbergt das Museum eine imposante und weltweit beachtete Sammlung moderner Kunst, vom Spätimpressionismus bis zur Gegenwartskunst – von Dalí bis Picasso, von Warhol bis Pollock, von Richter bis Bacon. Neben Wechselausstellungen mit etablierten Künstlern der Moderne werden regelmäßig Installationen mit junger Kunst gezeigt.

Innenstadt

Di–So 10–18 Uhr | Eintritt 7,50–13 Euro | Heinrich-Böll-Platz | Tel. 0221 22 12 61 65 | www.museum-ludwig.de | U 5, 16, 18 Dom/Hbf. (227 E2)

PHOTOGRAPHISCHE SAMMLUNG DER SK KULTUR

Ein Kölner Konditor, der Förderturm einer Zeche oder Zirkusartisten der 1920er-Jahre. All diese Motive haben gemeinsam, dass sie in Schwarzweiß von August Sander oder dem Ehepaar Hilla und Bernd Becher aufgenommen wurden. Zu sehen sind die Werke der frühen Stars der Dokumentarfotografie im Mediapark, wo die SK Stiftung Kultur eine Sammlung pflegt, die rund 30 000 Werke aus allen Epochen der Kamerakunst umfasst. Zudem zeigt sie zwei bis drei Wechselausstellungen pro Jahr, die einen Besuch meist sehr lohnen.

Neustadt-Nord

Do–Di 14–19 Uhr | Eintritt 5,50 Euro | Im Mediapark 7 | Tel. 0221 88 89 53 11 | www.photographie.sk-kultur.de | U 12, 15 Christophstraße/Mediapark (229 E3)

RÖMISCH-GERMANISCHES MUSEUM

Wie die alten Römer hier am Rhein lebten, illustrieren die zahlreichen archäologischen Funde in diesem Haus. Zu den wichtigsten Exponaten zählen das Dionysosmosaik aus dem Speisesaal einer römischen Villa und das Grabmal des Veteranen Poblicius. Dieses wurde 1965 in einem Keller in der Südstadt entdeckt und von zwei Hobby-Archäologen ohne Genehmigung in jahrelanger Arbeit freigelegt, bis sie es schließlich für gutes Geld an die Stadt verkauften. Zum Selbstverständnis des Hauses gehört es auch, neue Ausgrabungen, z. B. aus der nahen Archäologischen Zone, zu präsentieren.

Innenstadt

Di–So 10–17 Uhr | Eintritt 9 Euro | Roncalliplatz 4 | Tel. 0221 22 12 44 38 | www.museenkoeln.de/rgm | U 5, 16, 18 Dom/Hbf. (227 E2)

SCHNÜTGEN-MUSEUM

Kunst vom frühen Mittelalter bis zum Ausgang des Barock zeigt das Schnütgen-Museum. Herzstück ist der ausgesprochen atmosphärische, mittelalterliche Kirchenbau St. Cäcilien. Zu sehen

sind Meisterwerke von internationalem Rang, darunter Holz- und Steinskulpturen, Goldschmiedekunst, Bronzen und Elfenbeinschnitzereien, Glasmalereien, Textilien, Kirchenmöbel und Handschriften. Eine Oase der Ruhe und gleichzeitig eine Ausstellungsfläche unter freiem Himmel ist der INSIDER TIPP wunderschöne Cäciliengarten.

Innenstadt

Di–So 10–18, Do 10–20 Uhr | Eintritt 6 Euro | Cäcilienstr. 29–33 | Tel. 0221 22 13 13 55 | www.museum-schnuetgen.de | U 1, 3, 4, 7, 9, 16, 18 Neumarkt (226 C4)

SKULPTURENPARK KÖLN

Der Skulpturenpark Köln in Rheinnähe ist ein kulturelles Highlight im Norden der Stadt. Die 25 000 m² große Oase der Kunst wechselt bzw. ergänzt im Zwei-Jahres-Rhythmus die Exponate und zeigt Außenskulpturen von Spitzenkünstlern wie Tony Cragg, Rosemarie Trockel, Peter Fischli/David Weiss, Ulrich Rückriem oder Jörg Immendorff. Bequeme Bänke laden zum Verweilen und zum entspannten Kunstgenuss ein, der Eintritt ist frei!

Riehl

April–Sept. tgl. 10.30–19, Okt.–März 10.30–17 Uhr | Elsa-Brändström-Str. 9 (Eingang Riehler Str.) | Tel. 0221 33 66 88 60| www.skulpturenparkkoeln.de | U 18 Zoo (230 C2)

THEATERWISSENSCHAFTLICHE SAMMLUNG

Sie ist etwas abgelegen, aber die Sammlung des Theaterwissenschaftlichen Instituts der Kölner Universität bietet ein schönes Erlebnis für alle Theaterfans. Fotografien, Szenenentwürfe,

Einst in Colonia: Das Römisch-Germanische Museum zeigt Kölns römische Wurzeln

Bühnenbilder, Vorhänge, Plakate etc. sind allerdings nur nach Voranmeldung zu besichtigen – ein Anruf lohnt sich. Neben einer Bibliothek gibt es hier ein umfassendes Archiv (Kritiken, digitalidsierte Glasplattennegative, Grafiken).

Porz-Wahn

Mo–Fr 10–16.30 Uhr | Eintritt frei | Schloss Wahn | Burgallee 2 | Tel. 02203 60 09 20 | www.schloss-wahn.de | S 12 Porz-Wahn (237 D3)

WALLRAF-RICHARTZ-MUSEUM FONDATION CORBOUD

Das Museum beherbergt Werke aus allen kunsthistorischen Epochen vom Mittelalter bis 1900, darunter die bedeutende Impressionistensammlung des Ehepaars Corboud. Aus der Zeit des 15. bis 18. Jhs. ist vor allem die altniederländische Malerei hervorragend dokumentiert, u. a. mit dem berühmten Selbstbildnis von Rembrandt (1668). Ausreichend Zeit sollten Sie für die romantische Malerei des 19. Jhs. mit Bildern etwa von Carl Spitzweg einplanen. Und auf keinen Fall vergessen darf man Lochners »Muttergottes in der Rosenlaube« – ein faszinierendes Tafelbild, das als »kölsche Mona Lisa« gilt.

Altstadt

Di–So 10–18 Uhr | Eintritt 9 Euro | Obenmarspforten 40 (Rathaus) | Tel. 0221 22 12 11 19 | www.wallraf.museum | U 5, 16, 18 Dom/Hbf., U 1, 7, 9 Heumarkt (227 E3)

THEATER, OPER & BALLETT

ARTHEATER

Zeitgemäßes Theater und Konzerte wenig bekannter Bands, Lesungen und coole Partys – das alles versteht das ARTheater meisterlich miteinander zu vereinen. Das hat vor allem zur Folge, dass hier auch bei den Theateraufführungen – einer Mischung aus Gastspielen und Eigenproduktionen – in erster Linie ein junges Publikum anzutreffen ist. Sehr beliebt sind die Kunst-gegen-Bares-Abende: Die Bühne ist offen für jeden, ob Artisten, Poetry-Slammer oder Musiker, und das Publikum entscheidet selbst, wie viel die Vorstellung wert war.

Ehrenfeld

Ehrenfeldgürtel 127 | Tel. 0221 5 50 33 44 | www.artheater.de | U 3, 4, S 12, 13 Ehrenfeld (228 C2)

INSIDER TIPP FREIES WERKSTATTTHEATER KÖLN

Das mit mehreren Preisen ausgezeichnete Haus hat sich vor allem durch seine experimentelle Theaterarbeit, die Auswahl gesellschaftskritischer Themen und sein generationsübergreifendes Gesamtkonzept einen Namen gemacht. Viele Eigenproduktionen, die sich mit Ausländerfeindlichkeit, Arbeitslosigkeit, dem Prozess des Alterns und dem Faschismus auseinandersetzen, prägen das Profil, oft wird mit Betroffenen zusammengearbeitet. Angesprochen werden Menschen jeder Altersgruppe. Senioren bilden hier auch als Schauspieler ein eigenes »Altentheaterensemble« .

Südstadt

Zugweg 10 | Tel. 0221 32 78 17 | www.fwt-koeln.de | U 15, 16 Chlodwigplatz (234 A2)

OPER KÖLN

Die Idee, das von Wilhelm Riphahn entworfene Ensemble als prägende Architekturikone aus der Nachkriegszeit zu retten, hatte ihren Reiz. In der Ausführung allerdings ist die Sanierung von Oper und Schauspielhaus problematisch. Bis der Riphahn-Bau wiedereröffnet wird, können noch Jahre vergehen. Schon jetzt steht fest, dass es mindestens bis 2018 dauert. Außerdem wer-

Kölner
Philharmonie
365 Tage
Musik
koelner-philharmonie.de
KMT
KölnMusik Ticket
oncalliplatz, 50667 Köln
irekt neben dem Kölner Dom
m Gebäude des Römisch-
ermanischen Museums)
Neumarkt-Galerie
50667 Köln
(in der Mayerschen
Buchhandlung)
kölnticket.de
Tickethotline:
0221-2801
Philharmonie-Hotline
0221 280 280

den über die veranschlagten 278 Mio. Euro hinaus weitere Gelder benötigt. Für die Spielzeit 2016/17 konnte die Stadt das Deutzer Staatenhaus als Interimsquartier anmieten.
Rheinparkweg 1 | Tel. 0221 22 12 84 00 | www.operkoeln.com | U 1, 7, 9 Messe/ Deutz (230 C4)

ORANGERIE

Die Orangerie gehört zu den wichtigsten Spielstätten der freien Szene. Die Location in einem alten Gewächshaus mitten im Volksgarten besitzt ein romantisches Ambiente. In dem Gebäude von 1841 finden vorwiegend experimentelles Theater sowie Tanzperformances und Gastspiele statt. Durch die variable Bühnenanlage ist die Orangerie bestens für performatives Theater geeignet. Einziger Haken: Das Gebäude ist ziemlich heruntergekommen, die erforderliche Sanierung ist ins Stocken geraten.
Südstadt
Volksgartenstr. 25 | Tel. 0221 9 52 27 08 | www.orangerie-theater.de | U 15, 16, 18 Ulrepforte (233 F2)

SCHAUSPIEL KÖLN

Inhaltlich präsentiert sich das Kölner Schauspiel unter der Intendanz von Stefan Bachmann stabil. Die Mischung aus klassischen Stoffen aus der Feder von Ibsen oder Shakespeare und aktuellen Themen wie »Lehman Brothers« ist für das Publikum weniger anstrengend, als unter Vorgängerin Karin Beier, die dem Schauspielhaus einen exzellenten Ruf verschaffte. Die ungewisse Situation rund um die Sanierung des Gebäudeensembles in der City hingegen beginnt bei allen Beteiligten an den Nerven zu zehren: Wahrscheinlich können die Schauspieler frühestens 2018 in ihr Stammhaus zurückkehren. Bis dahin bleibt Mülheim das Ausweichquartier.
Mülheim
Depot 1 und 2, Grotte | Schanzenstr. 6–20 | Tel. 0221 2 21 84 00 | www.schauspielkoeln.de | U 4 Keupstraße (231 F1)

THEATER DER KELLER

Vom Beharren auf Traditionen und dem Einrichten im Status quo hält man hier wenig, obwohl das Theater der Keller seit über 60 Jahren besteht: »100 % Gegenwart, 100 % Engagement, 99 Plätze« lautet das Motto der Spielstätte, die mit der Schauspielschule der Keller (Absolventen u. a. Michael Degen, Jürgen Flimm, Gudrun Landgrebe) kooperiert. Gezeigt werden zeitgenössische Stücke, die sich kritisch mit Politik und Gesellschaft auseinandersetzen und auch das lokale Geschehen reflektieren. Schon mehrfach gab es den Kölner Theaterpreis, zuletzt für den Psychoschocker »Waisen« von Dennis Kelly. Zum Programm gehört auch Wolfgang Herrndorfs »Tschick«.
Südstadt
Kleingedankstr. 6 | Tel. 0221 7 27 22 09 90 | www.theater-der-keller.de | U 15, 16 Ulrepforte (233 F2)

THEATER IM BAUTURM

Anspruch und Unterhaltung werden hier gelungen geboten, mit Klassikern wie Lessings »Nathan der Weise« oder Gerhard Hauptmanns »Einsame Menschen« und vielen spannenden Gastspielen. Neben der Dramaturgin und dem Leiter des Theaters gehören immer mehrere Regisseure einer für jeweils drei Spielzeiten zusammengestellten Regie-Gruppe an, sodass das ästhetische Profil im Bauturm stets neue und äußerst sehenswerte Blüten treibt.
Belgisches Viertel
Aachener Str. 24 | Tel. 0221 52 42 42 | www.theater-im-bauturm.de | U 1, 7, 15 Rudolfplatz (229 D5)

Essen & Trinken

Gourmetmenüs oder Brauhausklassiker? Den Einstieg in die Street-Food-Szene wagen oder zur nächsten hippen Burgerbude? Die Restaurantszene in Köln wächst. Und wächst. Und ...

Nie war der Aufstieg zum Foodie leichter als heute. Street-Food-Märkte ermöglichen auch risikoscheuen Essern in Köln auf Tuchfühlung zu fremden Landesküchen zu gehen! Ob im Truck oder auf dem Rudolfplatz *Meet & Eat* → **S. 17** oder bei den wechselnden Gastgebern im *Laden Ein* → **S. 16**: Die Veredelung des Fast Food schreitet unaufhaltsam voran, auch wenn die Vielzahl vornehmer Burger-Buden langsam Zweifel an der Zukunft unserer Rinderbestände aufkommen lässt. Wer davon gelangweilt ist, findet in den darüber angesiedelten Preissegmenten formidable Alternativen. Wie wäre es etwa mit einem Husarenritt per Degustationsmenü quer durch die vietnamesische Küche (bei *Joie Viet* → **S. 62**), mit einem romantischen Dinner im *Thormann* → **S. 75**) oder mit einem Ausflug in die frisch gekürte Sterneküche (*Maibeck* → **S. 81**)? Gemeinsam mit vielen anderen bringen die Betreiber dieser Lokale frischen Wind in Kölns gastronomische Landschaft, die sich ständig verändert, wie es für eine Großstadt typisch ist. Selbst die traditionsreichen Brauhäuser schrecken nicht vor Experimenten zurück. So schenkt die *Brauerei zur Malzmühle* → **S. 99** in ihrem »Höhnerstall« nun Craft-Beer aus. Prost!

ASIATISCH

BONJOUR SAIGON

Gegen Geschmacklosigkeit sind in der vietnamesischen Küche viele Kräuter gewachsen, wie das Bonjour Saigon beweist. Nicht so scharf wie Thai, nicht so fettig wie Indonesisch, nicht so handfest wie Chinesisch: Vietnamesisches Essen gewinnt immer mehr Fans, und in Köln ist das auch den Rezepten von Mama Le zu verdanken, die mit ihrer Großfamilie im Belgischen Viertel ansässig ist. Ob in Wildbetelblättern gegrillte Rinderhackrollen, Minzhuhn in Kokoscurry oder die Crispy Dumplings mit Garnelen, Hack und Wasserkastanienfüllung – jeder Versuch ist hier ein Treffer. Gourmets mit Tüftlerherz füllen ihre Summer Rolls selbst.

Belgisches Viertel

€–€€ Tgl. 12–23.30 Uhr | Richard-Wagner-Str. 24 | Tel. 0221 25 85 08 88 | www.bonjoursaigon.com | U 1, 7 Moltkestraße **(229 D5)**

Essen ■■□ Ambiente ■■□ Service ■■□

BULGOGI HAUS

Die äußere, ein wenig an einen Imbiss erinnernde Aufmachung mag vielleicht nicht jedermanns Sache sein – der Koreaner mit authentischer Küche, beschwingter Stimmung und einem sehr zuvorkommenden Service ist aber ein

echter Geheimtipp. Für 18,90 Euro (Kinder unter 10 Jahren 9,90 Euro) bekommt man ein sehr vielseitiges Menü. Vorweg werden koreanische Mandus (Teigtaschen) serviert. Dann muss jeder selbst ran, denn an den Tischen befindet sich jeweils ein Holzkohlegrill, auf dem man das Fleisch brät. Dazu gibt es diverse Beilagen am Büfett, z. B. Kimchi (scharfer Kohl), Chap-Chae (Glasnudeln) und Kimbab (koreanische Sushirollen). Dass stets viele Koreaner zu Gast sind, ist ein Beleg für das Niveau der Küche. Probieren Sie die original koreanischen Nachtische und Alkoholika. Die gibt es nirgendwo sonst in Köln.

Nippes

€€ Di–So 18–23 Uhr | Neusser Str. 654 | Tel. 0221 2 78 88 96 | www.bulgogi-haus.de | U 12, 15 Scheibenstraße (236 C2)

Essen ■■■ Ambiente ■□□ Service ■■■

CHINO LATINO

Stylish und weltmännisch kommt er daher, der erste deutsche Ableger des englischen Gastrokonzepts, der sich im Art'otel im Rheinauhafen befindet. Rote Beleuchtung, ein riesiges Seerosengemälde, weiße Lederbänke, Drehsessel mit Chromfüßen und dazu eine spektakuläre Aussicht auf den Rhein – wow! Serviert wird moderne, panasiatische Cuisine, wobei sich die Küche hauptsächlich an japanischen Zubereitungsweisen orientiert – mit originellen chinesischen und thailändischen Einflüssen. Highlights der Karte sind Sushi, Sashimi und Dim Sum, aber auch das Steak »on the rocks«, also auf heißen Steinen zubereitet, ist ein Renner. Zu reservieren ist ratsam, vor allem für die ☀ schönen Plätze auf der spektakulären Terrasse. Zum Abschluss lockt ein Drink an der coolen Bar.

Und auf der Theke wacht Buddha: Das Bonjour Saigon bietet eine kulinarische Reise nach Vietnam

➡ **Altstadt-Süd**
€€–€€€ *Mo–So 12–14 u. Mo–Sa 18–22.30 Uhr | Holzmarkt 4 | Tel. 0221 80 10 39 00 | www.chinolatino.eu | U 3, 4 Severinstraße* (227 E6)

Essen ■■□ Ambiente ■■■ Service ■■□

DAITOKAI
Das Daitokai serviert seit 1978 authentische japanische Küche, und das Restaurant hält seit Jahrzehnten seinen (auch preislich) hohen Standard. Der Grund, es zu besuchen, heißt Teppan-Yaki. Dabei sitzen die Gäste um eine heiße Stahlplatte, auf der der Koch mit Tempo und Fingerfertigkeit brät, grillt und flambiert: Lachs und Rind, Bohnen und Sprossen, Lamm und Garnelen. Es gibt auch eine vegetarische Variante mit Tofu, Pilzen und gebratenen Nudeln sowie ein Kindermenü mit sechs Gängen.
➡ **Innenstadt**
€€€ *Di–So 18–24, Fr–So 12–15 Uhr | Kattenbug 2 | Tel. 0221 12 00 48 | www.daitokai.de | U 3–5, 16, 18 Appellhofplatz* (230 A4)

Essen ■■■ Ambiente ■■■ Service ■■■

JOIE VIET ★
NEU Etwas für Feinschmecker! Im Joie Viet haben die Kölner jetzt die ansonsten recht seltene Gelegenheit, die vielversprechende Haute-Cuisine-Variante

MARCO POLO HIGHLIGHTS

★ Joie Viet
Eine erfreuliche Überraschung, für Feinschmecker und Vegetarier: Vietnamesische Küche auf einem Niveau, das in Deutschland selten geboten wird. Dazu eine Weinkarte, die gourmetwürdig ist → S. 62

★ Metzger & Marie
Spitzenküche für alle: In angenehmer Atmosphäre und bei sehr herzlichem Service kommen Schnitzelfreunde, Saiblingfans und Fleischverächter gleichermaßen auf ihre Kosten → S. 74

★ Dicker Hund
Naht das Ende des Burger-Hypes? Die Eröffnung dieses Lokals scheint geradezu programmatisch, denn in dem ehemaligen Brauhaus wird zwar amerikanische Hausmannkost serviert, aber Burger gibt es hier nicht → S. 84

★ Basilicum
Ein einfach liebenswertes Wohnzimmer mit frischer Küche und herzlichem Service. Dienstags kommen die Gäste in den Genuss eines kostengünstigen Menüs für zwei Personen → S. 89

★ Max Stark
In Zeiten, in denen das Regionale in allen Bereichen des Lebens an Bedeutung gewinnt, darf die Brauhauskultur nicht vernachlässigt werden. Kaum irgendwo ist sie authentischer als im Max Stark → S. 100

★ Rathenauplatz
Mitten in der Stadt und doch mitten im Grünen. Nah am Trubel der Zülpicher Straße und doch weit weg von Stress und Hektik. Im Biergarten am Rathenauplatz findet der urbane Kölner ganz zu sich → S. 107

Joie Viet: vietnamesische Gourmet-Küche in nettem hellem Ambiente

der vietnamesischen Landesküche kennenzulernen, wobei das Haus bei einigen Zutaten mit Frankreich flirtet und somit die Fusion-Schublade öffnet. Auf der Karte fallen extravagante Angebote auf. Dazu gehören knuspriges Berkshire-Schwein mit Wassermimosen sowie geschmortes Rind mit Artischocken und grünem Pfeffer, deren Aromatik und Textur gleichermaßen positiv überraschen. Tiefere Einblicke gestattet ein INSIDER TIPP Fünfgänge-Menü für 45 Euro. Wichtig: Auch die Weinkarte weiß mit Tropfen vornehmlich deutscher Winzer zu gefallen. ÖKO Vegetarier können aus einer Vielzahl von Gerichten auswählen.

Innenstadt

€€–€€€ *Mo–Fr 12–15, 18–23, Sa 17–23 Uhr | Lindenstr. 38 | Tel. 0221 30 19 04 40 | www.joie-viet.de | U 1, 7, 12, 15 Rudolfplatz* (229 D5)

Essen ■■■ Ambiente ■□□ Service ■□□

LU

Authentische vietnamesische Gerichte, eine wechselnde Karte geringen Umfangs und ein klar durchstrukturiertes Interieur haben das Lu ganzjährig beliebt gemacht. Die Kombination aus frischen Sommerrollen und scharfem Glasnudelsalat geht immer.

Innenstadt

€ *Mo–Sa 12–23 Uhr | Hohenstaufenring 21 | Tel. 0221 54 81 34 57 | www.lokal-lu.de | U 12, 15, 16, 18 Barbarossaplatz* (229 E6)

Essen ■■□ Ambiente ■■□ Service ■■□

MOMOTARO

Das nette kleine Lokal setzt der Fusionwelle, die auch in japanischen Restaurants immer mehr um sich greift, hochwertige Sushi-Küche entgegen. Fisch und Meeresfrüchte sind stets wunderbar frisch, die Mayo ist selbst gemacht, und der Grüntee wird wie das Kölsch im

Brauhaus stets nachgegossen. Ohne Reservierung geht hier allerdings gar nichts.

Altstadt-Nord

€€ *Di–Sa 12–14.15, 18.30–21.15 Uhr | Benesisstr. 56 | Tel. 0221 2 57 14 32 | www.momotaro-koeln.de | U 1, 7, 12, 15 Rudolfplatz* (226 B3)

Essen ■■□ Ambiente ■■□ Service ■■■

TAKU

Mit gut gefülltem Geldbeutel lassen sich im Taku wahre Geschmacksoffenbarungen erleben. Das Ambiente in dem Gourmettempel im Excelsior Hotel Ernst ist puristisch-elegant. Küchenchef Mirko Gaul zaubert Kreationen der japanischen, chinesischen, thailändischen, vietnamesischen, indonesischen und malaysischen Küche, für die er seinen Michelin-Stern wahrlich verdient hat. Auch ein veganes Sechs-Gänge-Menü steht auf der Karte. Bemerkenswert sind die vielen Sake-Sorten.

Innenstadt

€€€ *Di–Sa 12–14 u. 18.30–21.30 Uhr | Trankgasse 1–5 (im Hotel Excelsior Ernst) | Tel. 0221 27 01 | www.excelsiorhotelernst.com | U 5, 16, 18 Dom/Hbf.* (227 D2)

Essen ■■■ Ambiente ■■■ Service ■■■

Ein kölscher Kubaner mit Temperament und Herz: Carlos

WARUNG BAYU

Das Warung Bayu hat sich mit Gerichten aus Bali und Indonesien etabliert. Hier setzt man auf Erdnuss, relativ milde Gewürze und die Kraft der Fritteuse: Von Tofu über Rotbarsch bis zur Banane gibt es nichts, was hier nicht in heißem Fett gebacken wird. Mit Fast Food hat das aber nichts zu tun: Fleisch und Gemüse sind frisch, die Zubereitung ist gewitzt. Im Sommer einen Tisch im ☀ Innenhof reservieren und das Essen mit Reisschnaps gemütlich ausklingen lassen.

Belgisches Viertel

€€ *Mo–So 18–23 Uhr | Brabanter Str. 5 | Tel. 0221 5 89 43 66 | www.wa rungbayu.de | U 1, 7, 12, 15 Rudolfplatz* (226 A3)

Essen ■■□ Ambiente ■■□ Service ■■□

ZEN

Die Küche hier geht weit über Sushi hinaus und setzt mit einem leicht brûlierten Carpaccio vom Lachs oder gekochter Schwarzwurzel auf japanische Art ganz andere Akzente. Bei solch elaborierten Kompositionen wundert es nicht, dass sich auch Maki wie die Alaska-Roll (mit Schneekrabbe) positiv vom Mainstream abheben.

Lindenthal

€€–€€€ *Di–So 17.30–24 Uhr | Bachemer Str. 236 | Tel. 0221 28 28 57 55 | www.restaurant-zen.de | U 13 Gleueler Straße/Gürtel* (232 B1)

Essen ■■■ Ambiente ■■■ Service ■■□

AUS ALLER WELT

CARLOS

»Gestatten, kölscher Kubaner«, so stellt Carlos Morfa sich mit temperamentvoller Herzlichkeit in seinem Domizil an der Dürener Straße vor. Dunkle Hölzer, milchkaffeefarbene Wandvertäfelungen und ☀ ein schicker kleiner Innenhof lassen erahnen, mit wie viel Herzblut er ans Werk geht. Begleiter der leckeren kubanischen Küche mit meisterhaften argentinischen Steaks sind das von Carlos in Familientradition selbst gebraute, süffige Bier sowie der selbst gebrannte Rum – da bleibt man nach dem Essen sehr gern noch auf einen oder auch zwei Absacker sitzen.

Lindenthal

€–€€ *Mo–So 18–1 Uhr | Dürener Str. 152 | Tel. 0221 9 90 76 88 | www.car loskoeln.de | U 7, 13 Dürener Straße* (232 C1)

Essen ■■□ Ambiente ■■□ Service ■■■

INSIDER TIPP ESSERS GASTHAUS

☀ Steirisch-eifelig sind Speisen und Weine in diesem gemütlichen Eckgasthof. Der opulent ausgestattete Weinkeller von Sommelière Iris Giessauf ist nur mit Winzerprodukten aus Deutschland und Österreich bestückt. Die Bandbreite reicht von kleinen Weingütern bis zu den Stars aus der Region. Und dabei sind die Preise sehr fair kalkuliert. Passend dazu buhlen Köstlichkeiten wie Eifeler Kaninchenkeule, Entrecote vom Almochsen und Forelle steirisch um die Gunst der Gäste. Sonntags ist im Essers Schnitzeltag – mit Kartoffel-Gurken-Salat. Original und lecker!

Ehrenfeld

€€ *Tgl. ab 17.30 Uhr (Küche bis 22.30 Uhr) | Ottostr. 72 | Tel. 0221 42 59 54 | www.essers-gasthaus.de | U 5, 13 Nußbaumerstraße* (229 D2)

Essen ■■■ Ambiente ■■□ Service ■■■

GRUBER'S RESTAURANT

☀ Der Österreicher Franz Gruber kam einst der Liebe wegen nach Köln und serviert nun in seinem gemütlich-gediegenen Restaurant österreichische Klassiker sowie den ein oder anderen Ausflug nach Frankreich, und das auf Wunsch auch vegetarisch. Für Mutige und Versierte gibt es Weinbergschnecken. Aber auch Klassiker wie Wiener Schnitzel und Tafelspitz lassen erahnen, was für Köstlichkeiten man bei den drei- oder fünfgängigen Menüs erwarten kann. Auf der opulenten Weinkarte stehen nur beste

Tropfen aus der Alpenregion. Wen die Zeit drängt, der schaut eben nur kurz in der Österia, dem Bistro nebenan, vorbei.

Neustadt-Nord

€€ Mo–Fr 12–15 u. 18–23, Sa 18–23 Uhr | Clever Str. 32 | Tel. 0221 7 20 26 70 | www.grubersrestaurant.de | U 16, 18 Reichenspergerplatz (230 B2–3)

Essen ■■■ Ambiente ■■■ Service ■■■

HDMONA

In diesem eritreischen Restaurant ersetzt das Injera, ein fluffiges Fladenbrot, Messer und Gabel. Fleischesser greifen zu Lamm, Rind und Huhn, doch auch an Vegetarier und Veganer ist gedacht. Nicht verpassen sollte man die traditionelle INSIDER TIPP Kaffeezeremonie samstags um 17 Uhr, bei der grüne Kaffeebohnen frisch geröstet, gemahlen und gekocht werden.

Südstadt

€€ Di–Do 18–22, Fr 18–24, Sa 17–24, So 9–13 u. 18–22 Uhr | Eburonenstr. 1 | Tel. 0221 27 84 89 49 | www.hdmona.de | U 15, 16 Chlodwigplatz (234 B2)

Essen ■■□ Ambiente ■■□ Service ■■■

ODESSA

Die ukrainische Küche unterscheidet sich nicht allzu sehr von der russischen, und so gibt es im Odessa natürlich Klassiker wie Soljanka, Borschtsch oder Blinis. Aber eben auch noch mehr: Der selbst gebeizte Lachs und das Stör-Schaschlik sind genauso zu empfehlen wie die Tschebureki (Teigtaschen mit Lamm). Die Portionen sind so groß, wie die Wodkakarte lang ist, also aufgepasst, sonst haben Sie keinen Platz mehr für das Dessert. Und ohne vom Wunderapfel (gefüllt mit Aprikose, Rum und Nüssen) probiert zu haben, sollte niemand nach Hause gehen.

Südstadt

€–€€ Di–So 18–24 Uhr | Im Ferkulum 32 | Tel. 0221 4 29 51 01 | www.restaurantodessa.de | U 15, 16 Chlodwigplatz (234 B2)

Essen ■□□ Ambiente ■■□ Service ■■■

LA PACHAMAMA

Peru hat alles: Meer und Berge, Regenwald, fruchtbares Feld und eine vielseitige Küche, mit der Juan Urquizo die Kölner beglückt. Miesmuscheln in Limetten-Essig, Hühnersuppe auf Amazonas-Art, Gambas mit Maracujasauce, Chorizo mit Kürbiscreme etc. Auch an Vegetarier ist mit diversen Maniok-, Kartoffel- oder Mais-Raffinessen gedacht. INSIDER TIPP Die Ceviche muss bis 13 Uhr vorbestellt werden, damit der Fisch mariniert werden und angemessen lange ziehen kann. Ein Aufwand, der sich lohnt!

Kwartier Latäng

€€ Mo–Sa 18–24 Uhr | Roonstr. 36 | Tel. 0221 24 42 25 | www.lapachamama.de | U 9, 12, 15 Zülpicher Platz (226 A5)

Essen ■■□ Ambiente ■■□ Service ■■□

PURE WHITE FOOD CLUB

NEU Mit einem maskulinen Konzept, das auf edles Fleisch, exklusives Seafood und eine konsequente Hochpreispolitik setzt, sorgte das Pure White (Antwerpener Str. 5) für Furore. Nun hat Cristiano Rienzner um die Ecke ein avantgardistisches Schwesterlokal mit ähnlicher Produktpalette geschaffen, das sich als Alternative zum Open-Grill-Bistro versteht. Auch hier kommen Shortrib und Filet von Jack O'Shea, Hoflieferant des englischen Königshauses, auf den Tisch. Der Chef legt zum Digestif ab und zu Schallplatten auf.

Belgisches Viertel
€€€ Di–Sa 18–24 Uhr | Brabanter Str. 48 | Tel. 0221 960 26556 | www.pure-white-food.de | U 3, 4, 5, 12, 15 Friesenplatz (229 E4)

Essen ■■■ Ambiente ■■□ Service ■■□

BRUNCH & FRÜHSTÜCK

BAUTURM

ÖKO ☀ Es ist nie zu spät für ein ausgiebiges Frühstück, deshalb gibt es hier auch gegen Mitternacht noch Brötchen, Konfitüre, Ei und Saft. Wobei dies eher die Zeit fürs »Existentialistenfrühstück« ist: mit Kaffee und Roth-Händle. Etwas mehr kommt beim Frühstück »New York, New York« auf den Tisch: Bio-Prosecco, ein Orangensaft, zwei Scheiben Toast, Butter, Lachs und Sahnemeerrettich für faire 9,40 Euro. Da das Café in der Aachener Straße liegt, wird es abends richtig voll.

Bauturm-Café: Frühstück gibt's notfalls noch um Mitternacht

Belgisches Viertel
Mo–Fr 8–3, Sa, So 9–3 Uhr | Aachener Str. 24–26 | Tel. 0221 52 89 84 | www.cafe-bauturm.de | U 1, 7, 12, 15 Rudolfplatz (229 D5)

Essen ■■□ Ambiente ■■□ Service ■■□

CAFÉ FEYNSINN

ÖKO ☀ Hier ist »bio« nicht nur ein Lippenbekenntnis: Die Betreiber des Cafés kennen quasi jedes Schwein, das für den Schinken sein Leben lässt, per Pfotenschlag. Der Biobetrieb ist Mitglied im Slow-Food-Verein, serviert selbst importiertes Gemüse aus den Ardennen, Biofleisch aus Much im Bergischen, fair gehandelten mexikanischen Hochlandkaffee direkt von einer Indio-Kooperative, selbst gemachte Marmelade und Säfte aus Streuobst vom Bioversafter. Wem das alles zu weltanschaulich ist, der sei beruhigt: Das Ambiente unter dem großen Scherbenlüster ist licht-

Serviert fair gehandelten mexikanischen Hochlandkaffee: Café Feynsinn

durchflutet und großstädtisch-barock, die internationale Speisekarte vielversprechend, und der freundliche Service hat keinerlei missionarischen Eifer.

Südstadt

Mo–Do 9–1, Fr 9–2, Sa 9.30–2, So 10–1 Uhr | Rathenauplatz 7 | Tel. 0221 2 40 92 10 | www.cafe-feynsinn.de | U 9, 12, 15 Zülpicher Platz **(229 D–E6)**

Essen ■■□ Ambiente ■■□ Service ■■□

INSIDER TIPP FLAKES CORNER!

NEU Wer erfolgreich sein möchte, suche sich eine Nische. Jüngstes Beispiel: Das Flakes Corner in der Südstadt, wo vier junge Kölner 120 deutsche und internatinale Cornflakes- und Müslisorten servieren. Im Angebot sind drei Schüsselgrößen, die mit dem Flockenprodukt eigener Wahl, einem Topping (z. B. Erdbeeren, Kekse etc.) Milch, Joghurt und Früchten aufgefüllt werden können. Auch wer Marshmallows oder Butterkekse für unverzichtbar hält, kommt auf seine Kosten. Es gibt zudem Sojamilch, Minzmilch und viele Kaffeevarianten. Auch Take-Away möglich.

Südstadt

Mo–Fr 9–19, Sa 10–19, So 10–18 Uhr | Bonner Str. 69 | Tel. 0221 88 89 88 89 | www.flakes-corner.de | U 15, 16, 17 Chlodwigplatz **(234 B3)**

Essen ■□□ Ambiente ■■□ Service ■□□

LEUCHTE KAFFEEBAR

ÖKO Das charmante Kaffeehaus erstreckt sich über zwei Etagen und punktet schon optisch mit alter Holzwendeltreppe und bunt zusammengewürfelten Möbeln im Fifties-Look. Die Theke lockt mit deftigen Stullen, süßen Obstsalaten und frischen Waffeln. Mittags gibt es Suppen, Salate und köstliche Quiches zu unschlagbar günstigen Preisen. Und das auch noch in bester Qualität sowie mit viel Sinn für zeitgemäße Gastronomie: Auf der Karte stehen lauter Bio- und Fair-Trade-Produkte, die Alufolie wird recy-

celt, das heiße Wasser mit Sonnenenergie erzeugt, das Gemüse möglichst beim Bauern um die Ecke gekauft. Vorbildlich!

Südstadt

Tgl. 8.30–19 Uhr | Karolingerring 21 | Tel. 0221 56 93 38 35 | www.leuchtekoeln.de | U 15, 16 Chlodwigplatz (233 F2)

Essen ■■□ Ambiente ■■□ Service ■■□

CAFÉ ORLANDO

Das Lokal mit den gemütlichen Kandelabern und dem leicht abgerockten Mobiliar war im Köln der ausklingenden 1980er-Jahre ein Vorreiter in Sachen Kaffeekultur. Heute treffen sich hier Freiberufler, Studenten und Veedelsbewohner zum Omelette-Frühstück, Kuchen oder Aperitif mit Oliven. Manche Gäste können der Versuchung nur schwer widerstehen, den ganzen Tag über sitzen zu bleiben, denn das Orlando verbreitet eine angenehme Aura des Müßiggangs und der Kaffee ist ebenfalls gut.

Kwartier Latäng

€ *Mo–Sa 9–22, So 9–19 Uhr | Engelbertstr. 9 | Tel. 0221 44 90 90 10 | www.cafeorlando.de | U 9, 12, 15 Zülpicher Platz* (229 E6)

Essen ■■□ Ambiente ■■□ Service ■■□

PETIT NOIR

Frankophile Schleckermäuler werden ihre Freude haben, denn das französische Flair des schnuckeligen Cafés beginnt bei der liebevollen Einrichtung und hört bei den französischen Köstlichkeiten nicht auf. INSIDER TIPP Den typischen schwarzen Kaffee – den *café serré* – halten viele für einen der besten der Stadt, und auch die selbst gemachten Bagels, Focaccias und Baguettes können sich sehen lassen. Wer nach dem *petit déjeuner* mit frisch aufgeschnittenem rohen Schinken und köstlicher Chorizo noch Platz im Bauch hat, dem seien französische Leckereien wie bretonisches Karamell, verfeinert mit gesalzener Butter, und die französische Limonade ans Herz gelegt.

Lindenthal

Mo–Fr 8–19, Sa, So 10–19 Uhr | Weyertal 42 | Tel. 0221 2 82 57 37 | U 9 Weyertal (233 D1)

Essen ■■□ Ambiente ■■□ Service ■■□

CAFÉ RICO

Die Profis unter den Kölner Paaren machen es wie folgt: Um neun wird im Rico gefrühstückt – er Rührei und Espresso, sie Milchkaffee und Joghurt mit Früchten. Dann schnappt er sich die Zeitung, während sie in der noblen Mittelstraße shoppen geht. Mittags kommt sie auf einen Ziegenkäse-Flammkuchen wieder und führt die neu erstandenen Teile vor, während er schon mit der famosen Gin-Auswahl (über 50 Sorten!) liebäugelt. Sie zieht noch mal los, er hört mit dem Lesen auf und beobachtet lieber das draußen vorbeiflanierende Volk. Zum Kaffee um vier Uhr schneit sie wieder rein, er teilt mit ihr seinen dritten Gin Tonic und das letzte Stück des superben Johannisbeer-Minz-Schmand-Kuchens.

Innenstadt

Mo–Sa 9–22, So 9–20 Uhr | Mittelstr. 31–33 | Tel. 0221 2 40 53 64 | www.cafe-rico.de | U 1, 7, 12, 15 Rudolfplatz (226 B3)

Essen ■■□ Ambiente ■■□ Service ■■■

SCHWESTERHERZ

ÖKO Eine samtige Couch sorgt für heimelige Gemütlichkeit, der Service ist dafür umso fixer. In dem behaglichen Café stehen neben allerlei leckeren Kaffeespezialitäten (u. a. ein perfekter türkischer Mokka) und umfangreichem, am Wochenende ganztägig serviertem Frühstück auch einige leckere Snacks bereit. Köstlich ist beispielsweise das Quetschbrot mit Käse, Tomate, Mozzarella und türkischer Knoblauchwurst – oder je nach Geschmack – mit Ziegenkäse und Honig. Außerdem gibt's ab 12 Uhr zwei verschiedene Lunchgerichte – eins mit Fleisch, eins vegetarisch.

Ehrenfeld

Mo–Fr 8.30–19, Sa, So 10–19 Uhr | Venloer Str. 239 | Tel. 0221 16 95 54 06 | www.schwesterherz-koeln.de | U 3, 4 Piusstraße (228 C3)

Essen ■■□ Ambiente ■■■ Service ■■■

CAFÉ SEHNSUCHT

ÖKO Selbst nach der baulichen Erweiterung ist es hier oft voll. Das liegt an dem umfangreichen Frühstücksangebot, an den günstigen Mittagsgerichten und an der Abendkarte, die zwischen asiatisch-exotisch und Muttis Küche angesiedelt ist. Also am besten möglichst früh herkommen!

Ehrenfeld

Tgl. 9–1 Uhr | Körnerstr. 67 | Tel. 0221 52 83 47 | www.sehnsucht-koeln.de | U 3, 4 Körnerstraße (228 C3)

Essen ■■□ Ambiente ■■■ Service ■□□

CAFÉS

AS IF RECORD STORE CAFÉ

Vor nicht allzu vielen Jahrzehnten gingen Musikliebhaber gern regelmäßig in Plattenläden. Hier konnte man über Lieblingsbands und Konzerte philosophieren und nebenbei ein wenig Vinyl einkaufen. Pierre Severin möchte dieses verloren geglaubte Kulturgut wiederbeleben. Ihm schwante jedoch, dass die Sozialkontakte noch intensiver sind, wenn bequeme Sitzmöbel, hervorragender Kaffee und leckerer Kuchen zur Verfügung stehen. Also hat er im April 2016 sein Record Store Café eröffnet. Wohnzimmeratmosphäre pur! Der Name soll auch der eines Plattenlabels werden, das Severin noch gründen möchte.

Belgisches Viertel

Di–Sa 12–21, So 12–18 Uhr | Brüsseler Str. 92 | Tel. 0221 95 26 11 80 | www.as-if-records.com | U 3, 4, 5, 12, 15, 16, 18 Friesenplatz (229 E5)

Essen ■□□ Ambiente ■■■ Service ■■□

CAFECAFE

So frisch und bunt wie der Frühling kommt dieses Café an der Aachener Straße daher. Die lila, gelb, grasgrün und weiß gestreifte Theke macht augenblicklich gute Laune, ebenso wie die sonnengelb gestrichenen Wände. Einziger Haken: Besonders samstagnachmittags gibt es einen wahren Ansturm auf die vielen köstlichen, selbst gebackenen Kuchen. Ob Panini, Bagels, Suppen, Smoothies oder das Country Breakfast mit dem riesigen Tablett an süßen Aufstrichen – alles schmeckt sehr lecker!

Belgisches Viertel

Mo–Fr 7.30–18.30, Sa 9–18 Uhr | Aachener Str. 45 | Tel. 0221 2 70 66 39 | www.cafecafe.de | U 1, 7 Moltkestraße (229 D5)

Essen ■■■ Ambiente ■■□ Service ■■□

EICHHÖRNCHEN

Eine Institution in Nippes: Bei Sonnenschein genießt man auf der ☀ Terrasse den Blick auf den hübschen Baudriplatz, im Winter verzieht man sich in den gemütlichen und winzigen Innenraum und wartet auf sein warmes Honigbrot mit Ziegenkäse, den starken Kaffee oder die leckeren belgischen Quiches und Tartes. Ausdauer mitbringen: Inhaber Pierre nimmt sich alle Zeit der Welt und ihm läuft schon mal eine Laus über die Leber, er schenkt in der Stadt aber eben auch mit das beste belgische Bier aus.

Nippes

Tgl. 9–20 Uhr | Baudriplatz 2 | Tel. 0221 120 88 88 | U 12, 15 Florastraße (229 F1)

Essen ■■□ Ambiente ■■■ Service ■□□

CAFÉ FRANCK

ÖKO ☀ Zum Frühstück lockt der Biokaffee von Von Dyck, der gleich um die Ecke geröstet und per Fahrrad geliefert wird. Nachmittags kommt die ganze Familie, um sich auf die gigantische (und gigantisch gute) Kuchenauswahl zu stürzen. Und von September bis Mai wird

Glücksrezept im Cafecafe: Kunterbunte Farben plus leckerer Kuchen machen gute Laune

das gemütliche Seventies-Café abends zur »Shibuya Lounge«. Dann genießt man Kölsch und Cocktails, und im Club im Keller legen meist am 2. und 4. Freitag im Monat hippe DJs auf.

Ehrenfeld

Di–So 10–19 Uhr | Eichendorffstr. 30 | Tel. 0221 7167210 | www.cafe-franck.de | U 5, 13 Nußbaumerstraße (228 C2)

Essen ■■■ **Ambiente** ■■■ **Service** ■■■

besagte Song stammt von den Bläck Fööss. Und die kreierten einst auch den kölschen Imperativ in Liedform »Drink doch ene mit«. Worauf also warten Sie noch?

Kwartier Latäng

Mo–Fr 7.30–18 Uhr, Sa 9–18, So 10–14 Uhr | Engelbertstr. 6 | Tel. 0179 944 32 88 | U 9, 12, 15 Zülpicher Platz (229 E6)

Essen ■■□ **Ambiente** ■■■ **Service** ■■■

Unverwechselbar sind nicht nur die Törtchen im Törtchen Törtchen

GUSTAFSON'S COFFEE

An der Kaffeebud schütten sich die Kölner, wie es so schön heißt, den »Kaffee in de Kopp«. Bei Gustafson's Coffee geschieht dies auf ungefähr drei mal drei Metern. Hier treffen sich Heimarbeiter und andere Menschen mit Redebedarf, um bei einem vorzüglichen Kaffeeangebot und leckeren Focaccias Neuigkeiten auszutauschen. Im Sommer verdoppelt eine Bierbank draußen vor der Tür das Sitzplatzangebot. Wer Köln verstehen will, kann hier anfangen. Der

INSIDER TIPP JLÖCKLICH

ÖKO Klar, kleine, gemütliche Cafés gibt es in Köln so viele wie Kerzen im Dom. Das Jlöcklich macht auch nicht viel anders, aber fast alles besser als die Konkurrenz. Das fängt bei der selbst gebastelten Einrichtung aus Europaletten und an der Wand hängenden Rückenpolstern an und hört bei den fantastischen Cheesecakes und Sandwiches, die im Glas serviert werden, nicht auf. Das Lebenselixier eines Cafés: Der Kaffee stammt vom Bio-Röster Van Dyck. Er wird eigens für das Jlöcklich produziert und in der Cimbali fachgerecht gebrüht und veredelt.

Neustadt-Nord

Mo–Fr 8–19, Sa 8–18, So 9–18 Uhr | Gereonswall 1 | Tel. 0157 56 16 91 13 | www.jloecklich.de | U 12, 15, 16, 18 Ebertplatz (229 F3)

Essen ■■■ Ambiente ■■■ Service ■■■

KAFFEEBUD

Kaffee darf für viele nicht von einem globalisierten Konzern stammen, er sollte fair gehandelt sein und in einem Ambiente konsumiert werden können, das einen gewissen Industriecharme ausstrahlt und dennoch gemütlich ist. Natürlich müssen die begleitenden Backwaren erste Sahne sein, und dem Kernprodukt selbst obliegt nicht weniger als die Verantwortung, dem Gast einen Tag zu retten. So gesehen kann es nur heißen: auf in die Ehrenfelder Kaffeebud.

Ehrenfeld

Mo, Di, Do, Fr 8–19, Sa, So 10–19 Uhr | Glasstr. 62 | Tel. 0174 252 32 33 | www.kaffeebud.net | U 5 Liebigstraße (228 C3)

Essen ■■□ Ambiente ■■□ Service ■■□

MISS PÄPKI

Das Auge isst mit! Claudia Papke hat eine wahre Caféperle am Brüsseler Platz geschaffen. Liebevoll und individuell im Shabby Chic mit Spitzendeckchen und Oma-Porzellan gestaltet, fühlt man sich hier fast wie bei Alice im Wunderland. Serviert wird Frühstück auf Etageren, Müsli mit viel Obst und selbst gemachter Kuchen – etwa Rhabarber-Tarte mit Vanillecreme oder Brownie-Cheesecake. Außerdem gibt es sündhaft leckere Eiscreme, aber auch herzhafte Quiches, Brotzeiten und kleine warme Tagesgerichte. Der Kaffee stammt von der Rösterei Schamong und wird in der legendären Faema E 61 bereitet! Der ☀ Außenbereich ist ruhig, wenn auch leider nicht sehr groß.

Belgisches Viertel

Mo, Mi–Fr 9.30–19, Sa, So 10.30–19 Uhr | Brüsseler Platz 18 | Tel. 0221 16 83 49 71 | www.miss-päpki.de | U 1, 7 Moltkestraße (229 D5)

Essen ■■□ Ambiente ■■■ Service ■■■

TÖRTCHEN TÖRTCHEN

Achtung, Suchtgefahr! Wenn man einmal den kleinen, aber feinen Törtchen-Törtchen-Kosmos betreten hat, gibt es für den wahren Süßspeisenfan kein Zurück mehr. Auf wenigen Quadratmetern gilt es, unsagbar raffinierte Schätze zu entdecken. Hier reiht sich die Tarte Tatin neben Törtchen mit weißer Schokolade oder Paradiesfrucht, Vanille-Eclairs und vielen, vielen anderen fantasievollen Kreationen. Auch im Angebot und ebenso verführerisch: Pralinen, selbst gemachtes Eis und eine große Auswahl an Trinkschokoladen.

Innenstadt

Mo–Sa 9–19, So 10–18 Uhr | Apostelnstr. 19 | Tel. 0221 27 25 30 81 | U 1, 3, 4, 7, 9, 16, 18 Neumarkt (226 B3)

Nippes

Tgl. 10–18 Uhr | Neusser Str. 325 | Tel. 0221 17 05 08 44 | U 12, 15 Florastraße (230 A1)

Essen ■■□ Ambiente ■■□ Service ■■□

CAFÉ WAHLEN

☀ Eigentlich ist das Wahlen kein Café, sondern eine Zeitmaschine. Hier ist noch alles wie in den 1960ern: die Kronleuchter, der Teppichboden, die Blümchentapete, die Schürze der Bedienung – und konsequenterweise auch die Speisekarte. Bei den Kuchen und Torten wird nicht an Buttercreme und Sahne gespart, der Filterkaffee kommt im Kännchen, und wer es herzhaft mag, darf bei einem Toast Hawaii oder einer Königinpastete von Peter Frankenfeld, Brigitte Bardot und der guten alten Zeit träumen.

Neustadt-Süd

Mo–Sa 10–18, So 11–18 Uhr | Hohenstaufenring 64 | Tel. 0221 23 16 25 | www.cafe-wahlen.de | U 1, 7, 12, 15 Rudolfplatz (226 A4)

Essen ■■□ Ambiente ■■■ Service ■■□

DEUTSCH

GASTHAUS ZUR LINDE

Hier tafelt's sich ganz entspannt: Die Eck-Location mit ☀ Außenbestuhlung auf dem Trottoir einer Spielstraße und einem netten Innenbereich mit Kunst an den Wänden lässt gute Laune aufkommen. Bei Kölsch und ordentlichen Weinschoppen bleibt man gern länger und genießt aufgepeppte Klassiker der kölschen Brauhausküche. So gibt es die Blutwurst hier mit süß-sauren, leicht orientalisch anmutenden Linsen, und die Lammhaxe wird von einer leckeren Peperonata sowie Thymian-Jus begleitet.

Agnesviertel

€–€€ *Mo–Do 17–1, Fr 17–3, Sa 16–3, So 16–1 Uhr | Balthasarstr. 2 | Tel. 0221 99 20 76 54 | www.gasthauszurlinde-koeln.de | U 12, 15, 16, 18 Ebertplatz* (229 F3)

Essen ■■□ Ambiente ■■□ Service ■■□

KARTÖFFELCHEN

☀ Im Angebot ist alles, was die gute Knolle hergibt: Kartoffelsuppe, Kartoffelbrot, Rösti, Bratkartoffeln, Folienkartoffel, Gratin ... Wenn die Beilage über Wohl und Wehe eines Gerichts entscheidet: Die Kartoffel ist eine der besten, leckersten, vielfältigsten. Egal, Arno Lichtenscheidt ist ein König des Erdapfels, serviert im angemessen deftigen Rahmen, bei freundlichem, gänzlich unkartoffeligem Service. Ein Gewinn, nicht nur für den Süden der Stadt.

Südstadt

€€ *Di–Sa 18–24 Uhr | Darmstädter Str. 9 | Tel. 0221 16 91 27 47 | www.kartoeffelchen.de | U 15, 16 Chlodwigplatz* (234 B2)

Essen ■■□ Ambiente ■■□ Service ■■□

METZGER & MARIE ★

ÖKO Früher unter ihrem Nachnamen aktiv, haben Marc und Marie Flogaus ihren Laden Anfang 2015 in Metzger & Marie umbenannt. Das Inventar wurde auf rustikal getrimmt und auch die Karte hat sich gewandelt: Der Fokus liegt nun auf traditionellen Gerichten wie Maultaschensuppe, Ochsenbäck-

Einmal zurück in die Vergangenheit, bitte: Im Café Wahlen scheint die Zeit stehen geblieben zu sein

chen und Tafelspitz. Das klingt unspektakulär, wird aber durch die gewitzte Zubereitung und die erstklassige, meist regionale Herkunft der Zutaten zum Hochgenuss. Nett ist auch die Idee, den Wein in Flaschen zu servieren und hinterher abzumessen, wie viel getrunken wurde. Mittags verkaufen die Flogaus Weckgläser mit selbst gemachten INSIDER TIPP Suppen, Eintöpfen und sogar Kuchen zum Zu-Hause-Genießen.

Agnesviertel

€€–€€€ Do–Mo 18.30–24 Uhr (Küche bis 22 Uhr) | Kasparstr. 19 | Tel. 0221 99 87 93 53 | www.metzgermarie.de | U 12, 15, 16, 18 Ebertplatz (229 F3)

Essen ■■■ Ambiente ■■■ Service ■■■

BEI OMA KLEINMANN

ÖKO Platzangst sollte man hier nicht haben, denn dank der überaus beliebten, riesigen und bekanntermaßen sehr leckeren Schnitzel geht es in dieser traditionsreichen Eckkneipe ziemlich eng zu. Von Oktober bis Dezember locken zudem die beliebten Gänsemenüs, rund ganzjährig die gutbürgerliche, deftige Küche sowie eine rheinische Bilderbuch-Stimmung. Trotz aller Tradition geht man hier auch mit der Zeit: Das Fleisch, das serviert wird, stammt aus artgerechter Haltung.

Kwartier Latäng

€€ Di–Do, So 17–24, Fr, Sa 17–1 (Küche 17–23 Uhr) | Zülpicher Str. 9 | Tel. 0221 23 23 46 | www.beiomakleinmann.de | U 9, 12, 15 Zülpicher Platz (226 A6)

Essen ■■□ Ambiente ■■□ Service ■■□

THORMANN

NEU Kandelaber an den Decken, Stoffservietten auf dem Tisch und eine vielfältige Speisekarte, die als »neue deutsche Küche« durchgeht, so man sich denn nicht auf das Etikett »international« einlassen möchte. Mit dieser angenehmen Kombination überraschen Michaela Thormann und Daniel Schulz neuerdings in der Südstadt. Ein Beispiel für die schmackhaften Kompositionen: Hummercannelloni mit Meeresfrüchten und Sauce Bergamotte. Menüs gibt es ab drei und bis zu acht Gängen. Die Südstadt freut sich.

Südstadt

Il Gelato – das ultimative Mekka aller Eisliebhaber

€€€ *Di–So 18–24 Uhr | Elsassstr. 4 | Tel. 0221 310 44 91 | restaurant-thormann.jimdo.com | U 15, 16, 17 Chlodwigplatz* (234 B3)

Essen ■■□ **Ambiente** ■■□ **Service** ■■□

WERKSHASE

ÖKO Tagsüber ist der Werkshase eine der besten Kantinen Kölns, abends verwandelt er sich in ein tolles Restaurant, in dem Küchenchef Sebastian Franke an der »Demokratisierung der Gourmetküche« arbeitet. Ob Lachsfilet mit Tomaten-Nuss-Biscuit, Maishähnchenbrust mit Gemüsecassoulet oder auch tolle vegetarische Gerichte wie Fenchel in Salzkruste mit Apfel-Cidre-Schaum: Hier gibt es exzellente Bioküche zum maßvollen Preisen. Das Ambiente verbindet herben Industriecharme mit charmanten wie originellen Ideen: Das Besteck ist von der Bundeswehr, als Sitzgelegenheiten gibt es alte Turngeräte, und ein Teil der verwendeten Kräuter und Gemüse wächst direkt vor der Tür im Carlsgarten: Diese innovative Mischung aus Frachtcontainer-Architektur und Urban Gardening ist ganz für sich allein schon einen Besuch wert.

Mülheim

€€ *Mo, Di 9–18, Mi–Fr 9–24, Sa, So 17–24 Uhr | Carlswerk | Schanzenstr. 6–20 | Tel. 0221 96 30 45 40 | www.hase-catering.de | U 4 Keupstraße* (231 F1)

Essen ■■■ **Ambiente** ■■■ **Service** ■■■

EISDIELEN

NEU DIE EISDIELERIN

Eine Eisdiele im Ehrenfeld-Style. Das heißt: Wände aus freigesetzten Backsteinen, pastellfarbenes Interieur und verantwortungsvoll zubereitete Köstlichkeiten. Neben den wechselnden – und zum Teil extravaganten – Eissorten hat Besitzerin Miki Staffel auch verschiedene Mahlzeiten im Programm, darunter INSIDER TIPP auch herzhafte Waffeln aus rein pflanzlichen Zutaten. Ein Beispiel: »Veronica« mit Gorgonzola, Apfel, Pinienkernen und gedünsteten Zwiebeln.

Ehrenfeld

Di–So 11–19 Uhr | Venloer Str. 402 | Tel. 0221 99 30 05 97 | www.eisdielerin.de | U 3, 4, 13 Venloer Str./Gürtel (228 B2)

Essen ■■□ Ambiente ■□□ Service ■□□

INSIDER TIPP GEA

ÖKO Berührungsängste? Kennt man im Gea nicht. Das gilt sowohl für den engen Laden, in dem man sich im Sommer gern mal auf den Füßen steht, als auch für die Experimentierfreude der Inhaber. Mutige Gäste wagen sich an die italienisch inspirierten Sorten Gorgonzola, Erdbeere mit Balsamico, Birne-Weißwein oder Basilikum, doch auch die Kinder-Klassiker Schoko-Vanille sind mehr als einen Versuch wert. Denn bei Gea, wo das Bio-Eis täglich frisch komponiert wird, schmeckt es immer ein bisschen anders – aber nahezu immer spitze.

Südstadt

Di–So 11–18.30 Uhr | Severinstr. 124 | Tel. 0221 99 55 84 41 | www.facebook.com/GeaEisdiele | U 3, 4 Severinstraße (234 A1)

Essen ■■■ Ambiente ■■□ Service ■■■

IL GELATO

ÖKO Zimt-Pflaume, Safran oder Schoko-Chili klingen außergewöhnlich, sind bei Weitem aber nicht die exotischsten Kreationen von Kölns Eiskönig Giacomo Ferigo. Diesen Superlativ dürften eher Sorten verdienen wie Sauerrahm-Kresse, Pumpernickel, Buttermilch-Majoran oder Ingwer. Bis zu 50 Geschmacksrichtungen stehen in Kölns berühmtester Eisdiele jeden Tag zur Auswahl. Dass tatsächlich jeder Kunde seine Lieblingssorte findet, beweist die stolze Zahl von mehr als 7000 Kugeln, die hier an manchen Tagen über die Theke gehen.

Bayenthal

Di–So 11–20 Uhr | Goltsteinstr. 32 | Tel. 0221 34 18 88 | www.ilgelato.de | U 15 Schönhauser Straße (234 B3)

Essen ■■■ Ambiente ■□□ Service ■■□

BAR SCHMITZ

ÖKO ☀ Aus dem Stand weg hat sich die Eistheke in der Bar Schmitz in die oberste Liga der Kölner Eisdielen katapultiert. Das kommt nicht von ungefähr. Ob Birne-Marzipan, Caramel mit Meersalz, Pflaume mit gebrannten Mandeln oder belgische Schokolade – hier kommt man aus dem Staunen und Genießen nicht mehr raus. Dazu gibt es noch eine große Auswahl veganer Sorbets. Auf der Zutatenliste stehen strikt nur Bioprodukte ohne Farbstoffe und Aromen. Das hat zwar seinen Preis (die Kugel kostet 1,30 Euro), ist aber jeden Cent wert.

Belgisches Viertel

Mo–Sa 10–23, So 10–17 Uhr | Aachener Str. 34 | Tel. 0221 13 38 98 | www.salonschmitz.com | U 1, 7, 12, 15 Rudolfplatz (229 D5)

Essen ■■□ Ambiente ■■■ Service ■■□

FRANZÖSISCH

LA DIFFÉRENCE

Der namensgebende Unterschied zur klassischen französischen Küche besteht vor allem in dem orientalischen Einfluss, den Inhaber Gaber Eltahan aus seiner Heimat Ägypten schwungvoll und überzeugend in die Küchenkreationen einfließen lässt. Erlesenes wie Wachtelbrust im Speckmantel mit Balsamicolinsen, Hirschgulasch mit Mohnspätzle oder Fasanenbrust mit Rotkohl, Cassissauce und Granatapfelkernen oder Bekannteres wie Coq au Vin oder Confit de Canard mal ganz anders mit leicht extravaganter Note lässt einem hier das Wasser im Mund zusammenlaufen und wird von dem erfrischend freundlichen Personal herrlich ungezwungen serviert. Die Speisekarte ändert sich alle drei bis vier Wochen, und ab und zu gibt es Sonderaktionen für mehrgängige Menüs.

Neustadt-Nord

€€ *Mo–Fr 12–15 u. 18–24, Sa, So 18–24 Uhr | Hansaring 131 | Tel. 0221 73 17 56 | www.ladifference.de | U 12, 15, 16, 18 Ebertplatz* (229 F3)

Essen ■■□ Ambiente ■■□ Service ■■□

FERTIG

Wer auf Chichi und andauernd lächelnde Kellner steht, ist hier definitiv fehl am Platz. Stattdessen geht es in diesem in der Kunstszene beliebten Treff eher rustikal und ehrlich – manche sagen auch – ein wenig ruppig zu. Was die Leistung der Küche angeht, sind sich jedoch alle Gäste einig, denn die ist schlicht super! Klassische französische Bistrogerichte wie Boudin, Hühnerleber, Tatar, Kalbsbäckchen, Kalbsnieren, Linsen mit würziger Mettwurst sowie Sauerbraten vom Pferd prägen die handgeschriebene Speisetafel. Dazu gibt es eine kleine, aber sehr feine Auswahl an offenen Weinen. Das Preisniveau ist hier gehoben.

Südstadt

€€–€€€ *Tgl. ab 17 Uhr | Bonner Str. 26 | www.fertig-koeln.de | Tel. 0221 8 01 73 40 | U 15, 16 Chlodwigplatz* (234 A2)

Essen ■■□ Ambiente ■■□ Service ■□□

L'IMPRIMERIE

Kein Hinweisschild deutet auf Gilles Berthiers Restaurantpilgerstätte in der ehemaligen Druckerei im Hinterhof. Wer schlemmen will wie Gott in Frankreich, sollte trotzdem herfinden. In dem kantinenartigen Speisesaal mit Klappstühlen geleitet der Patron den Gast mit legendärer Übellaunigkeit zu Tisch. Reservieren kann man nicht, man nimmt, was einem zugewiesen wird. Bezahlt werden kann nur in bar, und das Personal ist zu flott unterwegs, um liebenswürdig zu sein. Belohnt wird man für all das Ungemach mit Jakobsmuscheln auf Puy-Linsen, Fischsuppe mit Safran-Aioli, Entenkeule auf Sauerkraut und Kalbsnierchen à la grand-mère, die ohne Umwege ins Genießernirwana führen.

Bayenthal

€€–€€€ *Di–Sa 12–14.30 u. 18.30–23 Uhr | Cäsarstr. 58 | Tel. 0221 3 48 13 01 | U 16 Bayenthalgürtel* (234 B4)

Essen ■■□ Ambiente ■■□ Service ■□□

MAISON BLUE

Wie sagte ein begeisterter Fan des Ladens? Diese Küche rockt! Angeboten werden tolle französische Landhausgerichte ohne Schnörkel zu moderaten Preisen. Als Vorspeise locken z. B. eine Bouillabaisse, gratinierte Jakobsmuscheln oder Ziegenkäsepralinen. Als

L'Imprimerie: Wo früher die Druckerpesse stand, wird heute gutes Essen aufgetischt

Hauptgerichte stehen Entenbrust à l'orange, Loup de Mer provençale oder Boeuf bourguignon (Rinderbraten in Rotweinsauce mit Schalotten, Möhrchen, Pilzen und Speck) zur Auswahl. »Immer wieder überraschen«, so die Devise der Besitzer. In der Saison steht auch Wild auf der Speisekarte, geliefert von einem Jäger aus der Eifel. Und ein Sommelier sorgt dafür, dass die Weinauswahl perfekt auf die bestellten Speisen abgestimmt ist. Tipp: Bei schönem Wetter im ☀ lauschigen Jardin Blue dinieren! Tipp 2: Nach dem Mahl noch einen Absacker im benachbarten Haifischclub nehmen.

Südstadt

€€–€€€ Mi–So ab 18.30 Uhr (Küche bis 22.30 Uhr) | Im Ferkulum 18–22 | Tel. 0221 9 32 89 96 | www.maisonblue-koeln.de | U 15 Ubierring (234 B2)

Essen ■■□ Ambiente ■■□ Service ■■□

GOURMET

CAPRICORN [I] ARIES

☀ Französische Kochkunst genießen, sich verwönen lassen, wie »Gott in Frankreich« – das geht auch in der Südstadt, und zwar bei Martin und Judith Kräbert. Serviert wird gehobene französische Küche mit modernen Einflüssen, darunter inzwischen sogar vegetarische Gerichte. Die Speisen sind sensationell gut gemacht, mit wenigen Zutaten, die es aber alle in sich haben – auch der Guide Michelin war schon da und angetan. Als Gast können Sie sogar die Atmosphäre aussuchen: Entweder Sie lassen sich in der stilechten, gemütlichen Brasserie unter einer der beeindruckenden dunkelroten Lampen nieder. Oder Sie begeben sich in das INSIDER TIPP intimere, sehr edle Separee schräg gegenüber.

Südstadt

€€–€€€ *Mo, Di, Do, Fr 12–15 u. 18–1, Sa 18–1 Uhr | Alteburger Str. 31 | Tel. 0221 3 97 57 10 | www.capricorniaries.com | U 15, 16 Chlodwigplatz* (234 B2)

Essen ■■■ **Ambiente** ■■■ **Service** ■■■

L'ESCALIER

☀ Maximilian Lorenz ist zwar erst 25 Jahre alt, schwingt aber schon seit mehreren Jahren äußerst ambitioniert den Kochlöffel im L'Escalier. Als Vorbild benennt er Sternekoch Dieter Müller, den er für seine Perfektion und die Liebe zu den Produkten schätzt. Zwei Möglichkeiten, die Küchenkünste des Maximilian Lorenz ausführlich kennenzulernen, bieten die auf fünf oder sieben Gänge festgelegten Menüs für 79 bzw. 109 Euro. Zu den Kreationen zählt beispielsweise das Eifeler Urlamm mit Petersiliengemüse, Rhabarber und Jalapeños. Einfach köstlich.

Capricorn [i] Aries: Tafeln wie Gott in Frankreich

Belgisches Viertel
€€€ *Di–Sa 12–14 u. 18–22 Uhr | Brüsseler Str. 11 | Tel. 0221 2 05 39 98 | www.lescalier-restaurant.de | U 1, 7 Moltkestraße* (229 D5)

Essen ■■■ **Ambiente** ■■□ **Service** ■■■

HIMMEL UN ÄD

NEU Aus rätselhaften Gründen wird das Hotelrestaurant als solches oftmals verschmäht. Für das Himmel un Äd im Wasserturm aber können gut betuchte Kölner getrost eine Ausnahme machen. Schon der Name ist für ein nobles Hotelrestaurant eher ungewöhnlich, was darauf verweist, dass Küchenchef Mathias Maucher es ernst meint mit der spitzengastronomischen Aufarbeitung regionaler Einflüsse. Den Hering nach Hausfrauenart variiert der Schüler von Drei-Sterne-Koch Harald Wohlfahrt mit Fenchelpollen und Kaviar, während das

Milchlamm mit Lotuswurzel und Weizengras kommt. Die Preise für die beiden programmatisch »Himmel« und »Äd« benannten Menüs freilich sind ebenso exklusiv wie der weite Blick aus dem 11. Stock über die Stadt. Ein Tipp für außergewöhnliche Anlässe.
Innenstadt
€€€ *Di–Sa 18.30–22 Uhr | Kaygasse 2 | Tel. 0221 200 80 | www.hotel-im-wasserturm.de | U 3, 4, 16, 18 Poststraße* (229 F6)

Essen ■■■ Ambiente ■■□ Service ■■■

GUT LÄRCHENHOF

Der mit einem Michelin-Stern ausgezeichnete Lärchenhof gehört fraglos zu den Topadressen der Region. Unter der Leitung von Restaurantchef Peter Hesseler und Küchenchef Sven Messerschmidt wird Spitzenküche vom Feinsten geboten. Zur Wahl stehen eine Gourmet- und eine Bistrokarte mit jeweils recht traditionellen deutschen Gerichten, dazu wird ein besonderes Menü zu einem (am Niveau der Kochkunst gemessen) moderaten Preis angeboten. Die ☀ Terrasse gilt als eine der schönsten im Umkreis: In einem rustikalen, gleichwohl eleganten Ambiente schweift der Blick über das satte Grün des angegliederten Golfplatzes (→ S. 166).
Pulheim-Stommeln
€€–€€€ *Restaurant Mi–So 12–14 u. 18–22, Bistro tgl. 12–22 Uhr | Am Steinwerk | Tel. 02238 9 23 10 16 | www.restaurant-gutlaerchenhof.de | Anfahrt am besten mit dem Auto* (236 C2)

Essen ■■■ Ambiente ■■■ Service ■■■

MAIBECK

Der Michelin-Stern war auch für Jan Cornelius Maier und Tobias Becker (»mai-Beck«) eine Überraschung, da beide bewusst mit den Gesetzen der entsprechenden Küche gebrochen hatten. Inzwischen aber haben sie sich an die Bürde gewöhnt: Ihre nüchtern benannten Kreationen wie »Aal/Schweinebauch/Grünkohl/Topinambur« schmeicheln Gaumen und Auge. Die Karte weist die jeweiligen Produzenten aus. Die Weine stammen von etablierten deutschen Winzern, die anderen Getränke (Hellers Kölsch und Van Dyck-Kaffee) am liebsten aus der Region.
Innenstadt
€€€ *Di–Sa 12–15 u. ab 17.30, So durchgehend ab 12 Uhr | Am Frankenturm 5 | Tel. 0221 96 26 73 00 | www.maibeck.de | U 5, 16, 18, Dom/Hbf* (230 A4)

Essen ■■■ Ambiente ■■□ Service ■■■

META

Kaffee, Kuchen, Kultur und vor allem eine gehobene Küche aus frischen, saisonalen Zutaten – so wird das in kulinarischer Hinsicht lange wenig verwöhnte Poll durch das Meta bereichert. Bachsaiblingsfilet auf Flusskrebs und Noilly-Prat-Sauce mit Zucchinispaghetti oder Rehrücken unter einer Weihnachtsstollenkruste – das klingt nicht nur köstlich, es schmeckt auch so! Da lohnt sich auch die Anreise aus der City. Wer es etwas rustikaler mag, kann statt im edel eingedeckten Hauptraum im angegliederten Bistro für kleineres Geld speisen. Zusätzlich zum Mittagsmenü (17,50 Euro) gibt es immer vorzügliche frische Nudeln aus dem Parmesanlaib.
Poll
€€–€€€ *So, Mo u. Mi–Fr 12–14 u. 18–24 (Küche bis 22), Sa 18–24 Uhr (Küche bis 22 Uhr) | Siegburger Str. 385–387 | Tel. 0221 29 99 70 67 | www.meta-restaurant.de | U 7 Salmstraße* (235 D3)

Essen ■■□ Ambiente ■■□ Service ■■□

LE MOISSONNIER

In einer Millionenstadt seit Jahren kontinuierlich den Titel des besten Restaurants für sich beanspruchen zu können, ist eine veritable Leistung. Gastgeber Vincent Moissonnier und Küchenchef Eric Menchon gelingt dies mit Leichtigkeit: Innovative Kompositionen, formidable Zutaten, klassische Kochkunst und das Wohlfühlambiente eines französischen Bistrots bilden eine unwiderstehliche Einheit, die von erlesenen Weinen und perfektem Service abgerundet wird. Dies findet mit der stadtweiten Höchstbewertung von zwei Michelin-Sternen seine gerechte Honorierung. Vincent Moissonnier, seines Zeichens Sommelier, bietet zudem Degustationen erlesener und seltener Weine an (Termine auf der Webseite).

Hansaviertel

€€€ Di–Do 12–15 u. 18.30–24, Fr, Sa 12–15 u. 19–24 Uhr | Krefelder Str. 25 | Tel. 0221 72 94 79 | www.lemoissonnier.de | U 12, 15 Hansaring (229 F3)

Essen ■■■ Ambiente ■■■ Service ■■■

SCHERZ RESTAURANT

Köln und Österreich können gut miteinander: Die Hütten der Alpenrepublik beglücken ihre Gäste gerne mit rheinischen Gassenhauern, dafür haben die Domstädter Gefallen an formidablen Kalbsschnitzeln Wiener Provenienz und Salzburger Nockerln gefunden. Nach neun Jahren als Küchenchef im Gruber's hat Michael Scherz nun den Sprung in die Selbständigkeit gewagt, wobei er seine Vorliebe für Sous-Vide-Zubereitungen auslebt. Beim Garen bei niedrigen Temperaturen im Vakuum bleiben Fisch, Fleisch und Gemüse schön saftig.

Sülz

€€€ Di–Fr 12–15, 18–22.30, Sa 17.30–23 Uhr | Berrenrather Str. 242 | Tel. 0221

Wunderbare Küche, wunderbar lockere Atmosphäre: Le Moissonnier

16 92 94 40 | www.scherzrestaurant.de | U 18 Sülz Arnulfstraße (232 C3)

Essen ■■■ Ambiente ■■□ Service ■■■

LA SOCIÉTÉ

Eine Institution! Das Niveau der Küchenleistung belegen ein Michelin-Stern und 16 Punkte im Gault-Millau. Neben der raffinierten französischen Spitzenküche unter der Leitung von Dominic Jeske gehört auch der Weinkeller zu den bestsortierten der Region. Die Weinkarte mit ca. 300 Positionen ist fast ein Buch. Die Atmosphäre ist locker und ungezwungen, es wird bewusst auf das sonst oft übliche steife Gehabe in Gourmettempeln verzichtet. So besticht auch der hoch qualifizierte Service mit einem sehr erfrischenden, flotten Ton.

Kwartier Latäng

€€€ *Tgl. 8.30–22.30 Uhr | Kyffhäuserstr. 53 | Tel. 0221 23 24 64 | www.lasociete.info | U 9 Dasselstr./Bf. Süd* (233 E1)

Essen ■■■ Ambiente ■■□ Service ■■■

VENDÔME

Das einzige Drei-Sterne-Restaurant im Umkreis von 170 km befindet sich in Bergisch Gladbach. In der mondänen Anlage von Schloss Bensberg können die Gäste in gediegenem Ambiente äußerst extravagante Kreationen kosten. Chefkoch Joachim Wissler gilt als Meister im Experimentierren und serviert schon mal Spaghetti aus dem Tafelspitz-Sud mit einer Kaviar-Carbonara.

Bergisch Gladbach

€€€ *Mi–So 19–22, Sa, So auch 12–14 Uhr | Schloss Bensberg | Kadettenstraße | Tel. 02204 4 29 06 | www.schlossbensberg.com | U 1 Bensberg* (237 D3)

Essen ■■■ Ambiente ■■■ Service ■■■

GRIECHISCH

PLOMARI

Wohltuend, dass Familie Tikalas der Meinung ist, griechische Küche bestehe aus mehr als Gyros und Zaziki. Ganz besonders stolz ist man auf die große Bandbreite an Mezedes, der griechischen Entsprechung zu Tapas, die auch mal das Hauptgericht ersetzen können. Pikantes Oktopus-Filet vom Grill, frittierter Fetakäse mit Sesam paniert, mit Hackfleisch gefüllte Weinblätter und Co. sind großzügig bemessen. Wer noch das Zicklein mit aromatischen Kräutern möchte, sollte sich bei den Vorspeisen zurückhalten.

Sülz

€–€€ *Di–So 18–23 Uhr | Sülzgürtel 96 | Tel. 0221 44 86 89 | www.mezedopolio-plomari.de | U 9, 13 Zülpicher Str./Gürtel* (232 C2)

Essen ■■□ Ambiente ■■□ Service ■□□

SOPHIAS

Ist das Sophias ein Restaurant oder eine Mezedes-Bar? Beides, finden die Betreiber, und stellen den Gast vor die Qual der Wahl. Lieber eine »richtige« Hauptspeise wie die Lammschulter aus dem Ofen oder das gebeizte Thunfischfilet nehmen? Oder doch eine Mezedes-Platte bestellen und sich an Zucchiniröllchen, pürierten Erbsen oder Couscous mit Räucherspeck erfreuen? Die Lösung: Mehrmals herkommen. Und am besten einen Tisch auf der ☀ Terrasse zwischen den Zitronenbäumen reservieren.

Sülz

€–€€ *Tgl. ab 17 Uhr | Luxemburger Str. 289 | Tel. 0221 16 94 88 24 | www.sophias-restaurant.de | U 18 Sülzburgstraße* (232 C3)

Essen ■■□ Ambiente ■■□ Service ■■□

TAVERNAKI

☀ Früher hieß diese Taverne Tavernaki, dann Feldküche, jetzt wieder Tavernaki: Dieser Laden in der Südstadt hat eine bewegte Geschichte. Inzwischen liegt der Fokus hier wieder mehr auf griechischen Gerichten wie Moussaka, gegrilltem Oktopus oder gebackenem Lamm, die mehr hermachen, als die nüchterne Karte verheißt. An manchen Abenden wird der melancholische Rembetiko hier sogar von einer Liveband angestimmt.

Südstadt

€€ *Tgl. 17–1 Uhr | Alteburger Str. 87 | Tel. 0221 3 76 14 97 | U 15, 16 Chlodwigplatz* (234 B2)

Essen ■■□ **Ambiente** ■□□ **Service** ■■■

GUT & SCHNELL

BURRITO RICO

Systemgastronomie kann man lernen. Ein paar junge Bonner haben das besonders clever gemacht, indem sie ihre Wirtschaftskenntnisse durch die Expertise von TV-Kritiker Christian Rach anreichern ließen. Dabei herausgekommen ist das Burrito Rico, das in Bonn dermaßen eingeschlagen hat, dass sich das Team zur Eröffnung einer zweiten Filiale in Köln entschlossen hat. Sowohl Burritos als auch Tacos sind schmackhaft und sättigend und zudem werden auch vegetarische Varianten und solche ohne Teig (*Low carb*) angeboten. Das auf abgerockt getrimmte Industrieambiente ist ebenso stimmig wie vorhersehbar.

Belgisches Viertel

€ *Mo–Sa 11–22.30, Fr, Sa bis 24, So bis 22 Uhr | Aachener Str. 5 | Tel. 0221 78 87 89 87 | www.burritorico.com | U 1, 7, 12, 15* (229 D5)

Essen ■□□ **Ambiente** ■■□ **Service** ■■□

DICKER HUND ★

NEU Nach der Fetten Kuh kommt der Dicke Hund. Für diesen Werdegang hat sich der Schotte Stuart Barlow entschieden – und damit ein erstes Zeichen gesetzt, dass die lange Zeit undenkbare Ablösung des Burgers bevorstehen könnte: In dem Lokal wird zwar Fast-Food US-amerikanischer Herkunft serviert, doch die Bulette musste anfangs draußen bleiben. Mit Hot Dog, Pulled Pork und Pastrami bleibt das Menü jedoch fleischlastig – und auch ein paar Burger sind mittlerweile auf Kundenwunsch erhältlich. Interessant: Mit dem Vorgänger Reissdorf Em Öllig wurde erstmals ein Traditionsbrauhaus von einem Edel-Fast-Food-Laden annektiert.

Agnesviertel

Mi–Mo 12–23 Uhr | Neusser Str. 87 | Tel. 0221 27 07 72 60 | U 12, 15, 16, 18 Ebertplatz (229 F2)

Essen ■■■ **Ambiente** ■■■ **Service** ■■□

DIE FETTE KUH

ÖKO ☀ Ein Hamburger-Laden im Gault-Millau? Gibt's nicht? Gibt's doch! Die fette Kuh hat es in den noblen Restaurantführer geschafft. Mit Recht! Denn die raffinierten Burger mit Nuss-Bärlauch-Kruste, Avocado-Bacon-Creme oder gebratenem Spargel und Estragon-Mayo sind tatsächlich etwas für Feinschmecker. Das Ganze kommt in Bioqualität und in ständig neuen Varianten daher. Neuerdings kapriziert man sich auch auf Craft-Beer, das den trefflichen Namen »Das Fette IPA« trägt.

Südstadt

Mi–Mo 12–23 Uhr | Bonner Str. 43 | Tel. 0221 37 62 77 75 | www.diefettekuh.de | U 15, 16 Chlodwigplatz (234 B2)

Essen ■■■ **Ambiente** ■■■ **Service** ■■□

FREDDY SCHILLING

ÖKO ☀ Freddy Schilling ist nicht irgendein Burgerbrater, sondern laut Selbsteinschätzung »die Hamburger-Manufaktur«. Die umtriebigen, immer spitze gelaunten Mädels und Jungs legen viel Wert auf Biofleisch und frische, nachhaltig produzierte Zutaten. Die Saucen sind hausgemacht, die Pommes selbst geschnitzt, die Brötchen werden frisch gebacken. Vegetarier und Veganer werden hier nicht schief angeguckt, sondern alle Burger werden auf Wunsch auch mit einem Bratling aus Weißen Bohnen, Kichererbsen und Roter Beete gefertigt.

Kwartier Latäng
So–Do 12–22, Fr, Sa 12–23 Uhr | Kyffhäuserstr. 34 | Tel. 0221 16 95 55 15 | www.freddyschilling.de | U 9, 12, 15 Zülpicher Platz (226 A6)

Neustadt-Nord
Eigelstein 147 | Tel. 0221 16 89 44 47 | U 12, 15, 16, 18 Ebertplatz (230 A3)

Essen ■■■ Ambiente ■■■ Service ■■□

THE TASTY PASTY COMPANY

Die Briten kochen so gut, wie sie Elfmeter schießen? Ein Vorurteil, das Dan und Paul oft gehört haben. Dennoch brummt ihr Laden, in dem sie Pasties, verkaufen – gefüllte Blätterteigtaschen, wie man sie in Cornwall gern isst. Es gibt etliche Varianten, z. B. mit Rind und Kartoffeln, mit jamaikanisch gewürztem Huhn und Paprika, mit Lamm und Minze oder mit Cheddar, Steckrübe und Pflaume. Bei einem Briten dürfen – logisch – Chips, Porridge, Shortbread und Tee nicht fehlen. Aber auch das fantastische Eis von Alder Tree lässt anglophile Herzen höher schlagen. 🐷 Studenten erhalten 10 Prozent Rabatt auf die ohnehin günstigen Pasties.

Lindenthal
Mo–Sa 9–18.30, So 13–17 Uhr | Dürener Str. 64a | www.tasty-pasty.com | U 1, 7 Universitätsstraße (228 C5)

Essen ■■□ Ambiente ■■□ Service ■■■

Für den Snack zwischendurch geht's ab zum Briten: zur Tasty Pasty Company in Lindenthal

VINO SPAGHETTI

☀ Ein schnelles Frühstück mit Espresso und Croissant? Kein Problem. Auch die Quiches und Pastagerichte zur Mittagszeit überzeugen in dieser Braunsfelder Institution. Und die große Auswahl französischer Käsesorten beweist: Die Inhaber springen sogar über ihren Nationalstolz-Schatten, wenn es der Qualität dient. Das Tollste sind die Ciabatte, die man sich an der Salat-, Wurst- und Antipastitheke zusammenstellen lassen kann. Sie möchten auch zu Hause Bella Italia auf den Tisch bringen? INSIDER TIPP **Kaufen Sie die passenden Zutaten ein** – ein besseres Bärlauchpesto finden Sie nicht so schnell!

Fritten-Tatort: die Wurstbraterei

Braunsfeld

Mo–Fr 8–18.30, Sa 8–14 Uhr | Aachener Str. 510 | Tel. 0221 49 56 92 | www.vinospaghetti.de | U 1 Clarenbachstift (228 A5)

Essen ■■□ Ambiente ■■□ Service ■■□

WOOSCH

Hier gibt es Klassiker wir bei Muttern zu Hause: Hackbraten mit Salzkartoffeln, Leberkäse mit Spiegelei, Grünkohl mit Mettwurst, Sauerbraten mit Klößen. In der Grippesaison steht für die infektgeplagten Kölner schon mal ein Riesentopf Nudelsuppe nach Omas Rezept parat. Auch »Exoten« wie Cannelloni, Lachs oder Gemüsebratlinge verirren sich auf die täglich wechselnde Karte.

Belgisches Viertel

Mo–Fr 12–20, Sa 16–22.30 Uhr | Brüsseler Str. 43 | Tel. 0221 27 05 63 90 | U 1, 7 Moltkestraße (229 D5)

Essen ■■□ Ambiente ■■□ Service ■■□

WURSTBRATEREI

Ob dies die beste Wurstbude Kölns ist? Auf jeden Fall ist es die bekannteste: Dreimal im Jahr wird die Wurstbraterei auf die andere Rheinseite zur Deutzer Werft gekarrt, damit die Kölner Tatort-Kommissare Ballauf und Schenk hier ihre Frotzeleien austauschen können. Jahrelang diente die Bude, die früher am Schokoladenmuseum stand, nur als TV-Kulisse, seit 2013 hat sie am Südkai ihre Heimat gefunden – den Krimifan freut es.

Südstadt

Ostern–Okt. Di–So 11–20 Uhr | Rheinauhafen-Südkai | Tel. 0175 2 03 92 56 | www.bratort.de | U 15, 16 Ubierring (234 B2)

Essen ■□□ Ambiente ■■■ Service ■■□

IBERISCH

BOQUERONES

Wenn Wetter und Fantasie mitspielen, kommt hier echtes Spanien-Feeling auf! Das kleine Ecklokal hat sich ganz auf die köstlichen kleinen Schlemmerhappen – auch als Tapas bekannt – spezialisiert: Gambas in Knoblauchöl, gefüllte Paprika, deftige Chorizo, Patatas bravas, Datteln im Speckmantel, Kroketten und natürlich die namensgebenden frittierten Sardellen werden in den landestypischen Tontellern serviert. Die Auswahl ist so groß, da findet jeder etwas nach seinem Geschmack.

Kwartier Latäng

€€ *Mo–Fr 17–24, Sa, So 15–24 Uhr | Lindenstr. 8 | Tel. 0221 8 01 75 76 | www.boquerones-koeln.de | U 1, 7, 12, 15 Rudolfplatz* (229 E5)

Essen ■■□ Ambiente ■■□ Service ■■□

A CARAVELA

Die freundliche Bedienung trägt schwarze Halstücher unter dem weißen Hemdkragen, das ist der Look der Landsleute aus Nazaré, einem Küstenort im Norden Portugals. Seit mehr als 20 Jahren verwöhnt das Restaurant nach portugiesischer Art. Fisch steht auf der Speisekarte ganz klar im Mittelpunkt: Stockfisch gibt es in mehreren Variationen, dazu Pommes frites und Fado. Mehr Zutaten braucht ein gelungener portugiesischer Abend eigentlich auch gar nicht.

Altstadt-Süd

€€ *So–Fr 12–15, Mo–So 18–1 Uhr | Weyerstr. 61 | Tel. 0221 24 54 83 | www.caravelakoeln.de | U 12, 15, 16, 18 Barbarossaplatz* (226 B5)

Essen ■■□ Ambiente ■□□ Service ■■□

ROCIOS

Nicht wenige Kölner wollen im Rocios INSIDER TIPP die beste Fischküche der Stadt ausgemacht haben. In der Tat ist das, was hier auf dem Teller landet, ausgesprochen gut: Tintenfisch, Sardelle, Goldbrasse, Hummer oder Jakobsmuschel sind stets frisch und auf den Punkt zubereitet. Die tolle Weinauswahl und das nüchtern-stilvolle Ambiente fernab aller Ibero-Klischees tragen ein Übriges dazu bei, dass die Anhängerschaft des Rocios seit Jahren wächst.

Südstadt

€€–€€€ *Mo–Sa 18–24 Uhr | Elsaßstr. 30 | Tel. 0221 16 82 66 25 | www.rocios.net | U 15, 16 Chlodwigplatz* (234 A2)

Essen ■■□ Ambiente ■■□ Service ■■□

ROSENDORN

Abseits der Touristenpfade in der Altstadt glänzt das Rosendorn als eine mit viel Liebe zum Detail gestaltete Gastroperle, die leicht versteckt am Ostermannplatz liegt. Empfehlenswert sind vor allem die leckeren Tapas, aber auch vollwertigere Gerichte wie Chorizo mit Bratlingen und Mojosauce, spanischer Geflügeleintopf oder das argentinische Rumpsteak vom Black Angus Rind sind hier eine Sünde wert. Die ☀ lauschige, mediterran gestaltete Terrasse ist eine stille Oase in der trubeligen Altstadt.

Altstadt-Nord

€€ *Mo–Fr 17–24, Sa, So 12–24 Uhr | Lintgasse 10–12 | Tel. 0221 2 57 52 69 | www.rosendorn-koeln.de | U 1, 7, 9 Heumarkt* (227 E3)

Essen ■■□ Ambiente ■■■ Service ■■□

SAUDADE

Saudade ist die portugiesische Form des Weltschmerzes, so wie er im Fado besungen wird. Jedoch nicht klagend, die Saudade wird sogar herbeigesehnt! Die Portugiesen an der Bar in diesem sehr schönen Ehrenfelder Restaurant sehen auch gar nicht melancholisch aus, sondern hübsch und lebensfroh. Sie trinken in der dezent gestalteten Weinbar einen offenen Roten oder ein Sagres vom Fass und lassen sich vorzugsweise Stockfisch schmecken, der allerdings vorbestellt werden muss. Wer dasselbe wie die Portugiesen am Nebentisch ordert, macht alles richtig.

Ehrenfeld

€ Di–Sa 18–24 Uhr | Wahlenstr. 2 | Tel. 0221 5 79 64 76 | www.wein-saudade.de | U 3, 4 Körnerstraße **(228 C3)**

Essen ■■□ Ambiente ■■□ Service ■■□

INDISCH

GINTI

Hier ist man mit Herzblut bei der Sache. Das merkt der Gast an dem aufmerksamen Service, der begeistert Empfehlungen ausspricht, und auch an den Kochkursen, die hier angeboten werden. Die Küche macht an nahezu jeder Ecke des Subkontinents halt: Ob Curry oder Tandoori, Tikka oder Vindaloo – hier werden Indienfans satt und glücklich, egal, ob sie Fleisch essen oder Vegetarier sind. Die üppige Mittagskarte bietet Dutzende Gerichte für 5,90 (vegetarisch) und 6,90 Euro (mit Fleisch).

Belgisches Viertel

€–€€ Mo–So 11–23 Uhr Uhr | Händelstr. 33 | Tel. 0221 99 02 94 66 | www.ginti.de | U 1, 7, 12, 15 Rudolfplatz **(229 D5)**

Essen ■■□ Ambiente ■■□ Service ■■■

JAIPUR

Wenn man dieses Lokal betritt, bekommt der Begriff überbordend eine neue Bedeutung. Vom lebensecht wirkenden Bengaltiger, der über den Tischen thront, bis hin zu den farbenprächtigen Wandgemälden, die ein Pflastermaler mit ziemlich ausgeprägtem Hang zur Romantik gefertigt hat – kein Winkel ist hier undekoriert geblieben. Die eigenwillige Palastdeko ist so hausgemacht wie skurril und macht allein deshalb schon einen Besuch lohnenswert. Doch das Jaipur hält sich nicht ohne kulinarischen Grund seit knapp 20 Jahren im Schatten des Doms: Die exotischen Speisen aus der Mogul- und Maharadscha-Küche sind gleichbleibend gut und finden sogar immer wieder bei indischen Reisegruppen Anklang.

Altstadt-Nord

€€ Mo 18–24, Di–So 12–15 u. 18–24 Uhr | Marzellenstr. 50–56 | Tel. 0221 13 73 22 | www.restaurant-jaipur.de | U 16, 18 Dom/Hbf. **(227 D1)**

Essen ■■□ Ambiente ■■■ Service ■■□

KAMASUTRA

Die Bilder an den Wänden halten sich zuverlässig an das, was das Restaurantmotto verspricht: die Kunst der Liebe. Ebenfalls sinnenfroh und äußerst inspirierend ist die umfangreiche Speisekarte, auf der exotische Leckereien hauptsächlich aus der nördlichen Hälfte des Subkontinents präsentiert werden. Hähnchen- und Lammcurrys, Mariniertes aus dem Tandoori-Ofen ebenso wie gefühlt tausenderlei vegetarische Spezialitäten werden ganz nach Wunsch von mild bis scharf gewürzt serviert. Die Portionen sind mehr als stattlich und werden auch von den indischen Gästen wegen ihrer Authentizität gelobt.

Altstadt-Süd

€€ Mo–Fr 12–15 u. 18–23, Sa, So 17.30–23 Uhr | Weyerstr. 114 | Tel. 0221

34 89 28 28 | www.kamasutra-koeln.de | U 16, 18 Barbarossaplatz (226 B5)

Essen ■■■ Ambiente ■■□ Service ■■□

INTERNATIONAL

BASILICUM ★

Zwischen Barbarossaplatz und Nord-Süd-Fahrt macht sich kaum jemand auf die Suche nach einem Restaurant. Auch deshalb ist das Basilicum bei Kennern beliebt. Wohnzimmeratmosphäre und lukullische Freuden wie Wachtelbrust mit geschmortem Feldsalat und Granatapfel machen einen Abstecher sehr lohnenswert. Auch die rund 40 Positionen umfassende Weinkarte ist erfreulich. Den Dienstag sollten sich alle preisbewussten Feinschmecker vormerken, denn dann serviert das Team ein INSIDER TIPP Menü für Freunde. Zwei Personen erhalten zum Preis von 75 Euro ein Drei-Gänge-Menü inklusive je einer Flasche Wein und Wasser.

Innenstadt

€€€ *Di–Sa ab 18 Uhr | Am Weidenbach 33 | Tel. 0221 32 35 55 | www.basilicum.org | U 12, 15, 16, 18 Barbarossaplatz* (229 E6)

Essen ■■■ Ambiente ■■■ Service ■■■

CARLS RESTAURANT

NEU Wer Carls Restaurant besucht, erlebt eine echte Überraschung – schließlich war der Ehrenfeldgürtel bislang nicht für kulinarische Kabinettstückchen bekannt. In einem gediegenen Jugendstileckhaus hat sich dies nun geändert: Brauhausklassiker erinnern an die Vergangenheit der Familie Weber, deren Sprössling Carl am Herd steht. Vegetarisches Risotto mit karamellisiertem Chicorée oder eine üppige Mousse von geräucherter Forelle – Speisen und Weine liegen preislich deutlich unter Innenstadtniveau, was zu der Prognose verleitet, dass Ehrenfelder einen Grund weniger haben, ihr Viertel zu verlassen.

Stockfisch und portugiesisches Bier vom Fass gibt es im Saudade

Nicht nur ein Glas Blubberbrause, sondern auch leckere Speisen warten im Hasen

Neuehrenfeld

€€– €€€ *Di–So 17–23 Uhr | Eichendorffstr. 25 | Tel. 0221 58 98 66 56 | www.carlsrestaurant.de | U 5, 13 Subbelrather Str./Gürtel* (228 C2)

Essen ■■□ Ambiente ■■□ Service ■■□

BRASSERIE FOU

Franzose meets Asiate – so könnte man das Konzept dieser Brasserie grob umreißen: In harmonischer Eintracht steht da z. B. das im Wok frittierte Huhn »Ga Xao Dua Hanh« neben dem Lammkarree auf der Karte, der vietnamesisch gewürzte Wolfsbarsch neben dem Kabeljau auf Estragonbutter. Die Einrichtung ist eindeutig französisch inspiriert und mit viel dunklem Holz sehr gemütlich gestaltet. Im Hintergrund dudeln mal französische Chansons, mal gibt es live Pianomusik. Mittagsgerichte mit Softgetränk bekommt man ab 7,50 Euro. Nicht verpassen sollten Sie das Dessertbüfett: Neben diversen Moussevariationen und Beerenkompott locken verschiedene Tartes und eine köstliche Crème brûlée.

Altstadt-Nord

€€–€€€ *Frühstück Mo–Fr 6.30–11, Sa, So 7–11, Mittagessen Mo–Sa 12–15, Brunch So 12.30–15.30, Abendessen Mo–Sa 18–23 Uhr | im Köln Marriott Hotel | Johannisstr. 76–80 | Tel. 0221 94 22 20 | www.brasserie-fou.de | U 5, 16, 18 Dom/Hbf.* (230 B4)

Essen ■■□ Ambiente ■■□ Service ■■□

HASE

Zwischen Galerien und Antiquitätenläden ist dieses traditionsreiche Kölner Lokal eine beliebte Anlaufstelle für Genießer und Szenegänger. Der Hase hat das Zeug zum gehobenen Stammlokal mit einem Quäntchen Regionalkolorit.

Verwöhnt werden die Gäste hier mit raffinierten Tagesgerichten und fabelhaften Weinen. Für seine legendäre Bärlauchwurst ging der Küchenchef noch einmal für zwei Wochen in die Lehre bei der besten Metzgerei Kölns, so jedenfalls munkelt man. Solche Besonderheiten haben zwar ihren Preis, aber dafür stimmt die Leistung hier rundum.

Altstadt-Nord

€€–€€€ *Mo–Sa 12–16 u. 18–1 Uhr | St.-Apern-Str. 17 | Tel. 0221 25 43 75 | www.hase-catering.de | U 3–5, 12, 15 Friesenplatz* (226 B3)

Essen ■■■ Ambiente ■■□ Service ■■■

JAN'S RESTAURANT IN DER REMISE

☀ Hier gibt es eine hervorragende Küche in tollem Ambiente. Namensgeber Jan Nolte hat aus dem einstigen Kutschertrakt der Kirche St. Vitalis ein stimmungsvolles Restaurant im Landhausstil gezaubert. Dunkle alte Holzbänke, ein offener Kamin und Kerzen auf den Tischen bilden den einladenden Rahmen für die Gerichte, die als fünfgängiges Überraschungsmenü bereits für 43,50 Euro zu probieren sind.

Müngersdorf

€€€ *Di–Fr 12–14 u. ab 18, Sa, So ab 18 Uhr | Wendelinstr. 48 | Tel. 0221 5 10 39 99 | www.jansrestaurant.de | U 1 Alter Militärring* (236 C3)

Essen ■■■ Ambiente ■■■ Service ■■□

LUDWIG IM MUSEUM

ÖKO ☀ Schon die Architektur mit der riesigen, voll verglasten Fensterfront und den überdimensionalen Kugellampen ist atemberaubend! Doch auch wer kein kunstsinniger Kenner ist, kann hier schöne Stunden verleben. Wesentlicher Bestandteil der Philosophie des Hauses ist die Verwendung von Bio- und Fair-Trade-Produkten – zum Teil stammen die sogar aus heimischer Herstellung, so etwa das Fleisch von Schweinen, Rindern, Heidschnucken, Gänsen und Enten aus eigener Haltung.

Altstadt-Nord

€€ *Di–So 10–24 Uhr | Heinrich-Böll-Platz | Tel. 0221 16 87 51 39 | www.ludwig-im-museum.de | U 5, 16, 18 Dom/Hbf.* (227 E2)

Essen ■■□ Ambiente ■■□ Service ■■□

MEER SEHEN

Das reale Meer sieht man mitten in Ehrenfeld natürlich nicht. Dennoch lassen Strandkörbe und an die Wand projizierte Delfine oder auch mal Wellen ein wenig maritime Atmosphäre aufkommen, und sehr gemütlich ist es hier allemal – Meer hin, Meer her! Auf der Speisekarte stehen so einige internationale Schmankerl wie Bandnudeln mit Flusskrebsschwänzen in Zitronengrassauce oder auch Zwiebelsteak mit Kaffee-Curry-Joghurtdip. Lauschig ist es nicht nur drinnen, sondern auch in dem ☀ hübschen Hinterhof mit Sonnenterrasse – wenn die Sonne denn scheint.

Ehrenfeld

€€ *Mo–Sa ab 17 Uhr | Philippstr. 1 | Tel. 0221 9 92 31 49 | www.meersehenkoeln.de | U 3, 4 Körnerstraße* (228 C3)

Essen ■□□ Ambiente ■■□ Service ■■□

SISSI & FRANZ

NEU Bis vor kurzem noch als Alteburger Hof bekannt, ist dieses Lokal in prominenter Südstadtlage nun zur Restauration mit Weinstuberl konvertiert. Auf den Teller kommt junge Alpenküche. Eine Kostprobe: Feldsalat, den sie hier

Vogerlsalat nennen, mit gerösteten Kürbiskernen und ein Tafelspitz vom Wiesenkalb mit Bouillon-Erdäpfeln. Lecker! Jeden Mittwoch ist INSIDER TIPP Wiener-Schnitzel-Tag zum Preis von 15 Euro inklusive Beilagen.

Südstadt

€€ Mo–Sa ab 16, So ab 12 Uhr | Alteburgerstr. 15a | Tel. 0175 7 97 94 88 | www.sissifranz.koeln | U 5, 15, 16, 17 Chlodwigplatz (234 B2)

Essen ■■□ Ambiente ■■□ Service ■■□

BAR SCHMITZ

Diese Bar gehört zur legendären Gastrofamilie »Schmitz«. Der Name ist verwirrend, denn die Bar ist in Wirklichkeit ein Restaurant – und zwar ein ganz außergewöhnliches! Schon die Jugendstil-Einrichtung beeindruckt mit Stuckdecke, tollen Leuchten, einem perfekt rekonstruierten französischen Wandmosaik, lauter hübschem Nippes, darunter belgische Antiquitäten, und historischen Heizkörpern. Die ambitionierte Karte bedient vor allem Gelüste nach Flossen- und Krustentieren. Highlights sind z. B. die Bouillabaisse und die lauwarme Meeresfrüchteplatte. Abends eine zum Cocktails trinken beliebte Adresse!

Belgisches Viertel

€€–€€€ Frühstück Mo–Fr 10–12, Sa, So 10–17, Mittagstisch Mo–Sa 12–15, Abendessen Mo–Sa 18–23 Uhr | Aachener Str. 34 | Tel. 0221 13 38 98 | www.salonschmitz.com | U 1, 7, 12, 15 Rudolfplatz (229 D5)

Essen ■■□ Ambiente ■■■ Service ■■□

WIPPN'BK

Den Preis für den unaussprechlichsten Restaurantnamen haben die Betreiber Thomas Wippenbeck und Nadja Maher schon einmal sicher. Doch auch die Speisekarte lässt aufhorchen: Hier setzt man auf gewitzte Cross-over-Küche mit asiatischem Einschlag. Da werden die Frühlingsrollen schon mal mit Ochsenbäckchen und Datteln gefüllt oder das Jakobsmuschel-Tatar von einer Apfel-Vanille-Reduktion und frittiertem Blattspinat begleitet. Studenten freuen sich über den Mittagsrabatt. Eine rundum gelungene Sache.

Südstadt

€–€€ Tgl. 9–24 Uhr | Ubierring 35 | Tel. 0221 32 61 33 | www.lecker-essen-suedstadt.de | U 15, 16 Ubierring (234 B2)

Essen ■■□ Ambiente ■■□ Service ■■■

ITALIENISCH

ALFREDO

1973 war es mit Sicherheit ein Wagnis, in Köln ein Ristorante zu eröffnen, das etwas anderes als Spaghetti und Pizza anbietet. Doch Beharrlichkeit und natürlich die Qualität der Küche haben sich letzten Endes ausgezahlt: Das Alfredo ist der einzige Kölner Italiener mit Michelin-Stern und seit Jahr und Tag Anlaufstelle für Liebhaber italienischer Haute Cuisine. Eine Speisekarte gibt es hier nicht, die Gerichte werden mündlich und mit viel Theatralik vorgetragen. Wenn Sie INSIDER TIPP freitags zur Soiree reservieren, können Sie Küchenchef Roberto Carturan Verdi-Arien schmettern hören. Der kann nämlich nicht nur vorzüglich kochen, sondern ist auch noch ausgebildeter Bariton.

Innenstadt

€€€ Mo–Fr 12–15 u. 18–23.30 Uhr | Tunisstr. 3 | Tel. 0221 2 57 73 80 | www.ristorante-alfredo.com | U 3–5, 16, 18 Appellhofplatz (230 A5)

Essen ■■■ Ambiente ■■■ Service ■■■

Das Fellini: ein feines Bistro wie aus dem Bilder-, äh, Drehbuch

BAGUTTA

Im Bagutta mit seinen weiß getünchten Backsteinwänden geht es etwas gesitteter zu als im Massimo derselben Familie in der Südstadt. Pasta, Pizza, frischer Fisch und die wuchtigen Torten munden in dem kleinen ☀ Patio besonders gut. Nicht zuletzt wegen der nahen Zülpicher Straße ist es stets gut voll hier.

Kwartier Latäng

€€–€€€ *Mo–Fr 12–1, Sa, So 17–1 Uhr | Heinsbergstr. 20 | Tel. 0221 21 26 94 | www.ilbagutta.de | U 9 Zülpicher Platz* (229 D–E 6)

Essen ■■□ Ambiente ■■□ Service ■■□

CASA DI BIASE

☀ Eigentlich ist das Casa di Biase ein klassischer Nobelitaliener: Das Essen ist anspruchsvoll und reicht vom Hirschfilet über Trüffelrisotto bis zum Kaninchenragout. Der Wein ist ausgezeichnet – auch im Preis. Die Promidichte ist hoch: Will Smith, Pamela Anderson und Sting waren alle schon hier. Und dennoch schaffen es Inhaber Mario und sein Team, eine ungezwungene, herzliche Atmosphäre zu erzeugen, die weit weg ist von jeglichem Etepetete-Getue.

Neustadt-Süd

€€–€€€ *Mo–Fr 12–14 u. 18.30–22.30, Sa 18.30–22.30 Uhr | Eifelplatz 4 | Tel. 0221 32 24 33 | www.casadibiase.de | U 12 Eifelplatz* (233 E 1–2)

Essen ■■■ Ambiente ■■■ Service ■■□

INSIDER TIPP FELLINI

Authentisch und edel sind die passenden Schlagworte für dieses gehobene Bistro im Stil der 1940er-Jahre. Feinste Trüffeln aus dem Piemont, hausgemachte Pasta, fangfrische Fische und die erstklassige Fleischqualität hätten sicher auch den Namenspatron erfreut, von dessen Filmklassikern hier zahlreiche Bilder die Wände zieren. Die hervorragende Küche mit ihren regionalen Spezialitäten wird durch den herzlichen

Service und ein stimmiges Preis-Leistungs-Verhältnis abgerundet. Gastgeber Nunzio Ascione wurde für seine Spitzenleistung mehrfach ausgezeichnet.
Lindenthal
€€ *Mo–So 12–15 u. 18–23 Uhr | Zülpicher Str. 327 | Tel. 0221 44 19 00 | www.felliniristorante.de | U 9, 13 Zülpicher Str./Gürtel* (232 C2)

Essen ■■□ Ambiente ■■□ Service ■■□

FIORETTO
Manche halten den Nobelitaliener für den besten im Veedel. Sicher ist, dass er sich mit außergewöhnlichen Offerten wie Zickleinleber an Rucola mit Zwiebel-Chutney und Schwertfischsteak mit Pistazienkruste an Caponata deutlich vom üblichen Durchschnittsristorante absetzt. Nehmen Sie den Mund beim Hauptgang nicht zu voll, damit noch Platz für die umwerfenden Zabaione mit Beeren und Eis bleibt.
Agnesviertel
€€–€€€ *Tgl. ab 9 Uhr (Küche 11.30–22.30 Uhr) | Weißenburgstr. 30 | Tel. 0221 37 99 59 19 | www.fioretto-koeln.de | U 12, 15, 16, 18 Ebertplatz* (229 F2)

Essen ■■■ Ambiente ■■□ Service ■■□

PANE E CIOCCOLATA
In diesem authentischen italienischen Restaurant mitten im schönsten Teil von Ehrenfeld geht es herzlich, familiär, bodenständig, aber auch schon mal recht laut und eng zu – eben so wie in Italien. Beliebt ist der kleine, von einer grünen Hecke umrahmte ☀ Biergarten, in dem sich laue Sommernächte bei einer soliden Küche aus italienischen Klassikern wie Pizza, Pasta und Salaten sowie bei guten Weinen verleben lassen. Nicht verpassen: das hausgemachte Eis.
Ehrenfeld
€€ *Di–So 12–24 Uhr (Küche 12–14.30 u. 18–22.30 Uhr) | Jessestr. 2 | Tel. 0221*

Als wär's ein Stückchen Italien: Pane e Cioccolata

55 89 96 | www.paneecioccolata.de | U 5 Liebigstraße (228 C2)

Essen ■■□ Ambiente ■□□ Service ■□□

DA SIRO

☀ Endlich wieder auf dem breiten Trottoir sitzen, auf der handgeschriebenen Karte Makrelenfrikadellen in Tomatensugo oder Risotto mit Salsiccia, Birne und Radiccio entdecken, nach der Mahlzeit mit der Bestellung eines Desserts liebäugeln und zu guter Letzt noch einen Plausch mit Siro halten, dem Küchenchef, der nach Ende seiner Schicht so gern mit seinen Gästen parliert. Bräuchte ganz Sülz einen zusätzlichen Grund sich auf den Sommer zu freuen, wäre es ganz sicherlich die saisonale Umfunktionierung des Veedel-Italieners zum Freiluftlokal. Versteht sich von selbst, dass auch die Weinkarte Vergnügen bereitet.

Sülz

€€– €€€ *Mo–Fr 11.30–15 u. 18–23, Sa 17.30–23 Uhr | Weyertal 41 | Tel. 0221 44 10 51 | www.dasiro.de | U 9 Sülz/Weyertal* (233 D2)

Essen ■■■ Ambiente ■■■ Service ■■■

AL SOLITO POSTO

Nein, Sie haben sich nicht verlaufen. Und ja, Gremberg gehört noch zu Köln. Schöner verlaufen kann man sich auch gar nicht. Hier befindet sich ein Restaurant, das das rechtsrheinische Ufer bereichert. Die Pizza ist schon toll (und selbstredend mit Mozzarella statt mit Gouda belegt), wird aber noch von den gegrillten Baby-Calamares, der venezianischen Leber und den Lammrücken-Koteletts getoppt. Dazu gibt es solide offene Weine (0,2 l für 4,50 Euro) und zum Dessert ein traumhaftes Tiramisu. Wenn Sie sich danach zu Fuß auf den Weg zurück über den Rhein machen, sind die Kalorien auch fast schon wieder verbrannt.

Gremberg

€€ *Mo–Fr 11.30–14.30, Di–Sa 18.30–22 Uhr | Wattstr. 9 | www.al-solito-posto.de | Tel. 0221 16 87 70 18 | U 1, 9 Kalk-Post* (231 E6)

Essen ■■□ Ambiente ■■□ Service ■■□

TEATRO

Schwere Kronleuchter, dunkelrote Vorhänge und edel schimmerndes dunkles Holz geben diesem italienischen Familienbetrieb tatsächlich etwas im besten Sinne Theatralisches. Auf dem Bürgersteig laden hübsche weiß eingedeckte ☀ Tische vor der schönen Altbaufassade zum stilvollen Open-Air-Mahl ein. Kevin Spatola, Sohn und Küchenchef des Hauses, lernte sein Handwerk im Nobelrestaurant Da Bruno und agiert an seiner neuen Wirkungsstätte entsprechend virtuos. Auf den Tisch kommen Klassiker der Cucina Italiana in vorzüglicher Qualität – ein Genuss.

Südstadt

€€ *Mi–Mo 12–15 u. 18–22 Uhr | Zugweg 1 | Tel. 0221 80 15 80 20 | www.teatro-ristorante.de | U 15, 16 Chlodwigplatz* (234 A–B2)

Essen ■■□ Ambiente ■■■ Service ■■□

LA TECA

Früher residierte hier der kleine Bistro-Bruder des Casa di Biase, heute steht man auf eigenen Füßen. Aber eine Sache ist gleich geblieben: die Qualität des Essens. Geboten wird einfache italienische Kost, aber die Kochkunst liegt ja oft auch darin, scheinbar einfache Standards wie Pasta, Ciabatta und Antipasti zu perfektionieren. Wenn im

Schicker kleiner Italiener mit großer Fensterfront: Via Bene

Sommer die Sonne scheint und man einen der begehrten ☀ Tische draußen ergattert hat, schmeckt der Montepulciano noch mal so gut.

Neustadt-Süd

€ Mo–Sa 10–24 Uhr | Eifelplatz 2 | Tel. 0221 3134 85 | www.lateca-koeln.de | U 12 Eifelplatz (233 E 1–2)

Essen ■■□ Ambiente ■■□ Service ■■□

TOSCANINI

Knusprige, hauchdünne Pizzen so groß wie Wagenräder kommen aus dem holzbefeuerten Steinofen, das bienenfleißige Personal schwirrt mit üppig beladenen Pasta- und Salattellern zwischen den voll besetzten Tischen umher und in den verwinkelten hohen Räumen mit Stuckdecken und Weichholzmobiliar brummt und summt die bunt gemischte Gästeschar. Da ist Wohlsein angesagt. In diesem Ristorante Italiano stimmt einfach alles, von den zivilen Preisen über die großen Portionen bis hin zur gemütlichen Atmosphäre.

Neustadt-Süd

€–€€ So–Fr 12–15 u. 18–23, Sa 18–23 Uhr | Jakobstr. 22 | Tel. 0221 3 10 99 90 | www.toscanini-koeln.com | U 15, 16 Ulrepforte (234 A1)

Essen ■■□ Ambiente ■■■ Service ■■□

VIA BENE

Der kleine, schicke Italiener liegt zentral an der Shoppingmeile Ehrenstraße. Durch die große Fensterfront blicken die Gäste hinaus auf die ruhige Seitenstraße und den wohlgestalteten ☀ Außenbereich. Ohne sich mit einer Zeitung bewaffnen zu müssen, können Sie hier auch solo angenehm sitzen und die Aussicht genießen. Die Speisekarte bietet italienische Klassiker mit dem ein oder anderen Überraschungsmoment. Eine Blätterteig-Tarte mit Auber-

gine, Gambas und Büffelmozzarella etwa gibt es nicht in jedem Ristorante, und auch die Kombination aus Schweinekotelett, glasiertem Chicorée und Maronen-Kartoffel-Strudel überzeugt durch die Qualität und eine versierte Zubereitung.

Altstadt-Nord

€€–€€€ *Mo–Sa 12–23, So 18–23 Uhr | Benesisstr. 60 | Tel. 0221 2 57 81 66 | www.viabene.com | U 1, 7, 12, 15 Rudolfplatz* (226 B3)

Essen ■■□ Ambiente ■■□ Service ■■□

KÖLSCH

BIERHAUS AM RHEIN

Der umtriebige Gastronom Markus Zehnpfennig leitet das Bierhaus im renovierten historischen Delfter Haus direkt am Rhein mit Passion. Umgeben von viel historischem Flair speist man hier im restaurierten Gewölbe – wie es sich für ein typisches Brauhaus gehört – ziemlich fleischlastig. Vegetarier dürften daher leider kaum satt oder glücklich werden, Fans von Päffgen-Kölsch dagegen umso mehr, denn das goldene Getränk fließt hier in Strömen. Absolut top: der Blick von der ☀ Terrasse auf den Rhein.

Innenstadt

€–€€ *Mo-Do ab 15 Uhr, Fr–Sa ab 11 Uhr | Frankenwerft 27 | Tel. 0221 8 00 19 00 | www.bierhaus-am-rhein.de | U 1, 7, 9 Heumarkt* (227 E3)

Essen ■■□ Ambiente ■■■ Service ■■□

EM GOLDE KAPPES

☀ Während sich die Touristen in der Altstadt um die Plätze streiten, kann man in Nippes INSIDER TIPP Brauhaus-Tradition für Einheimische erleben. Was nicht heißt, dass hier die Zeit stehen geblieben ist. Im Gegenteil: Die Speisekarte fällt üppig und durchaus gewitzt aus. Hausgemachte Röggelchen mit Kasseler, Blutwurst mit Apfel auf Zwiebelbrot oder Schinken-Quark-Pastetchen heißen hier »kölsche Tapas« und passen zum Früh-Kölsch wie die Schürze zum Köbes.

Nippes

€–€€ *Mo–Sa 11–24 Uhr | Neusser Str. 295 | Tel. 0221 92 29 26 40 | www.emgoldekappes.de | U 12, 15 Florastraße* (230 A1)

Essen ■■□ Ambiente ■■■ Service ■■□

FRÜH AM DOM

Jeder Winkel im Haus ist mit Tischen und Stühlen zugestellt, und die Gäste werden von routinierten Kräften gut und reichlich mit Speis und Trank versorgt, auch auf der ☀ Terrasse. Am schönsten ist es ganz vorn in der Schwemme, wo ein Fass nach dem anderen aus der Tiefe der Keller gehievt wird. Ein Schauspiel, das auch nach Jahren kaum langweilig wird. Und in den früheren Privaträumen der Wirtsfamilie im ersten Stock serviert das *Hof 18* moderne kölsche Cross-over-Küche. Wer Pinot Grigio statt Kölsch ordert, wird nicht schief angeguckt.

Altstadt-Nord

€€ *Tgl. 8–24 Uhr (Hof 18 Mo–Sa 12–24, So 12–22 Uhr) | Am Hof 12–18 | Tel. 0221 2 61 32 15 | www.frueh.de | U 5, 16, 18 Dom/Hbf.* (227 D2)

Essen ■■□ Ambiente ■■□ Service ■■□

GAFFEL IM MARIENBILD

Wer an historischer Stätte speisen möchte, ist im Gaffel im Marienbild genau richtig. Das Gebäude diente einst als Postkutschenhaltestelle und später als Dorfschule. Heute ist hier eine moderne Gastwirtschaft zu Hause, die sich allerdings zumeist an Traditionellem orientiert. Auf den Teller kommt klassische Brauhauskost vom Halven Hahn bis hin zur Rinderroulade. Im Sommer lockt der große ☀ Biergarten.

Braunsfeld

€–€€ *Tgl. ab 12, Küche bis 22, So bis 21 Uhr | Aachener Str. 561 | Tel. 0221 50 05 51 60 | www.marienbild.de | U 1 Clarenbachstift* (228 A5)

Essen ■■□ Ambiente ■■□ Service ■■□

MEINE STADT

▶ Das Kölsche Grundgesetz (»Et Kölsche Grundgesetz«) besteht aus elf Redensarten, die schon seit der Stadtgründung unter den Römern das Leben in Köln geregelt haben sollen. Ihre Autoren und die genaue Entstehungszeit sind unbekannt, fest steht jedoch, dass sie typisch kölsche Eigenarten und das hiesige Lebensgefühl beschreiben. Zu den bekanntesten Redensarten daraus gehören »Et kütt wie et kütt« (Hab keine Angst vor der Zukunft) und »Wat fott es, es fott« (Jammer den Dingen nicht nach).

GILDEN IM ZIMS

Für Fußballfans dürfte es die Erfüllung ihrer kühnsten Wünsche sein: Auf den Toiletten dieser »Heimat kölscher Helden« gibt es Bildschirme, auf denen nonstop Sky läuft. Auch in der von urigen Ziegelsteinwänden geprägten Schankstube hängen entsprechende Screens – hier sogar in der XL-Version. Außerdem hat das relativ junge Brauhaus noch weitere Asse im Ärmel: Das herrliche, aus dem 16. Jh. stammende Gebäude ist aufwendig und sehr modern gestaltet, das junge Servicepersonal absolut auf Zack, das Essen mittlerweile top und die ☀ Terrasse mit Blick auf den Heumarkt sowieso ein wunderbares Plätzchen.

Altstadt-Nord

€–€€ *Mo–Do 12–1, Fr 12–3, Sa 11–3, So 11–23 Uhr | Heumarkt 77 | Tel. 0221 16 86 61 10 | www.haus-zims.de | U 1, 7, 9 Heumarkt* (227 E3)

Essen ■■□ Ambiente ■■■ Service ■■□

LOMMERZHEIM

2004 schloss die Kultstätte unter Kölns Schankwirtschaften, 2005 starb Hans »Lommi« Lommerzheim, der große, schweigsame Wirt, der auch Bill Clinton keine Vorzugsbehandlung einräumen wollte, als Amerikas Ex-Präsident bei seinem Besuch in der Domstadt den

Im Früh am Dom lernt (fast) jeder Tourist seine erste Lektion Kölsch

Wunsch hatte, einmal etwas typisch Kölsches gezeigt zu bekommen. Heute gehört das Lommerzheim dem Bierbrauer Rudolf Päffgen. Er hat den Laden vorsichtig renoviert – und schon stehen die Menschen hier wieder Schlange wie zuvor. Denn obwohl auch die Kellergewölbe erschlossen wurden und es einen kleinen, feinen ☀ Biergarten gibt, zieht es die meisten Gäste weiterhin in den winzigen, aber urgemütlichen und beliebten Schankraum, um die üppigen Koteletts und das süffige Päffgen zu sich zu nehmen. Mit anderen Worten: Wer nicht rechtzeitig oder glatt zu spät kommt, der muss statt dessen ab in den Keller.

Deutz

€€ Mo, Mi–Sa 11–14.30 u. 16.30–24, So 10.30–14.30 u. 16.30–24 Uhr | Siegesstr. 18 | Tel. 0221 81 43 92 | U 1, 7, 9 Deutzer Freiheit (230 C5)

Essen ■■□ Ambiente ■■■ Service ■□□

BRAUEREI ZUR MALZMÜHLE

Seit fünf Generationen braut die Familie Schwartz Mühlenkölsch, das als das malzigste und süffigste Kölsch gilt. Das trinkt man am besten in einem stilechten Brauhaus wie diesem: Dunkle Vertäfelungen, historische Bilder und der legendäre Beichtstuhl, an dem die Köbesse ihre Abrechnung machen, sorgen für das passende Ambiente. Das Essen ist gute Hausmannskost, die von der Hauptsache – dem Bier – nicht ablenkt. In Brauhäusern wird traditionell auf Hintergrundmusik verzichtet, doch Freunde Kölschen Liedguts haben seit 2015 einen guten Grund, die Malzmühle anzusteuern: Im »Höhnerstall« sind Kostüme, Goldene Schallplatten und Instrumente der Höhner ausgestellt. Auch wird hier Craft-Beer ausgeschenkt.

Altstadt

€–€€ Mo–Do 11.30–23, Fr, Sa 11.30–1, So 11.30–23 Uhr | Heumarkt 6 | Tel. 0221

92 16 06 13 | www.muehlenkoelsch.de | U 1, 5, 7, 9 Heumarkt (229 F3)

Essen ■■□ Ambiente ■■■ Service ■■□

MAX STARK ★

Glaubhaften Berichten zufolge wurde hier einst auf dem Fußboden ein Beleg über einen Salat, vier Ehrenfelder und 100 Kölsch gefunden. Das verrät einiges über die Qualität des ausgeschenkten Biers (Päffgen), zeugt aber zugleich von einiger Ignoranz, denn die Küche des überschaubaren Brauhauses ist höchst solide: Sowohl die Bratwurst als auch der Sauerbraten (vom Pferd) haben sich bereits als gute Grundlage für einen folkloristischen Abend erwiesen, der gelegentlich im Beisein von Lokalprominenz endet. Karnivoren freuen sich auf den Donnerstag, wenn »frisches Riesenhämchen« auf der Fooderkaat steht.

Innenstadt

€–€€ *Tgl. ab 11 Uhr | Unter Kahlenhausen 47 | Tel. 0221 200 56 33 | www.max-stark.de | U 12, 15, 16, 18 Ebertplatz* (230 B3)

Essen ■■□ Ambiente ■■■ Service ■■□

BRAUHAUS ZUM PRINZEN

Wer hier der Prinz ist, zeigt das Trikot der Thekenmannschaft: Alle Köbesse tragen Arbeitskleidung mit der Nummer 10 und dem Schriftzug »Podolski«. Das Brauhaus versteht sich als Übertragungsstätte für Spiele des Kölner FC, was von den Gästen begeistert angenommen wird, denn geboten wird INSIDER TIPP ein Freibier pro Auswärtstor und Gast.

Altstadt

€–€€ *Mo–Do 12–24, Fr, Sa 1–1, So 12–23 Uhr | Alter Markt 20–22 | Tel. 0221 96*

Bietet besonders mittags herausragende Zwei-Gänge-Menüs – die Comedia Wagenhalle

02 22 20 | www.zum-prinzen.com | U 5 Rathaus (230 B5)

Essen ■□□ Ambiente ■■□ Service ■■□

HAUS SCHOLZEN

Die Brauhauskultur lebt nicht bloß in der Altstadt. Bester Beweis ist im tiefsten Ehrenfeld das Haus Scholzen, das für sich den absolut zutreffenden Slogan »gepflegte Kölner Gastlichkeit« beansprucht. Im altehrwürdigen Ambiente der Speisestube schmecken Rievkoche und Ehrenfelder Senfrostbraten besonders lecker, frisches Gaffel und hausgemachte Schnäpse helfen beim Herunterspülen.

Ehrenfeld

€€ *Küche Mi–So 12–14 u. 18–21.45 Uhr | Venloer Str. 236 | Tel. 0221 51 59 19 | www.haus-scholzen.de | U 3, 4 Piusstraße* (228 C3)

Essen ■■□ Ambiente ■■□ Service ■□□

WEISS BRÄU

Hier wird das Kölsch und sogar das Weizen- und Schwarzbier selbst gebraut! An fester Nahrung kommen in dem prächtigen alten Haus meist deftige, ortstypische Gerichte auf die blank geschrubbten Tische, beispielsweise ein saftiges Holzfällersteak, Himmel un Ääd oder der klassische Braten, aber auch Lachs und Hähnchen können bestellt werden. Lokalpatrioten aus Köln mokieren sich zwar ein wenig darüber, dass im Weissbräu jedes Jahr Oktoberfest gefeiert wird. Die, die es nicht so eng sehen, freuen sich dann aber über leckere Grillhaxe, Weißwürste, Enzianschnaps und eine halbe Maß Festbier.

Altstadt-Süd

€–€€ *Di–Fr 17–1, Sa 12–1, So 11–22 Uhr | Am Weidenbach 24 | Tel. 0221 33 87 99 48 | www.weiss-braeu.de | U 12, 15, 16, 18 Eifelstraße* (226 B6)

Essen ■■□ Ambiente ■■□ Service ■■□

MITTAGSTISCH

COMEDIA WAGENHALLE

Ja, in der Wagenhalle gibt es am Wochenende einen Spitzenbrunch. Und richtig, die Cocktails und Abendmenüs sind weit über die Südstadt hinaus bekannt. Aber am meisten freut man sich vielleicht doch mittags, dass es möglich ist, so besonders und delikat für um die 10 Euro (!) in zwei Gängen (!!) inklusive Getränk (!!!) verpflegt zu werden. Geschäumte Knollenselleriesuppe und Berner Rösti mit Speck? Mallorquinische Mandelsuppe und gebackene Hähnchenkeule mit Schmorgemüse? Ist alles gar kein Problem, genauso wenig wie das tolle vegetarische Menü, das jeden Tag angeboten wird. Und die beeindruckende Architektur in der ehemaligen Feuerwache gibt es als Krönung obendrauf.

Südstadt

€ *Mo–Do 12–1, Fr, Sa 12–3, So 10.30–1 Uhr | Vondelstr. 4–8 | Tel. 0221 35 55 89 10 | www.comedia-wagenhalle.de | U 15, 16 Chlodwigplatz* (234 A2)

Essen ■■■ Ambiente ■■■ Service ■■□

DO RE MI

Zugegeben: Die Plastikstühle und abgewetzten Tische sorgen nicht für eine heimelige Atmosphäre. Dafür gibt es hier sehr authentisches koreanisches Essen: Kimchi (eingelegter Kohl), Kimbap (koreanisches Sushi), gebratenes Schwein mit Glasnudeln, Algensuppe mit Rindfleisch oder Bibimbab (Reis mit Gemüse und Spiegelei, das im heißen Steintopf serviert wird). Sehr scharf, sehr lecker, sehr

SPÄTER HUNGER

ARSLAN'S KEBAP

Hier trifft sich die Ehrenfelder Feiergemeinde auf eine frühe Pommes oder einen späten Döner. Die ganz Harten fallen nach einer durchtanzten Nacht im Bahnhof Ehrenfeld (→ S. 185) hier direkt zum Frühstücken ein und bringen sich mit Kaffee und Baklava wieder in Form.

Ehrenfeld

So–Do 8–1, Fr, Sa 8–5 Uhr | Ehrenfeldgürtel 79 | Tel. 0221 51 09 03 00 | U 3, 4, 13 Venloer Str./Gürtel **(228 C3)**

Essen ■■□ Ambiente ■□□ Service ■■□

BURGERLICH

Wer nachts auf dem Ring Lust auf leckere Burger hat, geht zu Burgerlich. Da gibt es den handlichen Sattmacher mit Speck, mit Kraut, vegetarisch – oder zur Not ohne alles als bloßes Fleischstück. Auch die Salate und Beilagen wie Zwiebelringe oder selbst gemachte Chips überzeugen.

Belgisches Viertel

So–Mi 11.30–24, Do–Sa 11.30–2 Uhr | Hohenzollerring 25 | Tel. 0221 27 09 99 66 | www.burgerlich.com | U 1, 7, 12, 15 Rudolfplatz **(226 A3)**

Essen ■■□ Ambiente ■■□ Service ■■□

BÜYÜK HARRAN DOY DOY

In »Klein-Istanbul« auf der Keupstraße gibt es Unmengen an türkischen Lokalen. Wie praktisch, dass ausgerechnet das wohl beste von ihnen rund um die Uhr geöffnet hat. Neben Standards wie Kebap und Lahmacun erfreut auch die große Auswahl an Spezialitäten. Ob Suppe aus Pansen oder Lammkopf aber das Richtige ist, wenn man gerade vom Punkrockkonzert im E-Werk kommt?

Mülheim
Tgl. 0–24 Uhr | Keupstr. 40–42 | Tel. 0221 9 22 43 47 | www.buyukharran-doydoy.de | U 4 Keupstraße **(231 F1)**

Essen ■■□ Ambiente ■■□ Service ■■■

FERKULUM

Gyros mit Pommes? Ohne Pommes? Mit Krautsalat? Ohne Krautsalat? Mit Zaziki? Oder ohne? Damit hat man die Variationsmöglichkeiten im Ferkulum auch schon fast ausgeschöpft. Hier gilt seit Jahrzehnten das Motto: »Und sei der Studi noch so klein, es passt doch noch ein Schwein hinein.« Das kommt an – je später, desto lieber.

Kwartier Latäng
Mo–Do 11–3, Fr, Sa 11–5 Uhr | Zülpicher Str. 37 | Tel. 0221 21 37 96 | U 9 Dasselstr./Bf. Süd **(226 A6)**

Essen ■□□ Ambiente ■□□ Service ■■□

HABIBI

Es ist ein Rätsel, wie man bei dem Trubel stets so gut gelaunt sein kann. Doch der libanesische Besitzer Fuad Taih hat auch freitagnachts im Auge des Party-Orkans für jeden Gast ein nettes Wort und einen Gratis-Zimttee übrig. Und natürlich frische Falafel, Schawarma und Taboulé, die übrigens alle auch in nüchternem Zustand vorzüglich schmecken.

Kwartier Latäng
So–Do 11–1, Fr, Sa 11–3 Uhr | Zülpicher Str. 28 | Tel. 0221 2 71 71 41 | www.habibi-koeln.de | U 9, 12, 15 Zülpicher Platz **(226 A6)**

Essen ■■■ Ambiente ■■■ Service ■■■

NEON

Besser als das Neon kann man nicht liegen. Denn wer auf der Friesenstraße feiern geht, kommt zwangsläufig hier vorbei. Vor der Cocktail-Sause eine Pizza-Basis schaffen? Nach dem Tanzen schnell noch eine Currywurst vertilgen? Oder kurz mal für ein Gyros aus dem Goldfinger verduften, um danach aufdringliche Typen mit einer Zwiebel-Knoblauch-Fahne zu vertreiben? Das Neon hilft.

Friesenviertel
So–Do 11–23, Fr, Sa 11–5 Uhr | Friesenstr. 85 | Tel. 0221 2 58 25 76 | U 3–5, 12, 15 Friesenplatz **(226 B2)**

Essen ■□□ Ambiente ■□□ Service ■■□

günstig. Der Name Do Re Mi ist übrigens auf die benachbarte Musikhochschule zurückzuführen, an der es viele Studenten aus Korea gibt.

Altstadt-Nord

€ Mo–Fr 11–18 Uhr | Unter Krahnenbäumen 66 | Tel. 0221 5 70 28 39 | www.doremi-koeln.de | U 12, 15, 16, 18 Ebertplatz **(230 B3)**

Essen ■■□ Ambiente ■□□ Service ■■□

GESCHNITTEN BROT

Forelle mit Apfel-Zwiebel-Chutney, Ziegenkäse vom Kolvenbacher Hof, Rührei mit Pecorino – das Angebot wechselt ständig und ist immer empfehlenswert. Wer partout nicht auf Belegtes steht, hält sich an Spießbraten, Bohneneintopf, Kürbiscremesuppe und den legendären 1970er-Jahre-Kuchen Kalter Hund. Oder man gönnt sich einen Kaffee und macht ein paar Kreuze – der Laden ist nämlich auch noch eine Lottoannahmestelle.

Südstadt

€ Mo–Fr 8.30–18, Sa 10–18 Uhr | Alteburger Str. 28 | Tel. 0177 3 13 55 76 | www.geschnitten-brot.de | U 15, 16 Chlodwigplatz **(234 B2)**

Essen ■■□ Ambiente ■■□ Service ■■□

CAFÉ JAKUBOWSKI

ÖKO ☀ Entweder Sie schlemmen sich durch die Frühstückskarte (bis 18 Uhr) und genießen Pancakes mit Ahornsirup, selbst gemachte Konfitüre sowie Rührei oder Sie halten sich an die köstlichen Focaccias, Bagels, Salate oder Tagesgerichte. Viele Bioprodukte und ein sehr charmantes Interieur machen diese Adresse zu einem echten Renner in der Szene. Sonntags gibt es neben dem Brunch (bis 14 Uhr) auch den »Return of the Sonntagsbraten«.

Mülheim

€ Mo–Fr 9–24, Sa, 10–24, So 10–19 Uhr | Mülheimer Freiheit 54 | Tel. 0221 9 66 11 10 | www.jakubowski-koeln.de | U 4, 13, 18 Mülheimer Wiener Platz **(231 E1)**

Essen ■■□ Ambiente ■■□ Service ■■□

KITCHENETTE

Mittags ist es hier rappelvoll, und das hat zwei Gründe: Erstens gibt es nur vier Tische, und zweitens hebt sich das Speisenangebot der beliebten kleinen Mensa deutlich vom Einheitsbrei anderer Mittagstische ab. Zur Wahl stehen kreative Fleisch-, Fisch- und vegetarische Gerichte, aber auch Salate, Quiches und Suppen – das alles zu einem anständigen Preis, in großzügigen Portionen und serviert in einer wunderbar authentischen Atmosphäre. Wer es eilig hat oder im Grünen speisen möchte, nimmt die kleinen Köstlichkeiten einfach mit. Was will man mehr?

Neustadt-Nord

€–€€ Mo–Fr 8–20 Uhr | Gladbacher Str. 15 | Tel. 0221 6 60 66 03 | www.kitchenette-koeln.de | U 12, 15 Christophstr./Mediapark **(226 A1)**

Essen ■■□ Ambiente ■■□ Service ■■□

MEISTER GERHARD NO. 006

ÖKO Holzmöbel, Blümchen auf den Tischen und Retrocharme – das »Meister Gerhard« kommt ebenso lässig wie authentisch daher. In kulinarischer Hinsicht ist Inhaber Momo Bouhaddouz dem Konzept seines Stammladens am Rathenauplatz treu geblieben. Allerdings gibt es am Chlodwigplatz einen wöchentlich wechselnden Mittagstisch, der es in sich hat: Brotkuchen, gefüllte Tomaten, gebackene Hähnchenflügel mit confierten Kartoffeln und ein

Caesar's Salad im essbaren Schälchen, und das ausgesprochen günstig.

Südstadt

€–€€ Mo–Fr ab 9, Sa, So ab 10 Uhr | Chlodwigplatz 6 | Tel. 0221 92 36 69 99 | www.meister-gerhard.com | U 15, 16 Chlodwigplatz (234 B2)

Essen ■■□ Ambiente ■■□ Service ■■□

MEISTER LAMPE

Suppe, Sandwich, Dessert, dazu zwei Gerichte zur Auswahl: eines mit Fleisch, eines ohne. Das Angebot bei Meister Lampe ist nicht üppig, aber das muss es auch nicht sein. Denn die frischen und täglich wechselnden Gerichte kann man blind bestellen: Ob Wirsing-Moussaka oder Kohlrabi-Schupfnudeln, ob Spargel-Garnelen-Pasta oder Kartoffelgratin mit Feta – der Küche gelingt es immer, einfache Speisen mit dem gewissen Etwas aufzupeppen.

Agnesviertel

€ Mo–Fr 11–19 Uhr | Balthasarstr. 3 | Tel. 0221 96 17 99 53 | www.meisterlampe.eu | U 12, 15, 16, 18 Ebertplatz (229 C3)

Essen ■□□ Ambiente ■□□ Service ■■□

INSIDER TIPP OSKAR JÄGER DELI

Essen wie die Stars? Geht jetzt auch in Ehrenfeld. Denn die Macher hinter diesem schmucken Deli verpflegen schon seit Jahren Rockstars wie Santana, Foo Fighters oder die Stones auf ihren Touren. Doch auch ohne Promi-Bonus ist das täglich wechselnde Mittagessen hier eine Wucht: Mal gibt es Saté-Spieße, mal Seehechtfilets, mal herzhafte Bratwürstchen mit Kartoffel-Kürbis-Stampf. Vegetarier bekommen immer eine gleichwertige Alternative, dazu gesellen sich das Curry der Woche sowie ausgefuchste Eintöpfe und Salate. Wer einmal hier war, kommt immer wieder.

Ehrenfeld

€ Mo–Fr 12–15 Uhr | Oskar-Jäger-

Essen, das rockt: Die Crew vom Oskar Jäger Deli kocht auch für Musiklegenden auf Tour

Lauschig: der Biergarten am Aachener Weiher

Str. 173 | Tel. 0221 16 85 90 51 | www.dein-speisesalon.de | U 3, 4, 13 Venloer Straße/Gürtel (228 B3)

Essen ■■■ Ambiente ■■■ Service ■■■

SPEISEMEISTER

ÖKO Die Betreiber vom Speisemeister haben zwar die Location gewechselt und vergrößert, aber der Laden platzt mittags immer noch fast aus allen Nähten. Das liegt am Essen, das jeden Tag variiert, aber konstant lecker ist. Neben Suppen, Salaten und einer Quiche gibt es täglich zehn Hauptgerichte, von denen die Hälfte vegetarisch ist. Profis mit engem Zeitfenster INSIDER TIPP bestellen telefonisch vor, holen das Essen ab und setzen sich damit auf eine der Bänke rund um die Kirche St. Peter.

Ehrenfeld

€ Mo–Fr 12–18 Uhr | Subbelrather Str. 270 | Tel. 0221 2 50 77 62 | www.speisemeister.net | U 5, 13 Subbelrather Str./Gürtel (228 C2)

Essen ■■■ Ambiente ■■□ Service ■■□

OPEN AIR

BIERGARTEN AM AACHENER WEIHER

Der Biergarten, der zwölf Stunden Sonne verspricht und über bequeme Liegestühle verfügt, ist nach seinem Standort benannt. Während auf der Winterkarte Linsensuppe und andere Deftigkeiten stehen, wird der Sommer an einem der beliebtesten Orte der Stadt mit frischen Salatvariationen begangen.

Kwartier Latäng

Tgl. 11–24 Uhr | Richard-Wagner-Straße | Tel. 0221 5 00 06 14 | www.biergarten-aachenerweiher.de | U 1, 7 Moltkestraße (229 D5)

Essen ■□□ Ambiente ■■□ Service ■□□

BOOTSHAUS ALTE LIEBE

Das Sprichwort lügt: Diese Alte Liebe rostet ein wenig und hat stellenweise schön viel Patina angesetzt. Ist aber auch kein Wunder – sie stand schon zweimal in Flammen und wurde mehrfach von unachtsamen Schiffen gerammt. Das Essen ist nicht überwältigend und der Service an schönen Tagen manchmal überfordert. Dennoch ist das immer leicht schaukelnde Schiff an der Kölschen Riviera ein Muss. Mitten auf dem Rhein sitzen, Kölsch trinken und die Sonne neben dem Dom untergehen sehen – was will man mehr?

Rodenkirchen

Im Sommer tgl. ab 11, im Winter Di–Fr ab 12, Sa, So ab 11 Uhr | Rodenkirchener Leinpfad | Tel. 0221 39 23 61 | www.bootshaus-alte-liebe.de | U 16 Rodenkirchen (235 D6)

Essen ■□□ Ambiente ■■□ Service ■□□

BIERGARTEN IM CINENOVA

ÖKO Auch wenn ab und an mal ein Zug vorbeidonnert – die großzügige Terrasse mit gemütlichen Liegestühlen des dazugehörigen Arthouse-Kinos Cinenova (→ S. 43) ist so etwas wie ein heimeliger Ruhepol und ein beliebter Treff zum Chillen im ehemaligen Ehrenfelder Industriegebiet. Auf der Karte verlocken die Weine und viele einfallsreiche Crossover-Speisen mit Produkten aus meist biologischem Anbau, plus einige vegetarische Gerichte. Im Sommer spannendes Open-Air-Kino.

Ehrenfeld

Mo-Fr 15.30–1, Sa 14.30–1, So 14.30–23 Uhr | Herbrandstr. 11 | Tel. 0221 99 57 83 14 | www.cinenova.de | U 3, 4 Leyendeckerstraße (228 C2)

Essen ■■□ Ambiente ■■□ Service ■■□

HELLERS IM VOLKSGARTEN

Satte 650 Plätze direkt am See laden im Sommer zum entspannten Schmausen, Plauschen oder Lesen ein. Direkt gegenüber, auf der anderen Seeseite sorgt ein großer Spielplatz für die Bespaßung der Rasselbande. Die Speisenauswahl ist groß und variiert mit Schnitzeln, Steaks, Salaten und Pasta von deftig bis mediterran. Lecker ist der hausgemachte Kuchen, und auch die frisch gezapften ÖKO Biobiere aus der Hausbrauerei Heller sind nicht zu verachten.

Neustadt-Süd

Bei schönem Wetter tgl. ab 11.30 Uhr | Volksgartenstr. 27 | Tel. 0221 38 26 26 | www.hellers-volksgarten.de | U 12 Eifelplatz (233 E2)

Essen ■■□ Ambiente ■■□ Service ■■□

RATHENAUPLATZ

Eine Oase mitten im Trubel rund um die Feiermeile Zülpicher Straße ist der Biergarten am Rathenauplatz, der von den Anwohnern betrieben wird. Hier sitzt man an lauen Sommerabenden unter schattigen Platanen, nippt am süffigen Hellers, das drei Häuser weiter gebraut wird, und knabbert an Frikadelle oder Würstchen. Dann lässt man den Blick schweifen: Mal auf die Kinder auf dem benachbarten Spielplatz, mal auf die Boule-Spieler am anderen Ende, mal auf die prachtvollen Gründerzeit-Stadthäuser, die den Platz säumen. Und da ist es auch schon, das Gefühl: So geht kölsches Savoir-vivre.

Kwartier Latäng

April–Okt. tgl. 12–23 Uhr | Rathenauplatz | www.rathenauplatz.de | U 9, 12, 15 Zülpicher Platz (226 A5)

Essen ■■□ Ambiente ■■■ Service ■■□

RHEINTERRASSEN

»Ich bruch vom Balkon de Blick op de Dom«, heißt es in einem Klassiker der Höhner. Für alle, deren Wohnung nicht diesen Vorzug besitzt, gibt es ja noch die Rheinterrassen. Hier kann man feiern, preislich happiges Kölsch trinken, gar nicht mal so übel snacken, im benachbarten km689-Strandclub Beachvolleyball spielen oder versuchen, einen Terrassenplatz in einem der Strandkörbe an vorderster Front zu bekommen. Letzendlich zählen der einzigartige Blick auf Kölns Herz und Lebensader: Dom und Rhein. Sonntags wird ab 12 Uhr ein beliebtes Chill-Out-Breakfast für 24 Euro serviert.

Deutz
In der Sommersaison Mo–Sa 18–1, So 12–1 Uhr | Rheinparkweg 1 | Tel. 0221 65 00 43 21 | www.rhein-terrassen.de | U3, 4 Kölnmesse (230 C4)

Essen ■□□ Ambiente ■■■ Service ■■□

SEASIDE GARDEN

Der Seaside Garden im Club Astoria am Ufer des Adenauer-Weihers im Kölner Stadtwald punktet mit stilvollem Ambiente und lockerer Atmosphäre. Ob zur Erfrischung an warmen Tagen oder für gesellige Sommerabende am See – hier ist alles möglich. Kinder haben ebenfalls ihren Spaß. Die Wiese vor dem Weiher ist ideal zum Spielen und Toben. Gehobene Küche gibt es nebenan im Bistro-Restaurant des Club Astoria.

Lindenthal
Geöffnet je nach Wetterlage, aktuelle Infos auf der Homepage | Guts-Muths-Weg 3 | Tel. 0221 9 87 45 10 | www.club-astoria.eu | U 1 Rheinenergiestadion (236 C3)

Essen ■■□ Ambiente ■■□ Service ■■□

Authentische persische Küche für schmales Geld bietet das Sadaf

SÜNNER BIERGARTEN

Die Kinder toben im Sandkasten, die Eltern machen es sich am Tisch gemütlich, und wer Glück hat, ergattert einen Platz im Strandkorb: Hier lässt es sich aushalten! Vor allem, da die »älteste Kölsch-Brauerei der Welt« direkt nebenan liegt und man gut mit Flüssigem versorgt wird. Dass das Kölsch aus dem Hause Sünner seine Vorzüge hat, ist bekannt. Aber auch der hier destillierte

INSIDER TIPP Gin, Korn oder Limoncello ist ein Gläschen wert. Dazu kommt eine unspektakuläre, aber solide Brauhausküche. Bei Regen kann man sich schnell in den Brauhauskeller verziehen.

Kalk

Mo–Fr ab 16, Sa ab 12, So ab 11 Uhr | Kalker Hauptstr. 260–262 | Tel. 0221 98557400 | www.suenner-keller.de | U 1, 9 Kalk Kapelle (231 E5)

Essen ■■□ Ambiente ■■■ Service ■■□

BIERGARTEN AM YACHTHAFEN

200 Plätze an der Sonne hat der Biergarten in der Südstadt, der mit wunderschönem Domblick aufwarten kann. Das Besondere: Er ist nicht auf flacher Ebene errichtet, sondern befindet sich auf einer Treppenanlage. So genießt man als Besucher einen Hauch Domtreppenflair, während man sich das Kölsch schmecken lässt. So ansprechend wie die Lage ist auch das Unterhaltungsprogramm – von Livejazz bis Open-Air-Kino wird allerlei geboten.

Südstadt

Mo–Fr ab 19, Sa, So ab 12 Uhr | Harry-Blum-Platz 1 | Tel. 0163 3718661 | www.bay-cologne.de | U 15, 16 Ubierring (234 B1)

Essen ■□□ Ambiente ■■□ Service ■□□

PERSISCH

AL SALAM

Seit Jahren bietet das Al Salam konstant Topqualität und professionelle Gastlichkeit. Die Spitzenküche des Morgenlands wird im ersten Stock der festlich-aufgeräumten Lokalität zelebriert. Wem nicht nach Essen ist, der entspannt in einer der gemütlichen Sitznischen der Orient Lounge bei Tee und Wasserpfeife oder genießt an der Bar einen der hervorragenden Cocktails inklusive arabisch inspiriertem DJ-Sound.

Kwartier Latäng

€€ *Di–Fr 14.30–1, Sa, So 18–1 Uhr (Küche bis 22.30 Uhr) | Hohenstaufenring 22 | Tel. 0221 216713 | www.al-salam.de | U 9, 12, 15 Zülpicher Platz* (226 A5)

Essen ■■□ Ambiente ■■□ Service ■■□

SADAF

Der Zülpicher Platz ist zwar nur 200 m entfernt, doch von der Feiermeile bekommt man im Sadaf kaum etwas mit. So kann man sich besser auf das vorzügliche persische Essen konzentrieren. Das Khoresht (geschmortes Geflügel in Granatapfel-Nuss-Sauce) ist lecker. Auch der gegrillte Fisch und das Lamm aus dem Holzofen überzeugen. Zum Nachtisch ein Napeloni (mit Sahne und Rosenwasser gefülltes Blätterteigteilchen), und der Ausflug nach Persien war perfekt.

Altstadt-Süd

€–€€ *Mo–Sa 2–23, So 12–22 Uhr |*

MEINE STADT

▶ Für das Lieblingsgetränk der Kölner gilt die Kölsch-Konvention, der sich die größten Brauereien der Stadt angeschlossen haben. Kölsch muss zwingend aus Köln und Umgebung stammen und ist somit nicht nur eine Brauart, sondern steht wie Champagner für ein bestimmtes Herkunftsgebiet. Verboten sind laut Konvention »verwässernde« Namenszusätze wie »Echt Kölsch« oder »Original Kölsch«, zudem ist der Ausschank in »Kölsch-Stangen« vorgeschrieben.

Jahnstr. 20 | Tel. 0221 29 99 90 71 | U 9, 12, 15 Zülpicher Platz, U 9 Mauritiuskirche (226 B5)

Essen ■■□ Ambiente ■■□ Service ■■□

VEGAN & VEGETARISCH

BUNTE BURGER

ÖKO Die vegane Antwort auf den Burger-Hype überzeugt durch Vielfalt: Der Desperado Tex Mex Burger kommt z. B. mit karamellisierten Zwiebeln, Chilis, Avocado und Nachos. Hauptzutat: ein Brätling aus einer Polenta auf Basis schwarzer Bohnen. Das Trendlokal mit Terrasse ☀ ist biozertifiziert und wartet mit allen Attributen auf, die in der jungen Gastronomie en vogue sind: regional, saisonal und frisch.

Ehrenfeld

€€ *Di–Do 17–22.30 Fr, Sa 12–23, So 12–22 Uhr | Hospeltstr. 1 | Tel. 0221 59 55 60 88 | www.bunteburger.de | U 3, 4, 13 Venloer Straße* (228 C3)

Essen ■■□ Ambiente ■■□ Service ■■□

GOVARDHAN

Vegetarische Kochkunst nach ayurvedischen Prinzipien – das klingt einerseits furchtbar gesund, aber andererseits nicht unbedingt lecker? Wer solche Vorurteile hat, sollte dem Govardhan eine Chance geben. Im aufgepeppten Schnellrestaurant-Ambiente wird abwechslungsreiche indische Kost für Fleisch-Abstinenzler angeboten – zu enorm günstigen Preisen.

Kwartier Latäng

€ *Mo–Sa 12–22 Uhr | Roonstr. 3 | Tel. 0221 4 92 89 16 | www.govardhan-restaurant.net | U 12, 15, 16, 18 Barbarossaplatz* (226 A6)

Essen ■■□ Ambiente ■■□ Service ■■□

CAFÉ HIBISKUS

ÖKO Angenommen, man möchte im coolen Underdog Recordstore auf Vinylsuche gehen, die Begleitung aber verspürt darauf wenig Lust, so bietet sich mit dem angrenzenden Café Hibiskus eine familienfreundliche Lösung an: Das Lokal erfreut mit seinem gemütlichem Innendesign in ruhigen Pastellfarben. Mittags steht zur Stärkung z. B. eine deftige vegane Quiche bereit, später wird Kuchen serviert. Der Kaffee ist fair gehandelt und stammt aus der Kölner Rösterei Moxxa.

Neustadt-Nord

€ *Di–So 12–18 Uhr | Ritterstr. 52 | Tel. 0151 54 15 19 96 | www.cafehibiskus.de | U 12, 15 Hansaring* (229 F3)

Essen ■■□ Ambiente ■■□ Service ■■□

MEI WOK

ÖKO Im MeiWok wird komplett vegan gekocht, ohne Eier und Milchprodukte.

Im rustikalen Ambiente des Rotkehlchen sitzt es sich richtig gemütlich

Obst und Gemüse kommen vom Biolieferanten, genauso wie ein Großteil des Tofus und Tempehs. Die Küche springt von Vietnam (Summer Rolls) über Thailand (Pad-Thai-Nudeln) nach China (Glasnudeln mit Wokgemüse) und Japan (Ramen-Nudeln). Auch Salate und Suppen sind im Angebot. Als Nachtisch lockt der Klebreiskuchen mit Kokossauce.

Ehrenfeld

€–€€ Mo–Fr 12–22, Sa, So 13–22 Uhr | Venloer Str. 384 | Tel. 0221 96 26 97 07 | koeln.meiwok.de | U 3, 4, 13 Venloer Str./Gürtel (228 C4)

Essen ■■□ Ambiente ■■□ Service ■■■

OSHO'S PLACE

ÖKO Neben indischen Gerichten stehen in diesem Selbstbedienungsrestaurant Hausmannskostbarkeiten wie Tofu-Bratwürstchen oder Seitan-Schnitzel auf dem täglich wechselnden Speiseplan. Dazu kommen ein üppiges Salat- und Antipasti-Büfett sowie eine Nachtisch-Auswahl. Und ab 18 Uhr erhalten Studenten 10 Prozent Rabatt.

Belgisches Viertel

€–€€ Mo 12–18, Di, Do 8–22, Mi 8–23, Fr, Sa 8–24, 8–18 Uhr | Venloer Str. 5–7 | Tel. 0221 8 00 05 81 | www.oshos-place.de | U 3–5, 12, 15 Friesenplatz (229 E4)

Essen ■■■ Ambiente ■□□ Service ■■□

ROTKEHLCHEN ★

Freigelegte Backsteinwände, alter Steinboden und eine charmant improvisierte Einrichtung – damit eroberte das gemütliche Bistro-Café die Herzen seiner Gäste im Sturm. Inhaberin Kete Preising serviert nicht nur einen der besten Kaffees des Veedels, sondern auch köstliche vegetarische und vegane Speisen. Sowohl das Frühstücksangebot als auch die wechselnden Tagesgerichte – z. B. Erdnusscurry mit Seitan, Spaghetti mit Sojabolognese oder Süßkartoffelcremesuppe mit Ziegenkäse – sind mit viel Liebe zubereitet. Süße Schleckermäuler werden bestimmt von den Muffins, Pancakes und den selbst gebackenen Kuchen begeistert sein.

Ehrenfeld

€ Di–Fr 9–19, Sa, So 10–19 Uhr | Venloer Str. 400 | www.facebook.com/CafeRotkehlchen | U 3, 4 Leyendeckerstraße (228 C3)

Essen ■■□ Ambiente ■■□ Service ■■□

SAINT LOUIS

ÖKO Salate und Suppen gibt es überall. Das Saint Louis aber zelebriert parallel dazu die Renaissance der Stulle, die hier beispielsweise mit Feta-Guacamole oder mit Paprikamousse originell und lecker belegt ist. Zum kulinarischen Gesundheitsprogramm gehören auch Smoothies und Kaffee aus der Kölner Rösterei Heilandt. Selbstverständlich ist der Anteil vegetarischer und veganer Gerichte beträchtlich.

Deutz

€ Mo–Fr 8–19 Uhr, Sa 9–18 Uhr | Deutzer Freiheit 89 | Tel. 0221 99 75 66 50 | www.saintlouisonline.de | U 1, 7, 9 Deutzer Freiheit (230 C5)

Essen ■■□ Ambiente ■■□ Service ■■□

SIGNOR VERDE

ÖKO Auch Veganer kommen am globalen Burger-Hype nicht vorbei. Das beweist zumindest ein Blick auf die Karte von Signor Verde, dem nach eigenen Angaben dienstältesten veganen Restaurant Kölns. In behaglicher Café-Atmosphäre werden hier auch Suppen, Baguettes und Salate serviert. Besonders beliebt ist INSIDER TIPP das vegane »Vrüh- und Spätstück«, ein Brunch, der sonntags von 11 bis 14 Uhr bestellt werden kann.

Kwartier Latäng

€ Di–Fr 12–22, Sa 11–22, So 11–18 Uhr | Otto-Fischerstr. 1 | Tel. 0163 843 66 54 | signorverde.wordpress.com | U 12, 15, 16, 18 Barbarossaplatz (229 D6)

Essen ■□□ Ambiente ■■□ Service ■□□

WELL BEING

ÖKO Das vegane Restaurant bietet gesunde asiatische Kochkunst, wobei der Schwerpunkt auf vietnamesischen Gerichten liegt. Verwendet werden ausschließlich frische und leichte Zutaten – möglichst aus Bioanbau. Geschmacksverstärker, künstliche Zusatzstoffe und genveränderte Lebensmittel sind selbstredend tabu.

Belgisches Viertel

€–€€ Di–Fr 11.30–15 u. 17–22, Sa 12–22, So 12–22 Uhr | Brabanter Str. 9 | Tel. 0221 29 92 56 82 | www.wellbeing-koeln.de | U 1, 7, 12, 15 Rudolfplatz (226 A3)

Neustadt-Süd

Mo–Fr 11.30–15 u. 17–21.30, Fr, Sa 14–22 Uhr | Kleiner Griechenmarkt 23/25 | Tel. 0221 99 75 88 01 | U 1, 3, 4, 7, 9, 16, 18 Neumarkt (226 C5)

Essen ■■□ Ambiente ■□□ Service ■■□

ZIKADE

ÖKO ☀ Seit 1980 gibt es die Zikade, die Kochcrew hat seitdem zwar mehrmals gewechselt, das Konzept ist aber gleich geblieben: Hier gibt es frische, gesunde und günstige Gerichte aus hochwertigen (Bio-)Zutaten, die satt machen: Salate, Eintöpfe und Aufläufe, Getreidefrikadellen, Quiches und Tartes. Ab und zu verirren sich auch Hühnchen und Fisch auf die täglich wechselnde Speisekarte. Dazu kommen ein solides Frühstück, feiner Kaffee und leckere, weil frisch gepresste Obst- und Gemüsesäfte.

Südstadt

€ Mo–Fr 8.30–20, Sa bis 19 Uhr | Kurfürstenstr. 2a | Tel. 0221 311591 | www.cafezikade.de | U 15, 16 Chlodwigplatz (234 B2)

Essen ■■□ Ambiente ■■□ Service ■■■

WEINLOKALE

BACCHUS

Liebevoll ausgesuchte Weine mit hohem Anteil aus deutschen Landen, dazu eine Küche, die auch schon saisonal gedacht

Im Signor Verde gibt es Salate auf Wunsch vegan

hat, bevor die Vokabel panglobal überstrapaziert wurde. Will heißen: Im Frühling kommt Spargel auf den Teller, im Herbst Pilzgerichte und zum Jahresende Wild. INSIDER TIPP An lauen Sommerabenden gehört die Terrasse mit Blick auf den Rathenauplatz zu den schönsten Orten der Stadt.

Quartier Latäng

€€–€€€ Mo–Sa 18–0 Uhr | Rathenauplatz 17 | Tel. 0221 21 79 86 | www.weinstubebacchus.de | U 9, 12, 15, 16, 18 Zülpicher Platz (229 D6)

Essen ■■□ Ambiente ■■□ Service ■■□

PRADELS

Martin Pradel bietet in seinem Weinbistro, einem der wenigen dieser Art in Köln, eine Küche ohne viel Schnickschnack, die seine Weine gut zur Geltung bringt. Am komplexesten klingt noch das Kartoffelrisotto-Endiviensalat-Untereinander, das Karnivoren bei Bedarf mit Mettwurst anreichern können. Viele Zutaten kommen aus dem angegliederten Feinkostgeschäft.

Sülz

€€–€€€ Mo–Sa Küche 11–22, geöffnet bis 23 Uhr | Gottesweg 157 | Tel. 0221 46 00 90 80 | www.pradels.de | U 18 Sülz Arnulfstraße (233 D3)

Essen ■■□ Ambiente ■■□ Service ■■□

SORGENFREI

Ein Dorado für vinophile Feinschmecker, mit blank geschrubbten, geschliffenen Holztischen und wunderbar mediterraner Stimmung. Die internationale Küche wird dank des angegliederten Weinhandels von hervorragenden Tropfen begleitet. Der aufmerksame Service punktet durch unkomplizierte Herzlichkeit. Die Gäste können mittags wie abends Menüs wählen oder Gerichte à la carte bestellen. Auf der Speisekarte könnten z. B. Salsiccia mit Tomaten-Mayonnaise, gebrannte Fenchelcreme mit Erbsen und Pernod sowie Entenbrust mit Spargelragout und Topinambur stehen.

Belgisches Viertel

€€–€€€ Mo–Fr 12–15 u. 18–24, Sa 18–24 Uhr | Antwerpener Str. 15 | Tel. 0221 3 55 73 27 | www.sorgenfrei-koeln.com | U 3–5, 12, 15 Friesenplatz (226 A2)

Essen ■■□ Ambiente ■■□ Service ■■■

WEIN AM RHEIN

Ein erstklassiges Weinlokal, das kulinarisch und optisch etwas hermacht. Dank Wandteppichen mit stilisierten Weinbergen und von der Decke hängenden Stoffbahnen als Wolken sitzt man hier wie mitten im Weinberg. Mit seinem atemberaubenden Angebot – auf der Karte sind sagenhafte 1100 Positionen gelistet, davon 30 offene Weine – hat sich das Restaurant ruckzuck zu einem angesagten Gourmettempel gemausert. Die Küche bietet moderne, regionale Speisen zu gehobenen Preisen – mittags allerdings zahlt man für ein Zwei-Gänge-Menü nur 16,80 Euro.

Altstadt-Nord

€€ Di–Fr 12–14 u. Di–Sa 18–22 Uhr | Johannisstr. 64 | Tel. 0221 91 24 88 85 | www.weinamrhein.eu | S 6, 11–13 Köln Hbf. (227 E1)

Essen ■■■ Ambiente ■■□ Service ■■□

Wein am Rhein: Wo Kenner über feinste Tropfen fachsimpeln können

Einkaufen

Originelle Boutiquen und Designerläden, Feinkostgeschäfte mit liebevoll zusammengestelltem Sortiment oder Fachgeschäfte für Vinyl: in Köln zu shoppen, begeistert!

Vom beschaulichen Ein-Mann-Laden bis hin zum Flagshipstore einer internationalen Trendmarke, vom hippen Szeneladen bis hin zum Traditionsbetrieb, vom Luxusartikel bis hin zum Superschnäppchen: Shoppen in Köln hat viele Gesichter. Das gute alte Kaufhaus gilt zwar als Relikt von gestern, das Prinzip der breiten Angebotspalette und des (Fast-)Alles-unter-einem-Dach ist aber aktueller denn je. Das merkt man, wenn man durch Kölns Läden zieht: In der Fifties-Boutique gibt es auch Postkarten und Bierdeckel (*Miss Meany* → **S. 136**), im Skaterladen können Sie Ihre Wäsche waschen (*Cleanicum* → **S. 132**), das Spa bietet Hundeleinen und Gurkenhobel an (*Kenkawai* → **S. 122**). Und dann sind da ja noch all die tollen Chichi-und-mehr-Läden, die in ihrem Bereich durchaus Kaufhaus-Charakter haben: Bei *Franta* → **S. 127** gibt es Deko und Automaten aller Art. *Papelito* → **S. 120** führt alles rund ums Schreiben und Verpacken. Und im *Music Store* → **S. 137** werden Drummer, DJs und Panflötisten gleichermaßen glücklich.

ACCESSOIRES

GÖ LEDERMANUFAKTUR

Diesen kleinen Laden in der Kölner Südstadt zu betreten, ist in jeder Hinsicht ein Erlebnis: Zum einen kann man hier tatsächlich noch einer Taschenmacherin bei der Arbeit über die Schulter schauen und zusehen, wie sie feinstes Rindsleder mit winzigen Stemmeisen, Zangen und Pickeln bearbeitet. Vor allem aber bestaunt man ihre Produkte: elegante,

Bei Blumen Rosinski sind die üppigen Pflanzen wirklich noch Naturprodukte – ohne Chemiebehandlung

zeitlos schöne Ledertaschen, Portemonnaies, Brieftaschen, Etuis und Gürtel – handgemachte Unikate, die zwar nicht gerade billig, aber wirklich jeden Cent wert sind.

Südstadt

Di, Mi 10–13.30, Do, Fr 10–18, Sa 11–14 Uhr | An der Eiche 9 | Tel. 0221 2 05 45 98 | www.goe-ledermanufaktur.de | U 3, 4 Severinstraße (234 B1)

HACK

Lederware, die weder zum Bikertreff noch zum Oktoberfest passt: Schon wegen der Jacken, Hosen und Röcke lohnt sich ein Besuch. Noch schöner (und beliebter) ist die Taschenkollektion. Hier sind Handtaschen aus sämisch gegerbtem Hirschleder, Einkaufstaschen aus Segeltuch oder originale Briefträgertaschen der britischen Post zu haben. Auch preislich gefällt das Angebot: So gibt es die aufgearbeitete, knapp 50 Jahre alte Leder-Leinen-Tasche aus Beständen der Schweizer Armee für 78 Euro.

Belgisches Viertel

Mo–Fr 11–13.30 u. 14–19, Sa 11–16 Uhr | Maastrichter Str. 22 | Tel. 0221 2 40 92 21 | www.lederware.de | U 1, 7, 12, 15 Rudolfplatz (226 A3)

SANTA ROSA

Die Aachener Straße ist fest in Händen der Gastronomie. Nur ein Laden fällt zwischen den vielen Restaurants auf. In Anlehnung an den Namen der Besitzerin heißt er Santa Rosa. Stilistisch ist er von Neobarock und Pop-Art geprägt, und auch das Warenangebot ist breit gefächert. Die Kundinnen kommen hierhin, um sich mit Schmuck, Hüten oder Portemonnaies einzudecken, oder was sonst noch unter den Oberbegriff Accessoires fällt. Alles ist verspielt.

Belgisches Viertel

Mo–Fr 12–20, Sa 11–19 Uhr | Aachener Str. 32 | Tel. 0221 17 06 79 77 | www.santa-rosa.eu | U 1, 7, 12, 15 Rudolfplatz (229 D–E5)

AUSGEFALLENES

BLUMEN ROSINSKI

ÖKO Rudolf Rosinskis Antwort auf den immer inflationärer betriebenen Einsatz von Kunstdünger und chemischen Pflanzenschutzmitteln ist die Bioblume. In seinem ökologisch vorbildlich geführten Betrieb in Nippes verkauft er ausschließlich Blumen aus biologischem Anbau. Der Hauptanteil seiner Ware stammt aus INSIDER TIPP regionaler Produktion, der Rest von einem befreundeten Lieferanten aus Ecuador. Ein Besuch des betriebseigenen

Gartens lohnt sich! Bei einem kostenlosen Kaffee vor Ort – selbstverständlich in Fair-Trade- und Bioqualität – kann man sich von der Strahlkraft und dem betörendem Duft der naturbelassenen Blumen überzeugen.
Nippes
Mo–Fr 9–19, Sa 9–16 Uhr | Simon-Meister-Str. 18 | Tel. 0221 7 39 16 17 | www.blumenrosinski.de | U 12, 15 Florastraße (229 F1)

BUEGEL.BAR

NEU Im Gottesweg in Zollstock ist eine kleine Boutique zu bewundern, die seit dem Design-Parcours Passagen 2016 mit der Neuinterpretation eines weithin unterschätzten Accessoires auftrumpft: dem Bügelbrettbezug. Das allgegenwärtige Blümchenmuster wird hier gegen Muster mit popkulturellen Bezügen ausgetauscht und das Bügelbrett damit in ein Möbelstück verwandelt, das sich absolut sehen lassen kann. Auch T-Shirts gehören zum Angebot des orignellen Ladens.
Zollstock
Öffnungszeiten nach Vereinbarung | Gottesweg 35 | Tel. 01573 433 40 77 | www.buegel.bar | U 12 Gottesweg (233 E3–4)

FRAUKAYSER

Ein Geschirrtuch, auf dem »Spül mir das Lied vom Tod« oder »Scheiß Hausarbeit« steht? Ein Babyfläschchenwärmer aus Filz, der »Schnitzel mit Pommes« verheißt? Fraukayser hat den Dreh raus, wie man einfache Gebrauchsgegenstände mit einem Spruch zu etwas ganz Besonderem macht. Hier gibt es Schlüsselbänder, Babysachen, Schürzen und gerahmte Bilder mit mehr oder weniger sinnhaften Einzeilern. Auch Wunschstickereien sind möglich. Gute Adresse für Leute, die ein Geschenk suchen.
Belgisches Viertel
Mo–Sa 12–19 Uhr | Maastrichter Str. 40–44 | Tel. 0221 8 23 20 07 | www.

MARCO POLO HIGHLIGHTS

★ **Le Pop Lingerie**
Diane-Sophie Durigon erfüllt Unterwäsche-Träume. Schön sind die Stücke, sexy, und sie haben immer das gewisse Etwas → S. 126

★ **5qm**
Mal hip, mal retro, mal durchgeknallt: Diese Tapetenboutique sorgt für Stil in den eigenen vier Wänden → S. 126

★ **Kölner Weinkeller**
Der Gewölbekeller unter einem Industriegebiet ist kurios und das Geschäft überzeugt mit riesigem Angebot und jeder Menge Sachverstand → S. 130

★ **Ehrenfeld Apparel**
Lokalpatriotismus gehört zu Köln wie Dom und Rhein. Die coole Textilvariante davon gibt es hier → S. 133

★ **L'Éphémère**
Französischer Chic im Belgischen Viertel: das Idealbild einer kleinen, geschmackvollen Boutique → S. 133

★ **Parallel Schallplatten**
Die Schallplatte feiert ihr Comeback. Nicht nur Nerds stehen auf das »schwarze Gold«, das es in diesem Laden in einer beeindruckenden Bandbreite gibt → S. 137

Zum Sprüchedrücken: Bei Fraukayser gibt es z. B. mit witzigen Zeilen versehene Kissen

boutique-fraukayser.de | U 1, 7 Moltkestraße (229 D5)

INSIDER TIPP **FRAU MARZI UND DER BUNTE HUND**

Do-it-yourself boomt, immer mehr Kölner machen Kleidungsstücke für sich und die Lieben selbst. Dabei stehen sie früher oder später alle vor denselben Fragen: Wo gibt es schöne Stoffe und Schnittmuster? Und wie kriege ich die Nähmaschine dazu, das zu machen, was sie soll? Frau Marzi weiß auf alle diese Fragen Rat. Sie gibt Nähkurse (schon für Teilnehmer ab 9 Jahren) und hat für jeden ihrer Kunden ein nettes Wort.

Sülz

Di–Fr 11–14 u. 15–18, Sa 12–15 Uhr | Berrenrather Str. 206 | Tel. 0221 78 94 13 04 | www.frau-marzi-und-der-bunte-hund.blogspot.de | U 18 Arnulfstraße (232 C2)

HAUS DER 10 000 PFEIFEN

Tabakkonsum mag heute nur noch wenig gesellschaftsfähig sein. Wer sich dem Laster dennoch verbunden fühlt, stößt im Geschäft von Peter Heinrichs auf eine wahre Fundgrube von Hardware (Pfeifen) und Software (Tabak, Zigarren). Das Sortiment ist riesig, Kaffee gibt es auch, und der Besuch kommt einem Stück Kulturgeschichte gleich. Der Eigentümer, Kölsches Original und pfiffiger Unternehmer, machte schon als junger Mann mit Zigarettenautomaten gute Geschäfte.

Innenstadt

Mo–Fr 6–20 | Sa 7–18 Uhr | Hahnenstr. 10 | Tel. 0221 25 62 31 | www.peterheinrichs.de | U 1, 3, 4, 5, 7, 9, 16, 18 Neumarkt (226 C4)

MAJESTY PAPER

Der Name und das helle, stilvolle Interieur deuten schon an, dass es hier Produkte von königlicher Qualität gibt. Wer individuelles Geschenkpapier kaufen möchte oder einen original englischen Motivstempel, ist bei Majesty Paper genauso richtig wie der passionierte Briefeschreiber auf der Suche nach individuellem Papier. Sie können sich auch Einladungs- und Visitenkarten, Fotoalben und Kalender anfertigen lassen.

Innenstadt

Di–Fr 10–19, Sa 11–17 Uhr | Gertrudenstr. 20 | Tel. 0221 93 72 99 73 | www.majestypaper.com | U 1, 3, 4, 7, 9, 16, 18 Neumarkt (226 B3)

MASCHENKUNST

Stricken ist längst kein Oma- oder Öko-Hobby mehr, sondern auch in hippen Kreisen angesagt. Den Beweis liefert dieser Laden: Bei Maschenkunst gibt es die beste und schönste Wolle- und Garnauswahl der Stadt. Inhaberin Daniela Johannsenova bietet Kurse für Anfänger und Fortgeschrittene an, veranstaltet jeden Sommer Deutschlands größtes »Wollfestival« , und es gibt sogar einen INSIDER TIPP Männerstricktreff.

Neustadt-Nord

Di–Fr 11–19, Sa 11–17 Uhr | Christophstr. 9–11 | Tel. 0221 2 78 34 89 | www.maschenkunst.de | U 12, 15 Christophstr./ Mediapark (226 B1)

PAPELITO

Diese Papeterie kann man gar nicht verlassen, ohne etwas zu kaufen. Hier findet man alles, was man zum Schreiben braucht: vom Pinsel bis zur Schablone, vom Büttenpapier bis zum edlen italienischen Füller, von der Kladde bis zum Mäppchen. Man kann sich Bücher in Kleinstauflage binden oder persönliche Siegel und Stempel anfertigen lassen. Außerdem gibt es jede Menge hübschen Retro-Kram: Aufziehroboter aus Blech, bunte Kaleidoskope, Schneekugeln und Mobiles.

Kwartier Latäng

Mo–Fr 12–20, Sa 12–17 Uhr | Zülpicher Str. 11 | Tel. 0221 2 40 97 86 | www.papelito-koeln.de | U 9, 12, 15 Zülpicher Platz (226 A6)

PIN-UP

Das Mekka für alle Comicfans! Der seit 1984 existierende Spezialist hält das komplette Angebot an deutschsprachigen Comics bereit – alle Superheldenserien, Mangas, Alben und Independentverlage – und eine Riesenauswahl an US-Comics. Dazu Action-, Fantasy- und Filmfiguren, Poster, Postkarten sowie ein Zeitschriften- und Zeitungsantiquariat der letzten 100 Jahre. Eine Fundgrube! Auf der Homepage des Ladens erfahren Sammler, INSIDER TIPP welche Comic-Neuheiten gerade eingetroffen sind.

Neustadt-Nord

Mo–Fr 11–18.30, Sa 10–16 Uhr | Ritterstr. 44 | Tel. 0221 13 68 03 | www.pinupcomic.de | U 12, 15, S 6, 11–13 Hansaring (229 F3)

TRAUMATHEK

Die Filme im Original mit verschiedensprachigen Untertiteln? Die Traumathek hält nun schon seit über 20 Jahren eine sorgfältig kuratierte Sammlung von Kunstfilmen bereit. Film- und Serien-Junkies können auf eine Flatrate zurückgreifen. Zum Inventar gehört auch ein Café, wo man in Ruhe mit anderen Cineasten plaudern kann.

Innenstadt

Mo–Do 12–22, Fr, Sa 12–23, So 15–21 Uhr | Engelbertstr. 45 |Tel. 0221 240 47 95 | www.traumathek.de | 1, 7, 12, 15 Rudolfplatz (229 E5)

UNSER ONKEL

ÖKO Wer dieser Onkel ist? Na, der Mann von Tante Emma. Er kehrt von seinen

Reisen immer mit hübschen Mitbringseln nach Hause zurück, legt Wert auf Handwerk und Qualität, mag Kinder und Selbstgemachtes. In diesem sehr netten und geschmackvollen Laden finden Sie Picknickdecken, hölzerne Wandkalender, Trinkflaschen, Blümchensamen, die im Ei gezogen werden, Kosmetik von Dr. Bronner's, Kunstdrucke, Comics, Zeitschriften und ganz bestimmt Ideen für ein Geschenk. Auch toll: Die Artikel sind nach Möglichkeit bio und fair gehandelt.

Belgisches Viertel

Do–Fr 13–18.30, Sa 12–16 Uhr | Lindenstr. 11 | Tel. 0221 33 77 07 80 | www.unseronkel.de | U 1, 7, 12, 15 Rudolfplatz (226 A4)

Eine herrschaftliche Papierauswahl hat Majesty Paper – nicht nur für Blaublüter, of course

UTENSIL

In der ehemaligen türkischen Metzgerei geht es heute ganz puristisch zu. Ebenso schlichte wie funktionale und noch dazu wunderschöne Utensilien aus der Industrie- und Küchenwelt füllen den cool gekachelten Laden von Designerin Anna Lederer. Metallene Flaschen- und Zeitschriftenhalter, Arbeitsleuchten aus Bakelit, Hocker aus Aluminium, Büroaccessoires, Kleidung und – last but not least – die namensgebenden Regalelemente »Utensil« aus schwarz durchfärbtem MDF sind die Klassiker des Hauses.

Ehrenfeld

Di–Fr 12–19, Sa 12–16 Uhr | Körnerstr. 21 | Tel. 0221 16 83 16 73 | www.utensil-shop.de | U 3, 4 Körnerstraße (228 C3)

BEAUTY

CC CLAUDE COSMETICS

ÖKO Schönheit, Pflege, Wohlbefinden – das sind die drei Säulen, auf denen das Konzept von CC Claude Cosmetics aufbaut. Der Schwerpunkt liegt auf Anti-Aging und Wellness. Frau kann also sicher sein, dass die Produkte und die Beratung in puncto Faltenbehandlung,

Naturschön: mit ruhigem Gewissen gut aussehen

Hautalterung und Stoffwechselkuren immer dem neuesten Stand der Forschung entsprechen. Außerdem werden hier viele Artikel von Jean Pütz' Hobbythek hergestellt – vom Mottenschutz bis zum Shampoo-Baukasten.

Innenstadt

Mo–Fr 10–20, Sa 11–17 Uhr | Offenbachplatz 3 | Tel. 0221 35 20 72 | www.claude-cosmetics.de | U 3, 4, 5, 16, 18 Appellhofplatz (229 F5)

JUST NATURE

ÖKO Ob in der Schweiz oder den USA, ob in Deutschland oder Indien: Bei Just Nature macht man sich weltweit auf die Suche nach Kosmetik und Pflegeprodukten, die gut riechen, gut aussehen und natürlich-organisch produziert werden. Besonders die Haare stehen hier im Mittelpunkt: Die Palette der pflanzlichen Färbemittel ist groß, es wird kompetent beraten, frisiert und geschnitten. Und wer will, kann hier seine Behandlung auf den Mondkalender abstimmen.

Innenstadt

Mo–Sa 11–19 Uhr | Ehrenstr. 40 | Tel. 0221 2 77 46 47 | www.just-nature.eu | U 1, 7, 12, 15 Rudolfplatz (226 B3)

Nippes

Mo–Fr 10–18.30, Sa 9–15 Uhr | Neusser Str. 293 | Tel. 0221 29 79 09 99 | U 12, 15 Florastraße (230 A1)

KENKAWAI

Store oder Spa? Bei Kenkawai ist das schwer zu entscheiden. Einerseits können Sie sich hier von Kopf bis Fuß pflegen und mit den besten ÖKO Naturprodukten verwöhnen lassen. Andererseits ist der Laden auch eine Top-Shoppingadresse für wertig-minimalistische, meist japanische Produkte: Geldbörsen und Spülmittel, Gurkenhobel und Hundeleinen, Magazine und Wanduhren.

Belgisches Viertel

Mo–Fr 11–20, Sa 11–18 Uhr | Brüsseler Str. 85 | Tel. 0221 82 82 20 92 | www.kenkawai.com | U 3–5 Hans-Böckler-Platz (229 D4)

NATURSCHÖN

ÖKO Natürliche Schönheit kommt von innen. Und genau darauf hat man sich bei »Naturschön« spezialisiert. Die Kosmetikprodukte werden ausschließlich aus natürlichen Rohstoffen hergestellt, außerdem wird bei der Produktion auf umweltfreundliche Bedingungen geachtet. Man kann also guten Gewissens etwas tiefer in den Cremetiegel langen.

Sülz

Mo 14.30–18.30, Di–Fr 10–13.30 u. 14.30–18.30, Sa 10–14.30 Uhr | Luxemburger Str. 273 | Tel. 0221 4 30 72 64 | www.naturschoen.com | U 18 Sülzburgstraße (232 C3)

PARFÜMERIE P. MÖLTGEN

Mit einer geradezu gigantischen Auswahl an Markenparfüms und hochwertigen Kosmetikartikeln wird auf vier Etagen ins Reich der Schönheit und Pflege entführt. Vom Champagner-Make-up bis zur Aloe-vera-Behandlung – das Fachpersonal informiert stets über die neuesten Trends und Produkte. Und das Beste ist: Die Artikel sind hier meist günstiger als anderswo! In der benachbarten Beauty-Akademie werden zahlreiche Seminare zum Thema Pflege und Make-up angeboten.

Altstadt-Nord

Mo–Do, Sa 10–19, Fr 10–20 Uhr | Ehrenstr. 55 | Tel. 0221 2 57 32 08 | www.parfuemerie-moeltgen.de | U 3–5, 12, 15 Friesenplatz (226 B3)

SALON ZWEI

ÖKO Das Credo von Claudia Schaaf, ihres Zeichens Maskenbildnerin für bewegte und unbewegte Bilder, lautet: »Die wahre Schönheit liegt darin, dass wir unperfekt sind.« In ihrem nostalgischen »Schminksalon und Kaufladen für schöne Dinge« verkauft sie vegane, ökologische und tierversuchsfreie Kosmetik, Schminkutensilien und Accessoires sowie Seifen, diverse Magazine, Comics, Illustrationen, Kinkerlitzchen, Unikate und ausgefallene Kleinserien innovativer Nachwuchsdesigner. Zudem bietet sie individuelle Beautyberatung und einen Profi-Schminkservice für alle Anlässe.

Ehrenfeld

Di–Fr 12–19, Sa 12–16 Uhr | Gutenbergstr. 2/Ecke Venloer Str. | Tel. 0221 51 33 03 | www.salon2.de | U 3, 4 Piusstraße (228 C3)

DESSOUS

DEMET TAHA

Hier wird das Einkaufen von Wäsche zum Event: Kölns einzige Designerin, die sich auf Dessous und Bademoden spezialisiert hat, bietet ausgesucht zarte Gewebe. Anprobieren können Sie die originelle Wäsche in dem angenehmen, fast privaten Ambiente der Läden. Neben den Wäscheunikaten gibt es Dessous, Strumpf- und Bademode namhafter Hersteller. In der Filiale Taha & König können auch die Herren der Schöpfung Edles für drunter erwerben.

Belgisches Viertel

Mo–Fr 11–19, Sa 10.30–17 Uhr | Moltkestr. 151 | Tel. 0221 5 71 67 88 | www.tahamode.de | U 3, 4 Hans-Böckler-Platz/Bf. West (229 D4)

Belgisches Viertel

Taha & König: Mo–Fr 11–19.30, Sa 11–18 Uhr | Bismarckstr. 34 | Tel. 0221 69 03 78 80 | U 3–5, 12, 15 Friesenplatz (226 A2)

Belgisches Viertel

Mo–Fr 11–19.30, Sa 11–18 Uhr | Venloer Str. 1–3 | Tel. 0221 16 86 66 64 | U 3–5, 12, 15 Friesenplatz (226 A2)

KÖLNER WÄSCHEHAUS

Lassen Sie sich nicht vom Namen täuschen, der an Fünfziger-Muff und Liebestöter erinnert: Im Kölner Wäschehaus ist man in der heutigen Zeit

SONNTAGS EINKAUFEN

ARAL-TANKSTELLE RIEHLER STRASSE

Sie wollen spontan am Rheinstrand in Riehl grillen, haben aber nichts da? Kein Problem, alles dafür gibt es auf dem Weg bei dieser Tankstelle. Seit dort Rewe to go eröffnet hat, ist das Angebot noch größer. Obst und Joghurt, Salat und Sushi, Wraps und Schnitzel: Hier ist fast die ganze Supermarktpalette erhältlich – allerdings zu Tankstellenpreisen.

Neustadt-Nord

Tgl. 0–24 Uhr | Riehler Str. 12–14 | Tel. 0221 9 72 60 40 | U 12, 15, 16, 18 Ebertplatz (230 B3)

DINGER'S GARTENCENTER

Sonntagmorgens kommt Ihnen die Idee: Sie möchten einen Ziergarten anlegen! Ach, und eine neue Hecke wäre auch mal wieder nötig. Nicht zu vergessen die Kräuter auf dem Balkon, die müssten ergänzt werden. Für diese und viele weitere botanische Aufgaben sind Sie im riesigen Glaspalast bei Dinger's richtig. Aber auch, wenn Sie nur ein paar schöne Blümchen als Mitbringsel brauchen.

Vogelsang

März–Juni u. Okt.–Dez. Mo–Fr 9–19.30, Sa 9–18, So 11–16 Uhr | Goldammerweg 361 | Tel. 0221 9 58 47 30 | www.dingers.de | U 3, 4 Bocklemünd (236 C3)

HAUPTBAHNHOF

Blumen, Zeitschriften und Zigaretten gibt es in fast jedem Bahnhof. Aber Kosmetik von Bodyshop? Glutenfreie Kekse aus dem Reformhaus? Modeschmuck von I am, Six oder Accessorize? Parfüm von Douglas? Deko von Nanu-Nana? Schreibwaren von McPaper? Klamotten von Esprit oder 7th Main Street? Taschen von Picard? Handys? Obst? Ganz zu

schweigen von den Imbissen, Bäckereien, Cafés und Restaurants! Mit diesem Angebot punktet der Hauptbahnhof.

Innenstadt

Öffnungszeiten s. www.einkaufsbahnhof.de/koeln-hauptbahnhof | Trankgasse 11 | U 5, 16, 18 Dom/Hbf. (227 E1–2)

KIOSK EM VEEDEL

Klar, Kölsch gibt es an jedem Büdchen. Aber wäre es nicht toll, zum Tatort eine Flasche »Tusker« zu trinken, das im Kenia-Urlaub so geschmeckt hat? Oder schottisches Starkbier, indisches Lager, tschechisches Pilsner? Dieser Südstadt-Kiosk (Foto re.) verkauft 450 Biersorten aus aller Welt. Auch deutsche Schlager werden hier widerlegt: Natürlich gibt es Bier auf Hawaii: INSIDER TIPP Kona heißt es und schmeckt ziemlich malzig.

Südstadt

Mo–Fr 6–1.30, Sa 6–2.30, So 9.30–1 Uhr | Severinstr. 97 | Tel. 0221 39 76 08 82 | U 3, 4 Severinstraße (230 A1)

REWE AM FLUGHAFEN

Der Supermarkt am Terminal 1C am Kölner Flughafen hat sieben Tage in der Woche rund um die Uhr geöffnet. Das freut die Anwohner im Rechtsrheinischen, ist aber auch praktisch, wenn man auf dem Nachhauseweg vom Sonntagsausflug beschließt, dass es abends statt einer Bestellpizza doch lieber etwas selbst Zubereitetes geben soll.

Wahn

Tgl. 0–24 Uhr | Kennedystr./Terminal 1C | Tel. 02203 1 80 01 89 | S 13 Köln/Bonn Flughafen (237 D3)

SCHLECHTRIMEN

Schon in der dritten Generation versorgt Familie Schlechtrimen die Rechtsanrheiner mit Backwaren, seit 1946 am heutigen Hauptsitz in Kalk (Foto li.). Dabei wird auf Qualität gesetzt. Und die ist hier sehr hoch: Bessere Croissants z. B. sind allenfalls in Frankreich zu bekommen. Zudem kann man sich auf ein leckeres Frühstück niederlassen oder über die üppige Kuchentheke hermachen.

Kalk

Mo–Fr 6–18, Sa 6–14, So 7.30–17 Uhr | Kalker Hauptstr. 210 | Tel. 0221 98 71 70 | www.schlechtrimen.de | U 1, 9 Kalk Kapelle (231 F5)

angekommen. Die Kollektion reicht von sportlich bis sinnlich, von Boss bis Huit. Auch in den Größen jenseits der Norm sehr gut sortiert. Bademode, Strümpfe und Nachtwäsche gibt es ebenfalls.

Innenstadt

Mo–Fr 10–19, Sa 11–18 Uhr | Apostelnstr. 11a | Tel. 0221 2 57 36 74 | www.koelnerwaeschehaus.de | U 1, 3, 4, 7, 9, 16, 18 Neumarkt **(226 B3)**

LE POP LINGERIE ★

»Trage entweder gar nichts oder endlich mal was Ordentliches drunter!«, das ist das Motto von Diane-Sophie Durigon, einer Französin, die so lange unter dem Wäschangebot in Deutschland litt, bis sie eben selbst einen Laden eröffnete: Für sich, ihre Freundinnen und alle anderen, die es drunter verspielt und sexy mögen. Auch Bademode, Massageöle und Lovetoys. Ein Besuch bei Le Pop wird nie peinlich, dank der Freundlichkeit und Direktheit der Inhaberin.

Ehrenfeld

Mo–Fr 12–19, Sa 12–17 Uhr | Geisselstr. 10 | Tel. 0221 16 85 87 69 | www.lepoplingerie.de | U 3, 4 Körnerstraße **(228 C3)**

EINRICHTEN

5QM ★

Dieser Tapetenladen ist phänomenal: Von Kachelimitat bis zu alten Jeans, von Küche bis Kinderzimmer, von Designermotiven bis zu Blümchenmustern – es gibt nichts, was es nicht gibt. Neben vielen Neuheiten überzeugen auch Originaltapeten aus den 1950er- bis 1980ern. Die Auswahl ist einfach riesig, die Beratung kompetent. Und eins ist sicher: Wer einmal bei 5qm war, möchte nie wieder Raufaser.

Innenstadt

Mo–Fr 12–19, Sa 12–16 Uhr | Sankt-Apern-Str. 17–21 | Tel. 0221 2 94 84 55 | www.5qm.de | U 3–5, 16, 18 Appellhofplatz **(226 B3)**

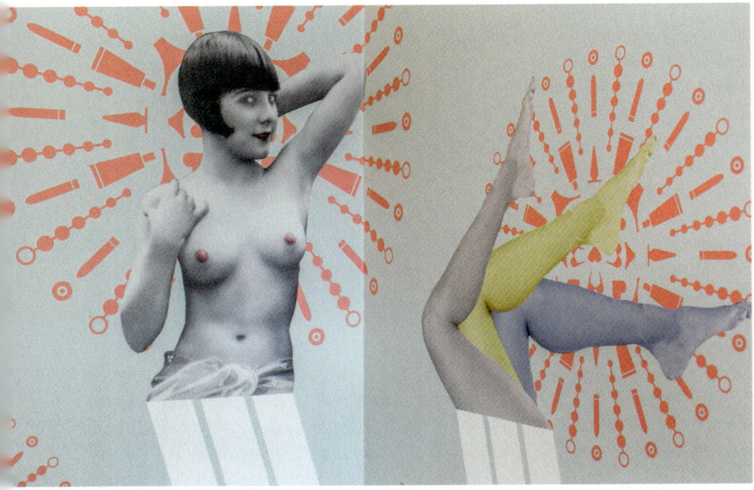

Eine Boutique für verspielt-schöne Wäsche mit französischem Charme: Le Pop Lingerie

BALLONI

Hier ein Kerzenständer, dort ein Bilderrahmen oder ein paar neue Frühstücksbrettchen? Wen gerade die Kleinigkeiten in der eigenen Wohnung erfreuen oder wer ein originelles Geschenk braucht, der wird in den Balloni-Hallen ganz bestimmt fündig. Hier lagern allerlei hübscher Schnickschnack, Stoffe, Seidenblumen und natürlich Ballons in jeder Form, Farbe und Größe – dem Ideenreichtum ist keine Grenze gesetzt.

Ehrenfeld

Mo–Fr 9.30–19, Sa 9.30–17 Uhr | Ehrenfeldgürtel 88–94 | Tel. 0221 51 09 10 | www.balloni.de | U 3, 4, 13 Venloer Str./ Gürtel (228 C3)

INSIDER TIPP BOUCHERIE

Ein wilder Mix, der doch ein stimmiges Gesamtbild abgibt: Hier sind gebrauchte Designklassiker von Eames oder Bertoia, kantige Industriemöbel, ausrangierte Karussellpferde, Lampen in Artischockenform, ausgestopfte Steinbockköpfe oder Leuchtbuchstaben-Logos zu erstehen. Auf drei Stockwerken und 400 m² präsentiert Marc Boucherie seine ständig wechselnde Ware und auch die eine oder andere Kunstausstellung. Nicht ganz billig, aber Qualität hat eben ihren Preis.

Innenstadt

Mi–Fr 13–18, Sa 11–16 Uhr | Mauritiussteinweg 74 | Tel. 0221 80 15 88 00 | www.marc-boucherie.de | U 9 Mauritiuskirche (226 B5)

DESIGN POST KÖLN

Stünden die Räume leer, wären die 100 Jahre alten Posthallen in Deutz mit ihrer luftigen Bogenarchitektur trotzdem einen Besuch wert. So ist es aber noch schöner, sich in diesem Showroom über die neuesten Trends in Sachen Möbel, Leuchten und Textilien zu informieren. Über 35 Qualitätsmarken stellen hier aus. Ein Couchtisch von Spectrum? Ein Schlafsofa von Cor? Ein Vorhang von Kvadrat? Sie haben die Wahl.

Deutz

Mi–Fr 10–18, Sa 10–16 Uhr | Deutz-Mülheimer-Str. 22a | Tel. 0221 69 06 50 | www.designpostkoeln.de | U 3, 4 Kölnmesse (231 D4)

FERMOB

»Möbel, die Gärten lieben, die Farben lieben« – mit diesem Motto hat sich der französische Gartenmöbelhersteller Fermob einen guten Namen gemacht. Im Kölner Flagshipstore gibt es Neuheiten aus dem Programm ebenso wie die Klassiker: die berühmten bunten Metallbänke, -stühle oder -tische. Aber auch Kissen, Geschirr, Vasen, Sonnenschirme, Liegen und Taschen sind zu haben.

Neustadt-Süd

Mo–Fr 10–18.30, Sa 10–18 Uhr | Hohenstaufenring 74–76 | Tel. 0221 80 15 81 71 | www.koeln.fermob.com | U 9, 12, 15 Zülpicher Platz (226 A5)

FRANTA

Früher war alles besser? Zumindest schöner – findet Georg Franta, dem es besonders das Alltags- und Industriedesign der 1950er, 60er und 70er angetan hat. Und so findet man in seinem Laden Leuchtreklamen, Zapfsäulen, Telefonzellen, Kaugummiautomaten, Musikboxen, Kinderwagen, Motorroller, Mikrofone und vieles mehr. Die Stücke sind original, liebevoll aufbereitet und verströmen das Flair einer längst vergangenen Design-Ära. Kein Wunder, dass sich hier Filmteams auf der Suche nach Requisiten bedienen.

Belgisches Viertel

Mo–Fr 10–19, Sa 12–16 Uhr | Maastrichter Str. 18 | Tel. 0221 52 88 55 | www.franta-koeln.de | U 3–5, 12, 15 Friesenplatz (226 A3)

GLOW
Einrichterprofis wissen es: Bei einer gelungenen Inneneinrichtung geht nichts über die richtige Beleuchtung! Wie gut also, dass es Leuchtenfachgeschäfte wie Glow gibt. Hier ist das Who's who der internationalen Leuchtendesigner-Liga versammelt, also z. B. Tobias Grau, Artemide, Flos und Tom Dixon. Und mit der tollen Beratung des Hauses dürfte dann nichts mehr schiefgehen mit dem Licht im eigenen Reich.
Friesenviertel
Di–Fr 11–19, Sa 11–18 Uhr | Friesenplatz 17 | Tel. 0221 2 72 63 80 | U 3–5, 12, 15 Friesenplatz **(226 A2)**

KARTELL
Eine Nachttischlampe aus Plastik mit facettierter Oberfläche, die bis zu acht Stunden ohne Strom auskommt. Ein transparenter Stuhl aus dem Atelier von Philippe Starck oder ein lila Wohnzimmertisch, ebenfalls aus Kunststoff. Mit derlei Ideen hat es das italienische Designlabor Kartell an prominente Orte vieler durchgestyler Wohneinheiten gebracht.
Innenstadt
Mo 10–18, Di–Fr 10–19, Sa 10–16 Uhr | Hahnenstr. 11 | Tel. 0221 271 75 59 | www.kartell.com/de | U 1, 3, 4, 7, 9, 16, 18 Neumarkt **(229 E5)**

MAGAZIN
Purismus statt Schnörkel! In ihrem hell und klar gestalteten Ladenlokal haben Klaus Wolter und sein Team hochwertige, zeitgemäße Leuchten sowie Möbel für innen und außen versammelt. Gemeinsamer Nenner ist ihre hohe Funktionalität sowie ein stringentes Design. Man kann sich hier ein ganzes Lichtkonzept für die eigenen vier Wände erstellen lassen oder auch nur eine einzelne Leuchte erstehen.
Belgisches Viertel
Di–Fr 10–19, Sa 10–18 Uhr | Aachener Str. 40–44 | Tel. 0221 82 03 00 | www.magazin-koeln.de | U 1, 7, 12, 15 Rudolfplatz **(229 D5)**

ELEKTRONIK

EUPHONIA
Euphonia ist Griechisch für »Wohlklang«, und genau diesem hat man sich hier verschrieben. High-End-Plattenspieler von Thorens, Lautsprecher von Phonar, Beamer von Optoma – da schnalzt der Kenner mit der Zunge. Aber auch Otto Normalhörer wird feststellen: Guter Klang ist nicht unbedingt vom Preis der Anlage abhängig. Das Team um Geschäftsführer Robin Müller berät deshalb auch in Sachen Zusammenstellung, Platzierung und Verbindung der Elemente.
Schnäppchenjäger freuen sich über die Ausstellungsstücke und im Kundenauftrag vermittelten, geprüften Gebrauchtgeräte, die es hier regelmäßig mit bis zu 70 Prozent Nachlass gibt.
Sülz
Di–Fr 10–19, Sa 10–16 Uhr | Luxemburger Str. 269 | Tel. 0221 30 18 03 00 | www.euphonia-hifi.de | U 18 Sülzburgstraße **(233 D3)**

HEIMKINO BOUTIQUE
In diesem Dorado für Couch-Cineasten wird man so beraten, wie es sein soll: kompetent, mit Zeit und ohne die Tendenz, immer die teurere Alternative zu empfehlen. Der Vorführraum ist so groß wie manches Programmkino, und neben Beamern, Leinwänden, Boxen, Verstärkern und Zubehör gibt es sogar Kinosessel mit eingebauten Getränkehaltern!
Auf Ausstellungsstücke, die nur ein paar Dutzend Stunden gelaufen sind, werden oft Rabatte gewährt.
Dellbrück

Di, Mi, Fr 13–18, Do 13–20, Sa 10–16 Uhr | Waltherstr. 78a | Tel. 0221 34 66 60 24 | www.heimkino-boutique.de | S 11 Köln-Dellbrück (237 D2)

MSP-HIFI-STUDIO

Zum Thema Hi-Fi und Heimkino gibt es hier nur das Beste vom Besten: die futuristisch anmutenden Plattenspieler von Transrotor etwa oder die State-of-the-Art-Lautsprecher aus dem Hause Bowers & Wilkins oder Dynaudio.

Innenstadt

Di–Fr 10–19, Sa 10–16 Uhr | Cäcilienstr. 48 | Tel. 0221 2 57 54 17 | www.msp-hifi.de | U 1, 3, 4, 7, 9, 16, 18 Neumarkt (226 C4)

Magazin: Funktionale, puristische Einrichtungsideen

VAN DER MEYDEN

Seit 1961 gibt es in der Innenstadt dieses Elektronikfachgeschäft, dem sein Ruf weit vorauseilt. Ob DJ-Anlage oder LED-Lauflicht, ob japanischer Halbleiter oder solarbetriebener Wühlmausschreck – das Sortiment ist groß, die Beratung geduldig und vom Fach. Und die Boxen-Reparaturkünste haben schon so manchen Hi-Fi-Enthusiasten vor Dankbarkeit in die Knie gehen lassen.

Innenstadt

Mo–Fr 9.30–18.30, Sa 10–16 Uhr | Breite Str. 101 | Tel. 0221 2 57 63 69 | vandermeyden.de | U 3–5, 16, 18 Appellhofplatz (226 C3)

KULINARISCHES

AOC WEINHANDLUNG

Eine Weinhandlung muss ein Ort für schöngeistige Gespräche über Terroir, Jahrgänge und die Vorzüge von Glaskorken sein. Der gelernte Jurist Axel Gerhards bietet all dies seit 25 Jahren in seiner beliebten Weinhandlung und kredenzt seinen Kunden auch schon mal ein Gläschen. Ab und zu veranstaltet er auch Themenabende rund um den Wein.

Kwartier Latäng

Mo–Fr 11–13 u. 14.30–19.30, Sa 11–18 Uhr | Rathenauplatz 35 | Tel. 0221 24 96 45 | www.aoc-weinhandlung-koeln.de | U 9, 12, 15 Zülpicher Platz **(229 D6)**

HOSS AN DER OPER

Savoir-vivre op Kölsch! Das in vierter Generation geführte Familienunternehmen ist ein Paradies für Feinschmecker. Täglich frisch zubereitete Gourmetgerichte stillen den kleinen Hunger. Wer selbst kochen möchte, findet dafür hochwertige Zutaten aus kleinen Manufakturen in Frankreich und Italien, z. B. Pastaspezialitäten, Essige und Öle, exotische Chutneys, Konfitüren, Gewürze etc. Als Geschenkidee perfekt sind alte Jahrgangs-Armagnacs und -Portweine oder auch der vier Jahre in alten Eichenholzfässern gelagerte Hoss-Weinbrand.

Innenstadt

Di, Mi 9.30–18.30, Do, Fr 9.30–19, Sa 9–16 Uhr | Breite Str. 25–27 | Tel. 0221 2 57 73 93 | www.hoss-delikatessen.de | U 1, 3, 4, 7, 9, 16, 18 Neumarkt **(226 C3)**

KÖLNER KOCHHAUS

Auf 600 m² lockt hier das größte Sortiment an Küchenutensilien in der Stadt Amateure wie Profis an. Messer aus Damaszenerstahl und High-End-Espressomaschinen, Wedgwood-Tassen, Ottolenghi-Kochbücher, Le-Creuset-Pfannen und Wesco-Mülleimer – auf Qualität wird genauso Wert gelegt wie auf kompetente Beratung.

Innenstadt

Mo–Fr 10–19, Sa 10–18 Uhr | Breite Straße 2–4 | Tel. 0221 25 89 98 90 | www.koelnerkochhaus.de | U 3–5, 16, 18 Appellhofplatz **(227 D3)**

KÖLNER WEINKELLER ★

Industriegebiete sind gemeinhin höchst sachliche Orte. Auch in Braunsfeld deutet nichts darauf hin, dass sich der Kölner Supermarktpionier Cornelius Stüssgen eine kleine Extravaganz gegönnt hat. Diese befindet sich 13 m unter der Erde und nennt sich Kölner Weinkeller. Bei gleichmäßigen Temperaturen werden hier rund 3000 Weine von sage und schreibe 800 Gütern angeboten. Angehende Weinfreaks vertiefen bei den INSIDER TIPP Seminaren des Hauses ihre Kenntnisse.

Braunsfeld

Mo–Fr 12–20, Sa 10–16 Uhr | Stolberger Str. 92 | Tel. 0221 139 72 80 | www.koelner-weinkeller.de | U 1, 7, 13 Aachener Straße/Gürtel **(228 B4)**

TANGER

In dem orientalischen Feinkostgeschäft bekommt man alles, was für ein Festmahl notwendig ist – Wurst- und Fleischwaren, Obst, Gemüse, Tees, selbst gemachte Süßigkeiten und das richtige Geschirr. Auch wer außergewöhnliche Gewürze wie beispielsweise Süßholz, Eisenkraut, Gummi arabicum oder Wermut sucht, kann sich hier individuelle Portionen abwiegen lassen.

Pantaleonsviertel

Mo–Do 10–13 u. 14–19, Fr 10–12 u. 15–19, Sa 10–16 Uhr | Pantaleonswall 30 | Tel. 0221 2 78 96 19 | www.tanger-markt.de | U 12, 15, 16 Eifelstraße **(233 E1)**

WILD, GEFLÜGEL UND DELIKATESSEN GUSTAV BROCK

Maispoularden aus dem Périgord, Schwarzfederhühner aus dem Burgund, Enten aus Les Landes, Tauben aus der Bresse – Feinschmeckern läuft das Wasser im Mund zusammen. Auch Wild und Trüffel finden Abnehmer in dem nur 40 m² großen Geschäft mit beachtlicher Auslage. Wer Tipps für die Zubereitung oder Garzeit braucht, bekommt hier den passenden Ratgeber.

▶ Innenstadt

Di–Fr 8–18.30, Sa 8–16 Uhr | Apostelnstr. 44 | Tel. 0221 2 57 81 81 | U 1, 3, 4, 7, 9, 16, 18 Neumarkt (226 B3)

MODE

& OTHER STORIES

Die Premium-Linie von H&M eröffnete in Köln einen ihrer wenigen exklusiven Stores. Auf zwei Stockwerken und 440 m^2 Fläche wird hier unaufgeregte, eher zeitlose Damenmode mit Haute-Couture-Flair angeboten. Die liegt zwar deutlich über den Preisen des Mutterschiffs, ist aber trotzdem erschwinglicher als beim Designer in der Mittelstraße.

▶ Innenstadt

Mo–Sa 10–20 Uhr | Ehrenstr. 43 | Tel. 0221 29 93 04 14 | www.stories.com | U 1, 7, 12, 15 Rudolfplatz (226 B3)

APROPOS

Die beiden Concept Stores in der Mittelstraße sind Kölner Mode-Institutionen. Sie bestechen mit extravagantem Ambiente und einem exklusiven Sortiment an Designermode von High-End-Labels wie Valentino, Jimmy Choo, Chloé und Dolce & Gabbana. Zudem gibt es Kosmetik, Accessoires, Bücher und Möbel, die z. T. nur hier zu bekommen sind. Im Hinterhof locken ein Restaurant und eine Chillout-Lounge.

▶ Innenstadt

Mo–Sa 10–19 Uhr | Mittelstraße 3 u. 12 | Tel. 0221 27 25 19 15 | www.apropos-store.com | U 1, 7, 12, 15 Rudolfplatz (226 B3)

BLAUER MONTAG

Frauen- und Männerkleidung sowie Accessoires bietet das Geschäft, darunter eigene Entwürfe genauso wie fremde

Nicht nur Erdbeerprints, sondern Trendmode in allen Farben gibt es bei Erdbeeren im Winter

Designs. Hochwertige und ausgefallene Materialien treffen auf tragbare, individuelle Designs – bestens geeignet auch für den täglichen Bedarf. Die Kleidung ist also keineswegs überkandidelt, aber alles andere als langweilig oder fad.

Belgisches Viertel
Di–Fr 12–19, Sa 12–16 Uhr | Limburger Str. 6 | Tel. 0221 2 72 49 05 | www.blauer-montag.com | U 3–5, 12, 15 Friesenplatz **(226 A3)**

BOB 10.5.10

Mit seinem stylishen Store richtet sich Hon-Tai Shiau an Männer mit Sinn für trendige Outfits. Mit klassischen Farben, aber außergewöhnlichen Schnitten und einem Hauch von Glamour überzeugen die Männerkollektionen junger, innovativer Labels, darunter Omar Kashoura, Unconditional, Dusty und Petar Petrov. Die dazugehörigen Sneakers gibt es von Jim Rickey, die Jeans von Svensson.

Belgisches Viertel
Mo–Sa 12–19 Uhr | Brüsseler Platz 6 | Tel. 0221 16 86 93 48 | www.bob10510.de | U 1, 7 Moltkestraße **(229 D5)**

CLEANICUM

Der viel cooles Industrieflair ausstrahlende Laden richtet sich an modebewusste Surfer, Snow- und Skateboarder zwischen 13 und 30 Jahren. Das geniale hauseigene Motto lautet »Wasch, Brett, Sport« – der vordere Teil des Ladenlokals wird nämlich als Waschsalon genutzt. So kann man hier, während die eigene Wäsche Runde um Runde in der großen Trommel dreht, ganz entspannt shoppen, u. a. so angesagte Labels wie Bonfire, Burton, Capita, Etnies, Forvert, Gravis, Head, Meltin'Pot, Nixon, Reef, Roxy, Salomon.

Belgisches Viertel
Mo–Fr 11–19, Sa 10–22 Uhr | Brüsseler Str. 74–76 | Tel. 0221 8 69 06 38 | www.rockon.de/cleanicum | U 3–5, 12, 15 Friesenplatz **(229 D5)**

DE RIDDER CONCEPT STORE

NEU An der Frage, ob das Belgische Viertel adäquat benannt ist, scheiden sich die Geister – schließlich befinden sich hier auch die Venloer, Maastrichter und Utrechter Straße. Beistand erhält

die belgische Fraktion nun vom De Ridder Concept Store, wo mit Mode und Design aus den Fashion-Kapitalen Brüssel und Antwerpen gehandelt wird. Schmuck, Schokolade und andere Spezialitäten belgischer Herkunft runden das Angebot ab.

Belgisches Viertel

Di–Sa 11–19 Uhr | Lütticher Str. 6 | Tel. 0221 84 57 13 81 | www.deriddercologne.com | U 1, 7, 12, 15 Rudolfplatz (229 D5)

DUMONT-CARRÉ

Mitten im Stadtzentrum mausert sich das DuMont-Carré nach gründlicher Überholung zu einem Jagdgrund für Fashionistas. Nachdem mit Desigual bereits ein angesagtes Label mit einer Filiale eingezogen ist, hat im Frühjahr das Online-Versandhaus NEU Zalando ein Outlet für Schuhe und Klamotten eröffnet. Wer kulinarischen Genüssen zugetan ist, sollte im Kellergeschoss einen Blick auf das Sortiment des Supermarkts Standa werfen. Die Frischetheken für Wurst, Käse, Fisch und Delikatessen heben sich deutlich vom Durchschnitt ab, inklusive des freundlichen italienischsprachigen Services.

Innenstadt

Mo–Sa 10–20, Standa 7–22 Uhr | Breite Str. 80–90 | Tel. 0221 250 98 10 | U 3, 4, 5, 16, 18 Appellhofplatz (226 C3)

EHRENFELD APPAREL ★

Die Kollektion ist überschaubar: Ein paar bedruckte Turnbeutel und Jutetaschen, T-Shirts für Frauen und Männer und ein paar Kapuzenpullis – mehr gibt es nicht bei Ehrenfeld Apparel, die mit ihren Motiven Kölnpatriotismus, Witz und Selbstironie ausdrücken und den von manchem Lokalpolitiker erträumten Status der Domstadt als urbane Weltmarke aufs Korn nehmen. Der Kölner liebt es und greift zu.

Ehrenfeld

Fr 13–19, Sa 12–16 Uhr | Körnerstr. 73 | Tel. 0221 17 06 94 19 | www.ehrenfeld-apparel.net | U 3, 4 Körnerstraße (228 C3)

L'ÉPHÉMÈRE ★

L'Éphémère setzt Akzente, und zwar nicht nur mit dem Namen: Im Herzen des Belgischen Viertels gelegen, führt diese kleine, charmante Boutique vor allem Teile des angesagten französischen Labels Sessùn. Die schicken, nie überkandidelten Kleider sind ideal für das nächste Fest. Aber auch für den schnöden Alltag kann man sich hier textil optimal rüsten.

Belgisches Viertel

Mo–Sa 11–19 Uhr | Maastrichter Str. 46 | Tel. 0221 50 09 99 99 | lephemere.de | U 1, 7 Moltkestraße (229 D5)

ERDBEEREN IM WINTER

Erdbeeren im Winter sind natürlich ein exklusives Vergnügen, aber wenn man es sich mal gönnt, gibt es kaum etwas

Besseres. Was für die Früchtchen gilt, trifft auch auf die Mode zu, die man in diesem Geschäft bekommt. Ob Business-Outfit oder das kleine Schwarze, ob Seidenkleid oder Wunschrock (letzterer mit drei verschiedenen Erdbeermotiven) – Besitzerin Anke Brabeck bietet Erlesenes von Designern wie FKK, meinweiß, Nougat oder Hoss.
Belgisches Viertel
Mo–Fr 11–19, Sa 11–16 Uhr | Antwerpener Str. 18 | Tel. 0221 94 65 67 80 | erdbeeren-im-winter.com | U 3–5, 12, 15 Friesenplatz (229 D4)

GREEN GUERILLAS

ÖKO »Be part of the green revolution!« Mit diesem Aufruf bereichert der Klamottenladen Green Guerillas die Kölner Modewelt. Fair-Trade-Streetwear und Fashion aus ökologischen und recycelten Materialien von Labels wie Knowledge Cotton, armed angels, Komodo, Sunimar und Braintree füllen die Regale des Shops in der Nähe des Rathenauplatzes. Wie cool nachhaltiges Design ist, beweist auch das hippe Regalsystem moveo von Reditum.
Kwartier Latäng
Mo–Fr 11–19.30, Sa 11–19 Uhr | Roonstr. 82–84 | Tel. 0221 16 91 46 11 | www.green-guerillas.de | U 1, 7 Moltkestraße (229 D5)

FAIRFITTERS

NEU ÖKO Kleider machen Leute, und wenn sie umweltgerecht, nachhaltig und unter fairen Bedingungen hergestellt wurden, sammeln ihre Besitzer Karmapunkte. Bei Fairfitters sind fast alle Labels nach dem GOTS (Global Organic Textile Standard) zertifiziert, und nicht auffällig teuer. Das Sprektrum reicht von »veganen Taschen« bis zu »Upcycling«-Materialien, z. B. Leder, das bei der Sofaproduktion übrig bleibt.
Belgisches Viertel
Mo–Sa 12–19 Uhr | Brüsseler Str. 77 | Tel. 0172 982 71 97 | www.fairfitters.de | U 3, 4, 5, 12, 15 Friesenplatz (229 D5)

FISHING FOR COMPLIMENZ

Bei Fishing for Complimenz in Sülz finden Fashionistas jene Kleidungsstücke und Accessoires, die den gewissen Unterschied machen: wendbare Armstulpen, Disko-Taschen mit Karomuster und Hirschapplikationen oder Portemonnaies aus Papier. Der Laden schmeichelt dem Auge mit kunstvollem Retro-Ambiente, Besitzerin Eva Reddig berät ihre Kunden mit Sinn für das Detail.
Sülz
Mo–Fr 11–18, Sa 12–16 Uhr | Luxemburger Str. 259 | Tel. 0221 16 89 93 33 | www.fishing-for-complimenz.de | U 18 Sülz Arnulfstraße (233 D2)

INSIDER TIPP HOUSE OF CHANG

Mal Boutique, mal Kunstgalerie – der exzentrische koreanische Designer Chang möchte sich nicht festlegen lassen. Und so bietet er eine festliche Kollektion für Hochzeiten und rote Teppiche, eine klare, funktionale Linie für den täglichen Gang ins Büro und die abgefahrenen Teile von Jla Kim, bei denen sich kölsche und koreanische Avantgarde vereinen – koelreanisch eben.
Belgisches Viertel
Mo–Sa 12–19 Uhr | Brabanter Str. 49 | Tel. 0221 7 19 26 13 | www.chang13.de | U 3–5, 12, 15 Friesenplatz (226 A3)

KISS THE INUIT

ÖKO Wie schön: Ökologisch hergestellte und fair produzierte Mode. Noch schöner: Die Styles werden nicht nur immer cooler, sondern auch bezahlbarer. Ein Beispiel dafür liefert Katharina Partyka mit ihrem zeitgemäßen Laden im Agnesviertel. Zum Sortiment gehören innovative und junge Marken wie Ethos, People Tree, room to roam und bleed, Schuhe von El Naturalista und Po-Zu sowie allerlei hübsche Accessoires.

Neustadt-Nord

Mo–Fr 10–18.30, Sa 10–15 Uhr | Schillingstr. 11 | Tel. 0221 29 89 54 86 | www.kisstheinuit.de | U 12, 15, 16, 18 Ebertplatz (230 A3)

LABUDE

Charmante Damenbekleidung für den Alltag und nostalgische Hochzeitskleider. Mit dieser Kombination hat sich die Boutique von Modedesignerin Julia Kirstein eine treue Klientel erarbeitet. Die Designerin hat ein Faible für die Stilrichtungen, die geschmackssichere Damen von 1920 bis 1960 bevorzugten. Nachdem das Label viele Jahre im Belgischen Viertel beheimatet war, befindet sich die Boutique nun in der Südstadt.

Südstadt

Di–Fr 12–19 | Sa 12–17 Uhr | Alteburger Str. 40 | Tel. 0221 94 65 85 52 | www.labude-koeln.de | U 15, 16, 17 (234 B2)

MADAMSKI

Melanie Wegener merkt man das Herzblut und die Begeisterung an. Ihre ultrahippe Auswahl setzt auf Klassiker wie Maison Scotch, French Connection, Great Plains, Kookaï, armed angels etc. Auch dank der Einrichung und der netten Beratung ein Lieblingsladen für viele Kölnerinnen von 20 bis 40.

Kwartier Latäng

Mo–Fr 11–20, Sa 11–18 Uhr | Engelbertstr. 23 | Tel. 0221 3 10 94 80 | www.madamski.de | U 9, 12, 15 Zülpicher Platz (226 A5)

MAGASIN 2

Das Magasin Populaire, das junge Kölnerinnen zuverlässig mit hipper, bezahlbarer Mode versorgt, hat eine Schwester: Im Magasin 2 liegt der Fokus etwas mehr auf skandinavischen Marken wie Samsoe & Samsoe, Dansk, Gardenia und Simon Esa. Zudem kommen hier auch Herren auf ihre Style-Kosten. Und neben Taschen und Schmuck gibt es ÖKO Biokosmetik von Dr. Bronner's.

Die Mädels von Kiss the Inuit zeigen, dass Ökomode ganz und gar nicht langweilig sein muss

Belgisches Viertel
Mo–Fr 12–20, Sa 11–19 Uhr | Brüsseler Str. 48 | Tel. 0221 45 39 68 94 | www.magasinpopulaire.com/magasin-2 | U 1, 7 Moltkestraße (229 D5)

MISS MEANY

Elvis? Ist natürlich der Größte. Petticoats? Gehören in jeden guten Kleiderschrank. Pomade? Ab ins Haar damit. Bei Miss Meany zelebriert man die Fifties. Ob rockig oder verspielt, ob sexy oder elegant, ob Pünktchen oder Karos – hier kommt Madame voll auf ihre Kosten. Für Herren gibt es Collegejacken und Old-School-Hemden. Auch Postkarten und Dekosachen sind im Angebot.
Südstadt
Mo–Fr 11–19, Sa 11–16 Uhr | Merowingerstr. 50 | Tel. 0221 30 22 84 28 | www.missmeany.de | U 15, 16 Chlodwigplatz (234 A2)

INSIDER TIPP MLLE. TAMBOUR

Sehr verspielt, sehr besonders, sehr französisch: Monika Tambour weiß, wie man elegante Mode macht. Ihre Kleidchen, Röcke, Blusen, Shirts und Boleros haben oft Fifites-Chic und sehen mit fast jeder Figur fabelhaft aus. Sie sind durchaus bezahlbar, wenn man bedenkt, dass hier kein massenproduzierender Großkonzern dahintersteckt.
Kwartier Latäng
Mi–Fr 14–19.30, Sa 12.30–18.30 Uhr | Engelbertstr. 14 | Tel. 0221 99 87 57 51 | www.mlle-tambour.de | U 9, 12, 15 Zülpicher Platz (226 A5)

Musikhaus Tonger: ein Haus der tausend Töne

MONSIEUR COURBET

Es gibt nicht allzu viele Geschäfte, die ausschließlich Männer einkleiden. Zu ihnen gehört Monsieur Courbet, benannt nach dem französischen Maler, der sein Leben Kunst und Protest gegen gesellschaftliche Normen widmete. Und auch wenn man in dem stilvollen Geschäft nicht unbedingt Revolutionäres, sondern gebräuchliche Männermode findet, spricht gerade das für den Laden.
Belgisches Viertel
Mo–Fr 12–20, Sa 11–20 Uhr | Maastrich-

ter Str. 49 | Tel. 0221 17 91 54 25 | U 1, 7, 12, 15 Rudolfplatz (229 D5)

ROCK-IT-BABY

Röcke aus bedruckten Baumwollstoffen, Jeans, Wolle, sogar Frottee, mit Blümchen, Bändern und Schleifen verziert, mit Volants, Falten oder Spitzenborten. Auf den Kleiderstangen hängt so Ausgefallenes wie Witziges. Ein Fest für alle Rockliebhaberinnen. Dazu gibt es passende Oberteile und Accessoires. Für das besondere Einkaufsambiente können Sie Ihre eigene Rockparty für bis zu zehn Freundinnen vereinbaren – inklusive Sekt, Käseigel und Gelassenheit.

Ehrenfeld

Di–Do 17–20, Fr 12–20, Sa 12–18 Uhr | Rothehausstr. 4 | Tel. 0221 5 10 37 45 | www.rock-it-baby.de | U 3, 4 Körnerstraße (228 C3)

SIMON UND RENOLDI

Schon der Showroom mit seinem schwarzen Granitboden und dem freigelegten alten Mauerwerk ist ein Hingucker. Der rund 170 m² große Concept Store setzt auf Individualität, Exklusivität und Glamour. Handverlesene Labels abseits des Mainstreams wie Paul & Joe Sister, J Brand, Ugo Cacciatore und die Berliner Marke Macqua prägen das Sortiment. Accessoires, Schmuck, Bücher und Kunst gehören auch dazu.

Belgisches Viertel

Mo–Sa 11–19 Uhr | Maastrichter Str. 17 | Tel. 0221 94 58 70 31 | www.simonundrenoldi.com | U 1, 7, 12, 15 Rudolfplatz (226 A3)

MUSIK

MUSIC STORE

Von der Blattschraube für Blasinstrumente und Gitarrensaiten über Noten und Instrumente bis zur Bühnenbeleuchtung findet man auf vier riesigen Etagen und 24 000 m² alles, was man zum Musizieren zu Hause oder vor Publikum braucht. Auch DJs kommen auf ihre Kosten, und wer Bandmitglieder sucht, wird am Schwarzen Brett fündig.

Kalk

Mo–Fr 10–19, Sa 9.30–18 Uhr | Istanbulstr. 22–26 | Tel. 0221 8 88 40 | www.musicstore.de | U 1, 9 Kalk Post (231 E4)

MUSIKHAUS TONGER

Dieses Haus ist eine Institution und jedem ein Begriff, der selbst ein Instrument spielt. Neben dem Verkauf von Noten und Musikbüchern, Instrumenten und Zubehör wie Stimmgabeln und Metronomen werden auch Instrumente zu moderaten Preisen vermietet.

Innenstadt

Mo–Fr 10–18.30, Sa 10–17 Uhr | Zeughausstr. 24 | Tel. 0221 9 25 47 50 | www.musik-tonger.de | U 3–5, 16, 18 Appellhofplatz (227 D3)

NUNK MUSIC

Ein Laden, wie es ihn eigentlich seit Ende der 1980er-Jahre nicht mehr geben kann: In einem schlauchförmigen Raum stehen kistenweise Klassikschallplatten, danach folgen gebrauchte Plattenspieler und einige musikalische Kuriositäten. Kern des Geschäfts ist der bis zum Anschlag gefüllte Raum mit Pop, Rock, Punk und Hiphop.

Innenstadt

Mo–Sa 11–19 Uhr | Antwerpener Str. 16 | Tel. 0221 2 58 97 43 | www.nunkmusic.de | U 3, 4, 5, 12, 15 Friesenplatz (229 E4)

PARALLEL SCHALLPLATTEN ★

Erstaunlich:Das gute alte Vinyl ist immer noch angesagt. Da kann man froh sein, dass das Team von Parallel all die Jahre durchgehalten hat. Hier treffen sich Nerds und Sammler, aber auch immer mehr Normalos. Ein so großes Spektrum findet man in Köln kein zweites Mal: von Deutschpunk bis Weltmusik, von Metal bis Jazz, von Soul bis Country. Selbst eine Schublade für »Sport« à la musikalische deutsche Fußballer gibt es ...

Belgisches Viertel

Mo–Fr 11–19, Sa 12–18 Uhr | Brabanter Str. 2–4 | Tel. 0221 2 70 67 94 | www.parallel-schallplatten.de | U 1, 7, 12, 15 Rudolfplatz (226 A3)

SCHMUCK

INSIDER TIPP BETONKLUNKER

Fort mit den Vorurteilen: Beton ist nicht schwer, sondern leichter als Silber. Er ist nicht rau, sondern (wenn er bearbeitet ist) ein richtiger Handschmeichler. Er muss nicht immer mausgrau sein und zerbröckelt auch nicht, wenn man sorgsam mit ihm umgeht. Und das machen die Schmuckdesignerinnen Bärbel Wieneke und Katja Rodrian, die aus dem ungewöhnlichen Material Ohrschmuck, Ringe und Anhänger, Kerzenhalter, Schalen und Serviettenringe herstellen.

Südstadt

Mo, Fr 13–19, Sa 11–16 Uhr | Karolingerring 14–16 | Tel. 0173 5 75 73 99 | www.betonklunker.de | U 15, 16 Chlodwigplatz, Rudolfplatz (234 A2)

FORM-WERK

Dass Perlenschmuck weder bieder noch altmodisch sein muss, beweisen die Schmuckkreationen von Andreas Köther. Klare, fast mächtige Fassungen, gekrönt von einer zarten Perle – diesen reizvollen Gegensatz vereinen z. B. die Ringe des Schmuckdesigners in sich. Die Manschettenknöpfe aus Rheinkiesel für »ihn« sind ebenfalls etwas ganz Besonderes. Trau-, Verlobungs- oder Partnerschaftsringe gibt es vorgearbeitet oder nach Wunsch gefertigt. Zudem können Sie hier auch in die Jahre gekommene Schmuckstücke umarbeiten lassen.

Belgisches Viertel

Di–Fr 11–19, Sa 11–16 Uhr | Antwerpener Str. 7 | Tel. 0221 9 38 69 82 | www.form-werk-koeln.de | U 3–5, 12, 15 Friesenplatz (229 E4)

KLUNKER

Wer nicht richtig tief in die Tasche greifen, sich aber mit außergewöhnlichen Schmuckkreationen aus Edelmetallen und anderen Materialien zieren möchte, der ist bei Susan Thieler goldrichtig. Ob Broschen, Ketten, Ringe oder Armbänder – seit über 25 Jahren verschönert die Schmuckdesignerin die Kölnerinnen mit ihren Entwürfen. Auch Bastelmaterial wird angeboten. Wer selbst Lust hat, kreativ zu werden, findet hier ein riesiges Angebot an Rohmaterial und erhält fachmännische Beratung.

Sülz

Mo–Fr 10–19, Sa 10–16 Uhr | Luxemburger Str. 230 | Tel. 0221 4 15 99 | www.klunker-koeln.de | U 18 Arnulfstraße (233 D2)

TILJON

Was man in der Fashionmetropole Tel Aviv an Ohr, Hals und Finger trägt? Hier erfahren Sie es. Die Stücke sind allesamt in Israel handgefertigt und vereinen europäische und orientalische Schmucktraditionen. Bei den Materialien dominiert Silber, das von Gold, Emaille oder Edelsteinen ergänzt wird. Ein echter Hingucker sind die INSIDER TIPP **Ringe und Ketten mit Buntglas aus der Römerzeit**, das bei Ausgrabungen gefunden wurde. Und dafür, dass man 2000 Jahre alte Geschichte trägt, sind die Teile wirklich günstig (ab 69 Euro).

Sülz

Di–Fr 12–19, Sa 11–16 Uhr | Zülpicher Str.

217 | Tel. 0221 4 20 26 96 | www.tiljon.de | U 9 Weyertal (233 D2)

SCHUHE

39EINHALB

Schuhgröße 39 einhalb hat die deutsche Frau im Durchschnitt, aber durchschnittlich geht es hier keineswegs zu. Inhaberin Elke Scherbaum pickt aus den vielen Modellen meist italienischer und spanischer Produzenten die besonderen Schuhperlen heraus. Clogs, Stiefel, Ballerinas, Pumps – hier schlagen Frauenherzen höher. Jeden ersten Samstag im Monat purzeln die Preise beim Lagerverkauf um bis zu 50 Prozent.

Südstadt

Mo–Fr 10–19, Sa 10–16 Uhr | Merowingerstr. 26 | Tel. 0221 3 04 98 60 | www.39einhalb.de | U 15, 16 Chlodwigplatz (234 A2)

THE GOOD WILL OUT

Der Laden hat die coolsten und aktuellsten Sneakers, u. a. von Marken wie Adidas, Asics, Puma, Nike, Reebok, Converse und Onitsuka Tiger, in riesiger Auswahl. Ob schräge Exemplare wie rosafarbene Combatboots im Wanderschuhlook, Sportstiefel im Cowboystyle oder Hightech-Joggingschuhe – in puncto sportliche Fußbekleidung ist alles am Start.

Belgisches Viertel

Mo–Fr 12–20, Sa 12–19 Uhr | Händelstr. 41 | Tel. 0221 99 39 07 22 | www.thegoodwillout.com | U 1, 7, 12, 15 Rudolfplatz (229 D5)

PREGO

Stilvoll und immer elegant – das mag die Kölnerin an Prego. Die Boutique führt zwar auch Kleidung und Accessoires, es ist aber vor allem die geschmackvolle Schuhauswahl, die den Laden bei einer Shoppingtour in der Innenstadt zur Pflichtstation macht. Die Schuhe gehören in die Oberliga, die Preise liegen dagegen nur im Mittelfeld.

Innenstadt

Mo–Sa 10–19 Uhr | Apostelnstr. 19 | Tel. 0221 2 57 80 29 | www.prego.de | U 1, 3, 4, 7, 9, 16, 18 Neumarkt (227 B3)

Form-Werk – die richtige Adresse für originellen, zeitlos schönen Schmuck

Coole Bluse, aber zu weit? Bei Polyestershock werden Vintage-Fundstücke auch abgeändert

TRIPPEN

ÖKO Umweltverträglichkeit, Langlebigkeit und soziale Verantwortung – die Berliner Schuhdesigner haben diese Begriffe zu Eckpfeilern ihrer Unternehmensphilosophie erklärt. Und damit sind auch die gehobenen Preise gerechtfertigt. Die Schuhkreationen sind modisch, ohne kurzlebig zu sein. Hergestellt werden die über 1000 Modelle in der hauseigenen Produktion in Zehdenick und in Familienbetrieben in Norditalien.

Belgisches Viertel

Mo–Sa 11–19 Uhr | Flandrische Str. 10 a | Tel. 0221 45 31 86 45 | www.trippen.com | U 1, 7, 12, 15 Rudolfplatz **(226 A3)**

WANT

NEU Gediegene Schuhmode leicht abseits vom Mainstream. Mit diesem Konzept hat sich das Geschäft mit dem zum Konsum anstiftenden Namen binnen weniger Monate eine Stammklientel aufgebaut. Zu den hier vertriebenen Labels gehören The Last Conspiracy, See by Chloé und Schumanns Handwerkskultur. Das alles ist nicht ganz billig, aber ganz gewiss exquisit. Ebenfalls zum Sortiment gehören hier vegan produzierte Schuhe, Handtaschen und Accessoires.

Innenstadt

Mo–Fr 11–19, Sa 11–18 Uhr | Lindenstr. 13 | Tel. 0221 93 45 73 22 | www.want-shoes.com | U 1, 7, 12, 15 Rudolfplatz **(229 D5)**

SECONDHAND

COLOGNE COUTURE

Armani, Chanel, Burberry, Gucci, Prada, Jil Sander und Co – nicht jeder kann sich so exklusive Labels leisten. Bei Cologne Couture werden die Kölner Modefans zum Trost bereits seit über 20 Jahren mit gut erhaltenen Prachtstücken aus zweiter Hand versorgt. Das Preisniveau ist zwar immer noch recht hoch, aber dafür bekommt man hier wirklich das Beste vom Besten und eine professionelle Beratung.

Lindenthal
Di–Fr 11–19, Sa 11–16 Uhr | Dürener Str. 142 | Tel. 0221 40 58 85 | www.colognecouture.de | U 7, 13 Dürener Str./Gürtel (228 C6)

GALANT
Ein Samtanzug mit Schlag in der Hose, der bei jeder Hochzeit alle Augen auf sich zieht? Ein Sakko von einem exklusiven englischen Schneider? Oder vielleicht ein Rennrad aus der Epoche von Bernard Hinault? Wer solche Kuriositäten sucht, wird bei Galant fündig, wenn sich nicht ein Filmteam die Sachen unter den Nagel gerissen hat.
Belgisches Viertel
Di–Sa 14–19 Uhr | Brüsseler Str. 49 | Tel. 0163 8 11 11 55 | zwodrei.com/galant | U 1, 7, 12, 15 Rudolfplatz (229 D5)

INSIDERTIPP POLYESTERSHOCK
Die Kölner Retro-Meister aller Klassen findet man in Ehrenfeld: Es gibt Vintage-Einzelstücke von den 1950ern bis zu den 80ern, die oft schrill, manchmal fast untragbar und immer sehr besonders sind. Und wenn etwas nicht passt, wird es im Atelier passend gemacht – ganz ohne Aufpreis! Vom ersten Teil des Namens sollten Sie sich übrigens nicht in die Irre führen lassen. Es gibt nämlich sehr wohl auch Klamotten und Accessoires aus Seide, Lack und Leder.
Ehrenfeld
Mo–Fr 12–19, Sa 11–18 Uhr | Geisselstr. 14 | Tel. 0177 173 95 86 | www.polyestershock.de | U 3, 4 Körnerstraße (228 C3)

SPORT

GLOBETROTTER
Die Riesenauswahl und kompetente Beratung beim Outdoorspezialisten Globetrotter sind kein Geheimtipp mehr. Dass der Kölner Store aber noch mehr zu bieten hat, beweisen der integrierte Tauchladen, das Wassersportbecken für Boote und Taucher sowie das Quallenaquarium, das auch Kinder begeistert, und – nicht zu vergessen – die Reiseklinik.
Innenstadt
Mo–Do 10–20, Fr, Sa 10–21 Uhr | Olivandenhof | Richmodstr. 10 | Tel. 0221 2 77 28 80 | www.globetrotter.de | U 1, 3, 4, 7, 9, 16, 18 Neumarkt (227 C3)

PAULS
Als Helfer in der Not begann alles: Der Schuhmacher Theo Pauls reparierte den Spitzenschuh der Primaballerina Anna Pawlowa, die an der Kölner Oper gastierte. Er entwickelte ihn anschließend weiter, und die Pawlowa wurde Namensvetterin des neuen Ballettschuhs. So hat sich Pauls GmbH zu der besten Kölner Adresse für Ballett- und Tanzbedarf entwickelt.
Innenstadt
Mo–Fr 10–19, Sa 10–16/18 Uhr | Streitzeuggasse 6 | Tel. 0221 2 57 37 97 | paulsballett-shop.de | U 1, 3, 4, 7, 9, 16, 18 Neumarkt (227 D3)

RADFIEBER
Dass Elektrofahrräder auch cool und hip sein können, beweist das Sortiment bei Radfieber: Besonders die »Townie Go!«-Modelle von Electra beeindrucken. Auch auf die Beachcruiser, Rennräder und Urban Bikes schwingt man sich gern.
Belgisches Viertel
Mo–Fr 10–19, Sa 10–16 Uhr | Bismarckstr. 31 | Tel. 0221 5 10 75 74 | www.radfieber.com | U 3–5, 12, 15 Friesenplatz (229 D4)

VELO VILLANI
Wer bei Fahrrädern auf Stil, Ästhetik und Individualität setzt, sollte zu Velo Villani gehen. Inhaber Julio Cacciavillani

hat immer ein paar gebrauchte Fixies, Citybikes oder Hollandräder in Topzustand auf Lager. Am liebsten aber baut und schraubt er Räder nach Maß zusammen. Mit einem gebrauchten Deluxe-Rahmen als Basis kann sich der Kunde seinen Drahtesel nach eigenen Wünschen zusammenstellen: ob Kette oder Nabe, mit Gepäckträger oder ohne. Auch bei den Farben und Modellen für Rahmen, Sattel oder Reifen gibt es keine Grenzen. Das Ganze ist zwar nicht ganz billig (ab 1000 Euro), aber dafür bekommt man ein hochwertiges und einzigartiges Rad.

Kwartier Latäng
Mo–Fr 10–19, Sa 10–14 Uhr | Beethovenstr. 16–18 | Tel. 0221 78 95 36 25 | www.velovillani.com | U 9, 12, 15 Zülpicher Platz (226 A5)

MEINE STADT

▶ Hätten Sie's gewusst? »4711« ist gar nicht das wirkliche Kölnisch Wasser! Das wahre Original heißt »Farina Original Eau de Cologne«, wurde im 18. Jh. vom italienischen Parfümeur Johann Maria Farina kreiert und wird bis heute nach seiner Rezeptur hergestellt (*Duftmuseum* → S. 51). »4711« hingegen wurde vom Kaufmann Wilhelm Mülhens ehemals als Medizin vertrieben. Geschäftstüchtig, wie er war, nannte er es »Eau de Cologne«, weil das Parfüm Farinas mit eben diesem Namen reißenden Absatz fand. Nach einem Rechtsstreit musste Mülhens den Namen allerdings ändern, also benannte er es fortan nach seiner Hausnummer 4711.

WOCHENMÄRKTE

NIPPESER WOCHENMARKT

Jeden Werktag Markt – das gibt es in Köln nur in Nippes. Auf dem Wilhelmplatz bekommt man alles: leckeren Moselwein und schrille Handyhüllen, Kartoffelpressen, Platten von Opa und Rasseln von Leon, dazu viel Obst und Gemüse, Back- und Metzgereiwaren sowie den Kaffee oder eine Bratwurst für zwischendurch. Das trubelig-chaotische Basargefühl gibt es gratis dazu.

Nippes
Mo–Fr 7–13, Sa 7–14.30 Uhr | Wilhelmplatz | U 12, 15 Florastraße (229 F1)

ÖKOMÄRKTE

ÖKO »Aus der Region für die Region« – dies bringt das Konzept der Ökomärkte auf den Punkt, auf denen einige Bauern und Erzeuger noch selbst verkaufen. Ob Weizen-, Roggen-, Dinkel- oder Emmerbrot, ob mit Hefe, Sauerteig oder Backferment gebacken und mit Nüssen, Sprossen oder Gewürzen veredelt, das Angebot an Brot und Backwaren an allen fünf Wochentagen in Köln könnte kaum vielfältiger sein. Ebenso verhält es sich mit Käse und Molkereiprodukten, Fleisch, Eiern sowie Obst und Gemüse. Fisch gibt es auf den Kölner Ökomärkten allerdings keinen.

Südstadt
Di u. Fr 10–18 Uhr | Severinskirchplatz | Tel. 0221 4 20 18 75 | www.oekomarkt.de | U 15, 16 Chlodwigplatz (234 B2)

Innenstadt
Mi 11–18, Sa 8–14 Uhr | Rudolfplatz | U 1, 7, 12, 15 Rudolfplatz (226 A4)

Neustadt-Nord
Do 8–14 Uhr | Neusser Platz | U 12, 15, 16, 18 Ebertplatz (235 D6)

Rodenkirchen
Do 8–14 Uhr | Maternusplatz | U 16 Rodenkirchen (235 D6)

Spaß für Kinder

Ab in den Skatepark, mit der Familie ins Café mit Spielecke oder zum Tierstimmen-Karaoke? Köln und sein Umland bieten Kindern eine Menge. Und bei Regen? Keine Langeweile!

ACTION

AQUALAND

»Loop Yourself« heißt der Kick im Aqualand. Die über 50 m lange Indoor-Loopingrutsche mit Raketenstart sorgt bei 47 km/h und freiem Fall aus über 10 m Höhe für Adrenalinschübe. Auch die Kleinsten werden altersgerecht bespaßt: Auf sie wartet ein großer Planschbereich mit Zwiebeltürmen, lustigen Tieren, fliegendem Wasserteppich und vielen weiteren Attraktionen. Wem der Sinn nach Wellness steht, dem sei die Erlebnisgrotte, eine der zwölf Saunen oder das Hamam ans Herz gelegt.

Chorweiler

Mo–Do 9.30–23, Fr 9.30–24, Sa 9–24, So 9–23 Uhr | Eintritt 13,90 (2 Std.), 16,90 (4 Std.), 18,90 (Tageskarte), 7–15 Jahre 10,90 (2 Std.), 12,90 (4 Std.), 14,90 (Tageskarte), 3–6 Jahre 5,50 Euro, Kinder unter 2 Jahren frei | Merianstr. 1 | Tel. 0221 7 02 80 | www.aqualand.de | U 15, S 11 Chorweiler (236 C2)

INSIDER TIPP CARRERARENNEN AUF DEM ST. MOCCA-RING

Das Mekka für alle Nachwuchs-Vettels! Hier gibt es eine 20 m lange, vierspurige Carrerabahn im Maßstab 1 : 43 mit allen technischen Raffinessen: Die Zeit wird per Lichtschranke gemessen, die Startampel funktioniert genau wie in der Formel 1, selbst Frühstarts werden erkannt. Autos werden gestellt, können aber auch mitgebracht werden. Samstags ist hier Renntag: Von 10 bis 13 Uhr dürfen die Grundschüler ran, ab 14 Uhr die Älteren bis 16 Jahre. Die Bahn für einen Kindergeburtstag zu mieten, kostet 9,50 Euro pro Kind – Getränke, Siegerurkunden und Pokale inklusive.

Bickendorf

Café Di–Do 8.30–19, Fr 8.30–22, Sa 10–18, So 14–18 Uhr | Am Rosengarten 2 |

Uuuund hepp! Im Familienpark unter der Zoobrücke können Kids sich austoben

Tel. 0221 16 91 90 20 | www.sankt-mocca.com/ U 3, 4 Akazienweg (228 A1)

FAMILIENPARK

Direkt unter der Zoobrücke auf der rechten Rheinseite liegt der Familienpark, wo sich der Nachwuchs so richtig auspowern kann. Die Kleineren zieht es in den Schaukelwald oder auf die Trampoline, für die Größeren stehen drei Felder zum Basketball-, Fußball- und Rollhockeyspielen zur Verfügung. Außerdem gibt es eine Minigolfbahn, eine Rollfläche für Skater, BMX-Fahrer und Inliner, eine Kletterwand sowie einen Minicar-Kurs.

Deutz

Minicar und Minigolf bei schönem Wetter 10–20 Uhr | Parkeintritt frei, Minigolf 3, Kinder 2,50 Euro, Minicar 1 Euro/Fahrt | Unter der Zoobrücke | Tel. 0221 54 60 03 00 | koelner-jugendpark.eu | U 1, 9 Messe/Deutz (230 C3)

GLESSENER MÜHLENHOF

Auf dem riesigen Gelände der Glessener Mühle werden Kinder aller Altersklassen glücklich. Die Kleinen schnappen sich eins der vielen Dreiräder, verfolgen Enten, streicheln Ziegen und Hasen oder reiten eine Runde auf dem Pony. Die Größeren fahren Rennen auf dem Gokart-Kurs oder erklimmen die meterhohen Heuballen in der Strohscheune. Zur Stärkung gibt es leckere Pfannkuchen und Waffeln im Café.

Bergheim

Di–So 9–18 Uhr | Eintritt 4, bis 3 Jahre 2 Euro | Glessener Mühlenhof | Tel. 02238 9 69 30 07 | glessener-muehlenhof.de | Bus 961 Glessen Mühlenhof (236 C2)

SKATEPARK KAP 686

Grenzenloses Sliden, Grinden und Curben – und das zum Nulltarif: Der Skatepark Kap 686 am Rheinauhafen bietet einen beeindruckenden Parcours. Mehr als 2000 m² geschliffene Betonoberfläche und 31 Steinquader lassen viel Raum für Experimente. Highlights sind die Nachbauten der weltweit bekannten Beer Banks aus Barcelona und des Pier 7 aus San Francisco, aber auch Treppenstufen, Würfel und kantige Schrägen geben perfekte Obstacles für alle nur erdenklichen Tricks ab.

Südstadt

Agrippinaufer nahe der Südbrücke | U 16 Schönhauser Straße (234 B3)

AUSFLÜGE

BUBENHEIMER SPIELELAND ★

Wenn man den ganzen Tag in diesem Kinderparadies verbracht hat, fragen die Kinder meist hinterher noch: Müssen wir jetzt schon gehen? Auf dem Areal können 150 m² riesige Hüpfburgen, Kletterpyramiden, ein Wasserspiel-

platz, diverse Rutschen, Riesenschaukeln, Seilbahnen und Lauftrommeln erobert werden. Außerdem gibt es eine Gokart-Bahn auf zwei Ebenen, eine 90 m lange und 14 m hohe Schlauchbootrutsche, Fußball- und Beachvolleyballplätze. Und falls es regnen sollte, locken diverse Indoor-Aktivitäten.
Nörvenich
Ende März–Anfang Nov. tgl. 9–19, sonst Fr 14–18, Sa, So 10–18 Uhr | Eintritt an Schultagen 7, sonst 8, im Winter 5 Euro | Burg-Bubenheim | Tel. 02421 71194 | www.bubenheimer-spieleland.de | Anfahrt am besten mit dem Auto (236 B3)

GAMMERSBACHER MÜHLE

Schon der Weg vom Parkplatz zu der 1613 erstmals erwähnten Wassermühle ist toll: Rechts der Wald, links wilde Wiesen und unten schlängelt sich ein verwunschener Bach hindurch. Auf dem Mühlengelände selbst erwarten der rustikale Hof, ein kleiner Tierpark mit Rehen, Pfauen, Gänsen und Streifenhörnchen, eine Trampolin- und auch eine Modelleisenbahnlandschaft die Besucher. Oben auf der Wiese können sich INSIDER TIPP auch Kindergartenkinder (ab 5 Jahren) als Bogenschützen versuchen und unter netter Anleitung mit echten Pfeilen auf die Scheibe zielen. Zum Abschluss gibt es Kuchen, Würstchen und selbst gebackenes Brot im Biergarten.
Lohmar
Geöffnet Sa, So und an Feiertagen 10–20 Uhr | Eintritt frei | Gammersbacher Mühle 1 | Tel. 02205 84197 | www.gammersbacher-muehle.de | Anfahrt am besten mit dem Auto (237 D3)

MÄRCHENWALD ALTENBERG

Märchen faszinieren und gruseln Kinder seit vielen hundert Jahren, und auch dieser Märchenwald hat eine lange Tradition. Vor mehr als 75 Jahren erbaut, können hier Hänsel und Gretel, Schneewittchen, Aschenputtel, Rotkäppchen und viele weitere Märchengestalten als bewegliche und sprechende Puppen bewundert werden. Das ein oder andere

MARCO POLO HIGHLIGHTS

★ **Bubenheimer Spieleland**
Der größte Abenteuerspielplatz im Kölner Umland. Hier ist für Groß und Klein jede Menge geboten → **S. 145**

★ **Bilderbuchmuseum**
Eine Burg mit Wassergraben und eine Sammlung schönster Kinderbücher → **S. 148**

★ **Zelten im Zoo**
Eine Nacht im Zoo verbringen und den Tieren hörbar nah sein: Welches Kind träumt nicht davon? → **S. 149**

★ **Emi und Herr Landmann**
Essen gehen und Kaffee trinken mit Kindern ist hier ein Vergnügen → **S. 150**

★ **Kinderoper Köln**
Oper ist langweilig und nur für Erwachsene? Nicht, wenn sie von »Sendung mit der Maus«-Moderator Ralph Caspers präsentiert wird → **S. 153**

★ **Pattevugel**
Drachen, Knobelspiele und Zirkuszubehör: In diesem Spieleladen findet man immer etwas Besonderes → **S. 155**

Bubenheimer Spieleland: Im Sommer erwartet kleine Entdecker hier ein Maislabyrinth

Haus hat zwar schon etwas Patina angesetzt, aber genau das macht auch den Charme des Märchenwalds aus.

Odenthal-Altenberg
März–Sept. 10–18, Okt.–Feb. 10–16 Uhr | Eintritt 4,50, Kinder (bis 14 Jahre) 3 Euro | Märchenwaldweg 15 | Tel. 02174 4 04 54 | maerchenwald-altenberg.de | Anfahrt am besten mit dem Auto (237 D2)

NATURGUT OPHOVEN

ÖKO Ein umweltfreundlicher Ausflug ist alles andere als dröge, wenn er zum denkmalgeschützten Gutshof Ophoven führt. Wo sonst werden INSIDER TIPP Tierstimmen-Karaoke oder Telefonate mit Bäumen angeboten? Drinnen und draußen gibt es jede Menge aufregende Abenteuer zu den Themen Natur und Energie zu erleben. Auf dem riesigen, fantasievoll gestalteten Erlebnispfad treffen große und kleine Besucher auf verwunschene Teiche und tierische Behausungen.

Leverkusen
Di–Fr 9–18, Sa, So 10–18 Uhr | Eintritt 6, Kinder ab 5 Jahre 4, Familien 17 Euro, Erlebnispfad ganzjährig kostenlos | Talstr. 4 | Tel. 02171 73 49 90 | www.naturgut-ophoven.de | RB 48 Opladen Bf. (237 D2)

SEA LIFE KÖNIGSWINTER

Rochen, Schildkröten, Haie und Seepferdchen sind nur einige der mehr als 2000 Tiere, die es in 39 Becken zu bestaunen und teilweise sogar zu streicheln gibt. Eine Attraktion ist das 600 000 l fassende, 7 m tiefe Atlantikbecken mit einem 360-Grad-Glastunnel, der den Schauenden das Gefühl vermittelt, selbst Teil der Wasserwelt zu sein. Die Gestaltung von Sea Life orientiert sich an Vorstellungen von der Nibelungensage, der versunkenen Stadt Atlantis und dem Reich Kapitän Nemos.

Königswinter
Mo–Fr 10–17, Sa, So 10–18, Juli, Aug. tgl. 10–18 Uhr| Eintritt 14,95, Kinder (3–14 Jahre) ab 10,95 Euro | Rheinallee 8 | Tel. 02223 29 70 | www.visitsealife.com | DB Bf. Königswinter oder S 66 Königswinter Fähre – Sea Life Aquarium (237 D4)

BEI REGEN

BILDERBUCHMUSEUM ★

Das einzigartige Bilderbuchmuseum ist bei Kindern ein sicherer Erfolg. Drinnen wartet neben interessanten Wechselausstellungen eine eindrucksvolle Sammlung, die neben der größten Janosch-Kollektion auch Originale von Tomi Ungerer oder Nikolaus Heidelbach umfasst. Das Außengelände rund um die neoklassizistische Burg Wissem ist nicht minder attraktiv: Ein Wassergraben mit Park umgibt das Anwesen.

Troisdorf

Di–Fr 11–17, Sa, So 10–18 Uhr | Eintritt 3,50, Kinder 1,50 Euro | Burgallee 1 | 53840 Troisdorf | Tel. 02241 88 41 421 | www.troisdorf.de/bilderbuchmuseum | Anreise mit dem Auto oder mit der Bahn (237 D3)

DE BÜTT

Ein Ausflug in die Bütt lohnt sich immer, aber besonders, wenn es draußen kalt und usselig ist. Denn in diesem Familienbad ist das Wasser zur Freude der Kinder ein paar Grad wärmer als in normalen Bädern. Die Kleinsten planschen hier im Seichten mit Riesenbauklötzen und Springbrunnen; wer schon das Seepferdchen hat, wirft sich in den Strudel oder spielt Pirat auf einem der Schaumstoffboote. Die Röhrenrutsche führt ins Außenbecken, wo auch bei schlechtem Wetter die Blubberpools in Betrieb sind.

Hürth

Di–Fr 6.30–21, Sa, So 9–21 Uhr | Eintritt 5,70 (3 Std.), Kinder bis 15 Jahre 3,20 Euro (Tagestarif) | Sudetenstr. 91 | Tel. 02233 75 00 00 | www.familienbad.com | Bus 978 Hürth/Stotzheimer Str. (224 A5)

ODYSSEUM

Mathe macht Spaß, und Lernen ist cool? Na klar, denkt Ihr Sprössling und zeigt Ihnen in Gedanken den Vogel. Aber nur, bis er zum ersten Mal das Abenteuermuseum Odysseum besucht hat, in dem mit viel Aufwand, Spaß und Liebe zum

Sieht zum Fürchten aus, aber beißt nicht – Saurierroboter im Odysseum

Detail Wissen über Naturwissenschaften und Forschung vermittelt wird. An 200 Erlebnisstationen geht es auf eine abwechslungsreiche Reise von den Anfängen der Menschheit über die Gegenwart bis in die Zukunft. Interaktion steht dabei im Mittelpunkt: Anfassen und Mitmachen sind hier ausdrücklich erwünscht.

Kalk

Di–Fr 9–18, Sa, So 10–19 Uhr | Eintritt 16, Kinder 4–17 Jahre 8 Euro | Corintostr. 1 | Tel. 0221 69 06 81 11 | www.odysseum.de | U 1, 9 Kalk-Post (231 E4)

POTTERY ART CAFÉ

Hier können Kinder ihre Teller, Tassen und Schüsseln selbst gestalten. Die Basis bildet formschönes unglasiertes Steinzeug, das nach Herzenslust mit (völlig ungiftigen) Keramikfarben bemalt wird. Auch Vorlagen, Stempel und Schablonen können verwendet werden. Oder die Kleinen pausen ihr Lieblingsmotiv ab. Danach wird das Objekt glasiert, bei 1000 Grad gebrannt und kann ein paar Tage später abgeholt werden.

Innenstadt

Mi, Fr 14–20, Do, So 12–18, Sa 12–20 Uhr | Schüsseln und Tierfiguren 10,90 Tassen ab 16,90 Euro | Arndtstr. 2 | Tel. 0221 2 71 75 69 | www.pottery-art-cafe.de | U 9 Mauritiuskirche (226 B5)

Sülz

Luxemburger Str. 271 | Tel. 0221 29 88 85 54 | U 18 Sülzburgstraße (233 D3)

BESONDERE ERLEBNISSE

KINDERUNI KÖLN

Von der Insektenforschung über Grundzüge von Physik und Chemie bis zur Vermittlung von Basiswissen über die Kunst der Fotografie reicht der Lehrplan der Kölner Kinderuni. Hier sind Acht- bis Zwölfjährige eingeladen, schon in jungen Lebensjahren akademisches Flair zu atmen. Nach Besuch einer bestimmten Anzahl von Vorlesungen winkt ein erstes Diplom. Auf dem Lehrplan der Dozenten stehen auch Seminare, die hier noch als Workshops deklariert sind. Die Teilnahme ist kostenlos. Tipp: Monate vorher online über die Termine informieren und anmelden, die Plätze sind begehrt.

Lindenthal

Albertus-Magnus-Platz | Tel. 0221 47 00 | www.kinderuni.uni-koeln.de | U 9 Universität (233 D1)

STUDIO ZWEI

Was mit Medien – dieses Berufsziel haben heute viele Jugendliche. Um zu zeigen, was einen da erwartet, hat der WDR die Medienwerkstatt Studio Zwei gegründet. Hier können Schüler ab der sechsten Klasse in der Gruppe ihre eigene Fernseh- oder Nachrichtensendung produzieren. Sie gewinnen Einblicke in Abläufe und Technik, recherchieren und texten Nachrichten und Beiträge, wählen die Musik aus und sprechen die Sendung selbst ein. Dabei helfen Profis von 1Live und vom WDR-Fernsehen.

Innenstadt

Dauer ca. 3,5 Std., Termine nach Absprache Mo–Fr 9 und 14 Uhr| kostenlos | Elstergasse 2 | Tel. 0221 2 20 67 44 | www.studiozwei.wdr.de | U 3–5, 16, 18 Appellhofplatz (226 C3)

ZELTEN IM ZOO ★

Eine Nacht unter wilden Tieren verbringen – davon träumt jedes abenteuerlustige Kind. Der Kölner Zoo baut an mehreren Wochenenden im Sommer Zelte auf, in denen Kinder oder Familien übernachten können. Bei Abend- und Nachtführungen erleben sie dann die nachtaktiven Tiere, z. B. die Flughunde im Hippodom, den kleinen Panda oder die Eulen, die lautlos durch ihr Haus gleiten. Einen Wecker für den nächsten Morgen braucht man sich nicht zu stellen. Das erledigen schon die Löwen mit ihrem Gebrüll.

Riehl

Termine nach Nachfrage | Kosten 150, Kinder 110 Euro | Riehler Str. 173 | Tel. 0221 778 5121 | www.koelnerzoo.de | U 18 Zoo/Flora (230 C2)

ZIRKUSSCHULE DES KÖLNER SPIELECIRCUS

Falls Ihr Kind den Handstandüberschlag vom Sofa schon beherrscht, ist es in der Zirkusschule des Kölner Spielecircus bestimmt gut aufgehoben. Jonglieren, Balancieren, Trapezturnen, Einradfahren, Feuerschlucken, als Fakir über Glasscherben laufen oder Clownereien – für alle Nachwuchskünstler findet sich im umfangreichen Kursangebot das Richtige. »Manege frei«, heißt es schon für die kleinsten Zirkuskinder ab zwei Jahren.

Ehrenfeld

Kurse finden wöchentlich statt | Kosten: 120–205 Euro pro Halbjahr | Am Wassermann 5 | Tel. 0221 35 58 16 80 | www.spielecircus.de | U 5 Liebigstraße (228 C3)

ESSEN & TRINKEN

AGATHE

NEU Waffeln gehen immer. Dazu Eintöpfe und ein Tagesgericht. Die Speisekarte im Agathe bleibt übersichtlich, doch um Nahrungsaufnahme geht es hier nicht in erster Linie. Das Café am Rand der Innenstadt dient als Refugium, wo vom Stadtbummel erschöpfte Eltern Kaffee trinken, während die Kinder in der Spieleecke ihre Energietanks leeren. Es gibt auch Kurse (Yoga, Pilates, Super-Mamas).

Innenstadt

Mo–Sa 9.30–19, So 10–18 Uhr | Schaafenstr. 12 | Tel. 0221 16 99 71 04 | www.agathe-koeln.de | U 1, 7, 12, 15 Rudolfplatz (229 E5)

CAFÉ BAUMHAUS

Die Sprösslinge in der Spieleecke parken, um sich einem gepflegten Kaffeeplausch mit der Freundin zu widmen. So lautet das Basisversprechen des Eltern-Kind-Cafés, das sich in bester Familienwohnlage unweit des Chlodwigplatzes einiger Popularität erfreut, auch weil im Sommer Tische im Freien stehen. Mittags gibt es neben mehreren Suppen auch Kartoffelrösti und speziell für Kinder einen frisch zubereiteten Obstteller.

Südstadt

Karl-Korn-Str. 18 | Tel. 0221 78 95 36 00 | www.cafe-baumhaus.de | U 5, 15, 16, 17 Chlodwigplatz (234 B2)

CAFÉ KLEKS

ÖKO Noch ein Café, in dem vor allem die Kids, aber auch ihre Eltern glücklich werden. Die Kurzen haben ihren Extra-Spielraum mit Rutsche, Trampolin und Spielzeug. Die Erwachsenen sitzen im Café und genießen in Ruhe täglich frisch zubereitete Leckereien. Köstlich ist übrigens der Haferkakao! Die Räumlichkeiten können auch für Elternabende, Geburtstage und andere Veranstaltungen gemietet werden.

Zollstock

Di–Fr 10–18.30, Sa, So 10.30–18.30 Uhr | Irmgardstr. 19 | Tel. 0221 16 85 75 50 | www.facebook.com/CafeKleks | U 12 Herthastraße (233 E3)

EMI UND HERR LANDMANN ★

Kinderspielecke, Kinderspeisekarte, Wickelraum, Puppentheater und Familienbrunch – dieses Café ist ein Traum für Eltern und Kids. Mit großen Fenstern, sonnengelben sowie himmelblauen Wänden und gemütlicher XL-Couchlandschaft wurde ein helles, einladendes Ambiente geschaffen. ÖKO Gesunde Bioküche und frische Waffeln begeistern Dreikäsehochs, und die Erwachsenen freuen sich hier über Latte macchiato, hausgemachten Kuchen und ein Kölsch zur gefüllten Biozucchini.

Ehrenfeld

Do–Di 9–18 Uhr | Landmannstr. 4 | Tel. 0221 16 91 14 36 | www.emiundherrlandmann.de | U 5, 13 Subbelrather Str./Gürtel (228 C2)

FRÄULEIN FRIDA

Als familienfreundliches Café mit Liebe zum Detail positioniert sich das in Pastelltönen eingerichtete Etablissement. Für Babys gibt es ÖKO hausgemachten Bio-Babybrei, Kinder freuen sich über Waffeln am Stiel und Kakao – und die Eltern bekommen Tee oder korrekten Kaffee aus Kölns ältester Rösterei (Schamong), ein gutes Frühstück und wechselnde Köstlichkeiten von der Tageskarte. Auch das ein oder andere selbst genähte Accessoire für Babys können Sie hier erstehen.

Ehrenfeld

Mo–Fr 9.30–18, So 10–18 Uhr, Sa für private Feiern nach Anmeldung | Subbelrather Str. 179 | Tel. 0221 96 26 00 35 | www.fraeulein-frida.de | U 5 Liebigstraße (229 D3)

Emi und Herr Landmann: Café mit Bioküche und Herz für Kinder

TANTE KÄTHE

NEU Anders als der Name suggerieren mag, befindet sich dieses Café nicht in Richtung Leverkusen, um einem ehemaligen Nationaltrainer namens Rudi Völler zu huldigen, sondern genau am anderen Ende der Stadt im ruhigen Zündorf. Hier kehren Familien gern zum Frühstück oder Mittagessen ein oder um den leckeren, selbst gebackenen Kuchen zu verspeisen. Bezahlen kann man nur in bar.

Porz

Mo–Fr 9–18, Sa, So 9.30–13 Uhr | Houdainer Str. 2 | Tel. 02203 1 86 91 25 | U 7, 9 Zündorf (237 D3)

KULTUR FÜR KINDER

BLAUES HAUS

»Puppentheater und mehr« – mit diesem Motto hat sich das Blaue Haus in die Herzen großer und kleiner Kölner gespielt. Auf dem Programm stehen u. a. Klassiker wie »Hans im Glück« oder »Rotkäppchen«, aber auch Lesungen und Ausstellungen für Erwachsene. Die Stücke für Kinder ab drei Jahren dauern meist 35 Minuten, Platz ist für 35 Zuschauer.

Südstadt

Stücke z. B. Mi 17, Sa, So 16 Uhr | Eintritt 6, Kinder 4 Euro | Severinstr. 120 | Tel. 02 21 471 32 39 | www.blaues-haus.biz | U 3, 4 Severinstraße (234 A1)

CASA MAX

Keine Puppen, sondern echte Schauspieler gibt es in diesem Kinder- und Jugendtheater. Hier gefällt vor allem das ungewöhnliche Programm: Das Ensemble spielt nicht etwa die altbekannten Klassiker, sondern junge, moderne Stücke, die auch Themen wie Geschlechterrollen oder die sozialen Netzwerke behandeln. Dazu kommen pädagogische Angebote und Workshops.

Sülz

Eintritt Erwachsene 8–10, Kinder 6–8 Euro | Berrenrather Str. 177 | Tel. 0221 44 76 61 | www.casamax-theater.de | U 18 Arnulfstraße (232 C–D2)

Auf eine kindgerechte Reise durch die Kulturen der Welt geht's im Junior-Museum

JUNIOR-MUSEUM

Was hat die christliche Erstkommunion im Rheinland mit dem Beschneidungsfest in Istanbul gemeinsam? Fragen wie diese werden im interaktiven Junior-

Museum geklärt, das sich im Rautenstrauch-Joest-Museum (→ S. 15) befindet. In dem »Haus im Haus« wird der Alltag von fünf Jugendlichen aus fünf Ländern mit ihren typischen Bräuchen und Festen, ihrer Musik und Esskultur veranschaulicht. Im angeschlossenen Mediencenter kann das Erfahrene reflektiert und vertieft werden.

Innenstadt

Di, Mi u. Fr–So 10–18, Do 10–20 Uhr | Eintritt frei | Cäcilienstr. 29–33 | Tel. 0221 3 13 73 | www.museenkoeln.de/juniormuseum | U 1, 3, 4, 7, 9, 16, 18 Neumarkt (226 C4)

KINDEROPER KÖLN ★

Als weltweit erste Einrichtung ihrer Art verfügt die Kölner Oper über eine eigene Kinderoper. Auch sie hätte einen Platz im sanierten Opernhaus am Offenbachplatz gehabt – doch das ist bis voraussichtlich Herbst 2018 nicht bespielbar. Bis dahin wird der Nachwuchs ab acht Jahren Klassiker wie »Räuber Hotzenplotz« und »Schneewittchen« in Saal 3 des Staatenhauses sehen, wo auch die Oper interimsweise unterkommt. Jugendliche ab 15 Jahren finden auf dem Programm auch Konzerte spannender Komponisten, und für ganz Kleine tourt die Kinderoper mit Musiktheaterstücken durch Kitas und Kindergärten.

Infos unter www.operkoeln.com

KINDER- UND JUGENDTHEATER IN DER COMEDIA

Das mehrfach preisgekrönte Kinder- und Jugendtheater bringt pro Spielzeit mindestens vier Neuinszenierungen auf die Bühne und hat elf weitere Stücke im Programm. Es gibt spannende Kinderklassiker wie »Emil und die Detektive« oder moderne Märchen wie »Kuckucksei« sowie anspruchsvolle Stücke wie »Tigermilch«, in denen die Querelen des Jungseins und des Erwachsenwerdens auf leichte Art thematisiert werden. Aber auch an die ganz Kleinen ab zwei Jahren ist gedacht. Viel Spaß machen die begleitenden Kurse in der Theaterwerkstatt, die es zu vielen Stücken gibt.

Neustadt-Süd

Tickets 8–15, Kinder/Jugendliche 6–10 Euro | Vondelstr. 4–8 | Tel. 0221 88 87 73 33 | www.comedia-koeln.de | U 15, 16 Chlodwigplatz (234 A2)

SPIEL & ZEUG

BOYCE AND GIRLS

Entweder Sie gehen hierher, um selbst gemachten Kuchen zu futtern und sich beim Kaffee mit Freunden auszutauschen. Das geht dank der Öffnungszeiten direkt, nachdem man die Kleinen in die Schule oder den Kindergarten gebracht hat. Oder Sie shoppen: Vom Bugaboo-Kinderwagen bis zum wasserfesten Armband mit Gravur, von der Sandale bis zum Sandkastenförmchen, von Pompoms bis zu Wenderöcken – hier gibt es Spielsachen, Kindermode mit Stil und auch nette Teile für Mama.

Agnesviertel

Mo–Fr 9–19, Sa 10–18 Uhr | Balthasarstr. 65 | Tel. 0221 42 34 84 68 | www.boyceandgirls.de | U 12, 15, 16, 18 Ebertplatz (230 A–B3)

COCO

Wer sich im schwierigen und schnelllebigen Kinderladengeschäft mehr als zehn Jahre lang halten kann, der muss wissen, wie es geht. Tatsächlich besticht bei Coco das Angebot an schönen, gut verarbeiteten und oft auch ÖKO ökologisch produzierten Produkten. Das Beste ist gerade gut genug! Außerdem hat der Laden eine Secondhand-Ecke und führt diversen Kleinkram wie Quartette und Stifte. Auch an die Mütter von morgen ist gedacht, allerdings in einem zweiten Laden: Bei *Coco Capello (Mo–Fr 10–13 u. 15–18, Sa 11–15 Uhr | Curtiusstr. 1)* schräg gegenüber gibt es schicke Umstands- und Stillmode.

Sülz

Mo–Fr 10–18.30, Sa 10–15 Uhr | Euskirchener Str. 23 | Tel. 0221 8 69 15 55 | www.coco-kinderladen.de | U 13 Euskirchener Straße **(232 C2)**

Bunte Sachen, die Laune machen, hat Jättefint

JÄTTEFINT

ÖKO In Sachen Design sind die Skandinavier unschlagbar. Ein superschönes Beispiel dafür liefert der gleichnamige Laden der Finnin Johanna Gruber – denn »jättefint« ist finnisch und bedeutet superschön. Zum Angebot gehören hochwertige Kinderkleidung, nachhaltiges Spielzeug und Gute-Laune-Designprodukte wie fröhliches Geschirr, hippe Trinkflaschen und hübsche Geldbörsen – alles aus Skandinavien. Die kunterbunten Klamotten kommen von Labels wie Duns, Lipfish und Hjorth.

Sülz

Mo 11–18, Di–Fr 10–18, Sa 10–15 Uhr | Wichterichstr. 6–8 | Tel. 0221 16 95 56 11 | www.jaettefint.de | U 9 Lindenburg **(232 C3)**

NICOLA

ÖKO Kleidchen und Tuniken im romantischen Millefleur-Design, gehäkelte Babyschühchen, puderfarbene Strickjäckchen, Spangenschuhe aus feinem Leder und silberne Sandalen – diese Kinderboutique setzt Maßstäbe in Sachen geschmackvoller und hochwertiger Kinderbekleidung. Zum Sortiment gehören größtenteils nachhaltige, umweltbewusste Modelle in trendigen, vom französischen Landhauslook inspirierten Styles. Außerdem: ausgesuchte Bilderbücher und eine eigene kleine Produktlinie mit Lätzchen, Decken und mehr.

Belgisches Viertel

Di–Fr 10–13 u. 14.30–18, Sa 10–14 Uhr | Lütticher Str. 54 | Tel. 0221 16 85 91 89 | www.nicola-cologne.de | U 1, 7 Moltkestraße **(228 D5)**

OKKIDOKKI

ÖKO Dieser beliebte Kinderladen ist ein hervorragendes Beispiel dafür, wie hip und cool auch Bioklamotten sein können. In dem einladend gestalteten La-

den gehören neben angesagten Labels wie Smafolk, King Louie, Green Cotton, Adelheid, Mini Nümph, Bench Kids und Living Crafts auch tolle Accessoires sowie Secondhand-Mode zum Programm. Beratung und Service sind außerordentlich freundlich – also nichts wie hin!
Südstadt
Mo–Fr 10–18.30, Sa 10–16 Uhr | Merowingerstr. 41 | Tel. 0221 75 95 60 66 | www.okkidokki.de | U 15, 16 Chlodwigplatz (234 A2)

PATTEVUGEL ★
Ein Pattevugel ist ein Papierdrachen, und die gibt es hier zu kaufen. Angehende Zirkuskinder bekommen Jonglierbälle, Diabolos, Jo-Jos, Frisbees und Stacking-Cups. Bastler freuen sich über die große Auswahl an Modellbausätzen, Tüftler begeistern sich für das Sortiment an Geduldsspielen. Handpuppen, Gesellschaftsspiele und originelle Mitbringsel sind ebenfalls zu haben. Ein Lieblingsladen – nicht nur für Kinder.
Sülz
Mo–Fr 10–18.30, Sa 10–15 Uhr | Zülpicher Str. 314 | Tel. 0221 28 27 28 67 | www.pattevugel.de | U 9 Lindenburg (232 C2)

DER RABE
Mit Evergreens wie Puppen von Käthe Kruse, Plüschtieren von Steiff oder einem 100 cm hohen Kran aus Holz erfreut das Fachgeschäft seit mehr als 25 Jahren seine Kundschaft. »Schauen, stöbern und entdecken« im Zeitalter des Internethandels bietet man den Vorteil, alles betasten und in Augenschein nehmen zu können. Saisonal bekommt man INSIDER TIPP auch Karnevalskostüme für Kinder bis zehn Jahre.
Lindenthal
Mo–Fr 10–18.30, Sa 10–15 Uhr | Dürener Str. 225 | Tel. 0221 27 78 40 66 | www.derrabe.de | U 7, 13 Dürener Straße/Gürtel (228 B6)

SISSI UND FRÄNZ
Möbel sollen Geschichten erzählen und in unserer schnelllebigen Zeit Beständigkeit vermitteln, so lautet die Philosophie dieses Geschäfts. Schauspielerin Anya Hoffmann – bekannt aus diversen Fernseh- und Kinoproduktionen – hat eine eigene Kindermöbelserie entworfen und restauriert betagte Flohmarktschätze. So sind hier neue und alte Möbel mit Charakter versammelt, die Kinder- und Mütterträume wahr werden lassen.
Südstadt
Mo 14–18.30, Di–Fr 11–18.30, Sa 11–15.30 Uhr | Merowingerstr. 50 a | Tel. 0221 4 20 45 22 | www.sissiundfraenz.de | U 15, 16, 18 Chlodwigplatz (233 F2)

SPIEL UND KLEID
ÖKO Ökologisch, fair und ohne giftige Farben oder Weichmacher: Eltern, die bei Produkten für ihren Nachwuchs auf diese Kriterien Wert legen, sind bei Spiel und Kleid richtig. Ob Schnullerkette oder Kaufladenzubehör – das Sortiment von renommierten Firmen ist groß. Das meiste Spielzeug besteht aus Holz und ist somit auf lange Lebensdauer angelegt. Toll ist in der Filiale in der City auch die riesige INSIDER TIPP Murmelbahn, an der man die Kleinen schon mal kurz »parken« kann, während man noch im benachbarten Bioladen einkaufen geht.
Innenstadt
Mo–Fr 10–19, Sa 9–19 Uhr | Krebsgasse 5–11 | Tel. 0221 33 77 34 22 | www.spielundkleid.de | U 3–5, 16, 18 Appellhofplatz (226 C3)
Sülz
Mo–Fr 9–19, Sa 9–15 Uhr | Berrenrather Str. 234 | Tel. 0221 2 61 70 52 | U 18 Arnulfstraße (232 C–D2)

WANDERUNGEN IN DER STADT

KREUZ UND QUER DURCH DEN STADTWALD

Eigentlich ist der Stadtwald eher ein Park – auch wenn es hier natürlich jede Menge Bäume, Gebüsche und Hecken gibt. Aber es gibt hier eben auch noch mehr, beispielsweise einen schön schattig gelegenen Spielplatz mit riesigem Klettergerüst, Holzhütten und Tischtennisplatten. Für Abwechslung sorgt auch der Kahnweiher, dessen Ausläufer sich durch den Ostteil des Walds ziehen und auf dem man eine gemütliche Runde mit dem Tretboot fahren kann. Highlight der Wanderung ist ein Besuch im Lindenthaler Tierpark, auch als »Zoo des kleinen Mannes« bekannt. Hier können die Kinder frei laufende Rehe und Hirsche füttern, Ziegen streicheln oder Pfauen und Truthähne bestaunen.

Der Eintritt ist frei, nur das Futter kostet etwas.

Sülz

Kernöffnungszeit tgl. 9–16 Uhr, je nach Jahreszeit öffnet der Park schon um 8 und schließt um 20 Uhr | Strecke: variabel | mögliche Startpunkte: Hültzplatz | U 1, 7 Aachener Str./Gürtel **(228 B5)***; Dürener Str. | U 7, 13 Dürener Str./Gürtel* **(232 B1)**

MEINE STADT

▶ Im Rheinpark stehen zwei Bäume mit ungewöhnlichem Schmuck – die Schnullerbäume. Kleinkinder können hier ihren Sauger in einen der Bäume binden. Auf diese Weise fällt vielen Knirpsen die Entwöhnung etwas leichter. Die ungewöhnliche Idee stammt ursprünglich von den familienfreundlichen Dänen. Gepflanzt wurden die beiden Maulbeer-Schnullerbäume im Rheinpark vor einigen Jahren vom Kölner Bündnis für Familien anlässlich des Internationalen Tags der Familie. Zu finden sind sie am Auenweg.

Rheinpark | Auenweg | U 3, 4, S 6, 11–13, Bus 150 Köln-Deutz

VOM ZOO ZUM DOM

Startpunkt ist die Zoobrücke, die auf der domnahen Seite überquert wird: Über Ihnen fährt die Seilbahn, neben Ihnen donnern die Autos, ab und an kommt Ihnen keuchend ein Jogger entgegen – kein idyllischer, aber ein durchaus beeindruckender Weg. Auf der Schäl Sick geht es dann die Wendeltreppe runter zum Rheinpark: Hier können Sie kicken, Frisbee spielen, sich an einem der vielen Brunnen erfrischen oder die Kleinen über einen der schönsten und größten Spielplätze Kölns jagen. Am Rhein, dessen Ufer an dieser Stelle sehr flach ist, lassen Sie mit den Kids Kiesel flitschen und bestaunen die riesigen Frachtkähne. Danach geht es den Uferweg entlang bis zum Hyatt-Regency-Hotel. Wenn Sie richtig viel Glück haben, kommen dort gerade Popstars wie Miley Cyrus oder Fußballer wie Zlatan Ibrahimovic an. Der Blick von Deutz auf die »richtige« Rheinseite mit dem Dom lässt sich bei einer Pause auf der langen Treppe des Rheinboulevards genießen. Auf der Hohenzollernbrücke erklären Sie den Kindern, was ein Liebesschloss ist. Am Ziel der Wanderung, dem Dom, brauchen Sie gar nichts mehr zu sagen. Der beeindruckt Menschen jeden Alters ganz ohne Kommentar.

Strecke ca. 2 km | Start: Zoobrücke | U 18 Zoo/Flora **(230 C2)** *| Ziel: Dom | U 5, 16, 18 Dom/Hbf.* **(227 E2)**

Wellness & Sport

Viele Grünflächen, tolle Thermen, Saunalandschaften mit Domblick, neue Fitnessangebote und Kletterparcours – in Köln kann wirklich keiner stillsitzen. Nur in der Sauna eben …

Der eine ist auf der Suche nach der eigenen Mitte und lässt sich gern verwöhnen. Die andere braucht Action und Adrenalin. Es gibt viele Möglichkeiten, Stress und Hektik abzubauen und sich für eine gewisse Zeit aus dem Großstadtalltag auszuklinken. Zum Beispiel Sport. Eine Runde Klettern an der *Hohenzollernbrücke* (→ **S. 170**) wirkt da genauso Wunder wie ein Mountainbikerennen durch den *Stadtwald* (→ **S. 170**). Sie können natürlich auch Ihren Idolen Michael Schumacher (*Kartcenter Cologne* → **S. 167**) oder Bruce Lee (*Jeet Kune Do* → **S. 169**) nacheifern. Abschalten auf etwas andere Art können Sie beim *Kickboxen* (→ **S. 164**), aber auch bei einer *Touchlife Massage* (→ **S. 163**). Oder Sie gönnen sich mal etwas: eine Retro-Frisur von *Aristocutz* (→ **S. 165**), eine Waxing-Behandlung bei *Weiberkram* (→ **S. 163**) oder ein Verwöhnprogramm im Luxus-Spa *Babor* (→ **S. 158**). Wie Sie sich auch entscheiden, danach werden Sie sich bestimmt besser fühlen.

BAD, SAUNA & SPA

BEAUTY SPA

Auf satten 270 m² lassen sich Stress und Hektik hier in edelstem Ambiente aufs Angenehmste vertreiben. Für die Behandlungen stehen sieben top ausgestattete Räume zur Verfügung. Zwei Suiten bieten zudem die Möglichkeit zu Partner-Treatments – ganz nach Gusto mit der Freundin oder dem Herzblatt. Eine 70 m² große ☀ Sonnenterrasse macht das Wellnessfeeling nach den Anwendungen perfekt. Schöner kann man innenstädtisch kaum entspannen!

Innenstadt

Mo–Sa 9–21, So 11–20 Uhr | Massagen ab 42, kosmetische Behandlungen ab

Herrlich relaxen lässt es sich im Thermal-Mineralwasser der Claudius Therme

15 Euro | Schildergasse 39 | Tel. 0221 27744779 | www.baborspa.de | U 1, 3, 4, 7, 9, 16, 18 Neumarkt (227 D4)

CHABA THAI SPA

In dem luxuriösen Spa strömt Thailandflair aus allen Ecken: Buddhafiguren, Orchideen, typisches Mobiliar und fein gedämpftes Licht lassen das Gehirn automatisch auf Entspannung schalten. Das Highlight der Massagen ist die traditionelle Thaimassage »Nuad Phaen Boran«. Die über 2500 Jahre alte Heilkunst basiert auf ayurvedischer und chinesischer Medizin sowie auf buddhistischer spiritueller Praxis.

Südstadt

Mo–So 10–21 Uhr | traditionelle Massage 60 Min. 45, 90 Min. 60 Euro | Zülpicher Platz 3–5 | Tel. 0221 45338150 | www.spachaba.de | U 9, 12, 15 Zülpicher Platz (226 A5)

CLAUDIUS THERME

»Das Refugium für Gesundheitsbewusste« – so lautet die Eigenwerbung des Thermalbads im Kölner Rheinpark. Denn hier versorgt eine Thermal-Mineralquelle die Innen- und Außenbecken mit Heilwasser. Komplettiert wird das Rundum-Wohlfühlpaket durch Whirlpools, Heiß-Kalt-Grotte, Ruheräume, Saunabereiche sowie physikalische Therapie und nicht zuletzt durch die unübertroffen schönen Außenbecken: Mit Blick auf Rheinpark und Dom geht der Prozess Richtung Tiefenentspannung seiner Vollendung entgegen. Und im Gegensatz zur sonst üblichen Pommes- und-Frikadellen-Verpflegung können Sie sich hier im INSIDER TIPP Restaurant Eau de Cologne stilvoll stärken.

Deutz

Tgl. 9–24 Uhr, Mo Damentag im Saunainnenbereich | Eintritt 2 Std. Mo–Fr 15,50 Sa, So 17,50 Euro | Sachsenbergstr. 1 | Tel. 0221 981440 | www.claudius-therme.de | U 1, 3, 4, 9 Bf. Deutz, von dort mit Bus 150 bis Claudius Therme (230 C3)

LENTPARK

ÖKO Wer naturbelassen und ohne gerötete Augen baden will, muss normalerweise weite Wege zu den Seen vor der Stadt auf sich nehmen. Doch seit ein paar Jahren gibt es auch mitten im Agnesviertel ein Naturfreibad, das ganz ohne Chlor auskommt. Das Wasser ist zwar recht trüb, der Erfrischungseffekt an einem heißen Tag aber großartig. Ab und an haben die Bademeister mal Probleme mit Algen und Bakterien. Aber dann wie bei schlechtem Wetter gibt es noch das Hallenbad und die Sauna (→ S. 168).

Agnesviertel

Freibad Di–Fr 13–20, Sa, So 10–20 Uhr 5,50 Euro | Lentstr. 30 | Tel. 0221

27 91 80 10 | www.koelnbaeder.de | U 16, 18 Reichenspergerplatz (230 B2)

NATURFREIBAD VINGST

Ein Baggersee mit Wildpflanzenstauden, weißem Sand, Schatten spendenden Bäumen und sattem Grün – ein kleines Paradies für Familien und Wasserratten, die es lieber ohne Chlor mögen! Schwimmende Inseln, Beachvolleyball- und Bolzplatz bieten viele Möglichkeiten, sich sportlich auszupowern. Da viel Bewegung bekanntlich irgendwann hungrig macht, sollte man neben Sonnencreme und Badehose auch Grillgut im Gepäck haben. Denn im Gegensatz zu den meisten anderen Freibädern darf man hier INSIDER TIPP selbst grillen – Grillplätze stehen zur Verfügung.

Vingst

Mo–Fr 13–19, Sa, So 10–19, in den Wintermonaten geschl. | 4,80 Euro/Tag, Spättarif 4 Euro | Vingster Ring | Tel. 0221 2 79 18 60 | www.koelnbaeder.de | U9 Vingst (237 D3)

NEPTUNBAD ★

Das Neptunbad diente den Kölnern bis in die 1990er-Jahre als Hallenbad. Der Betreiber der Claudius Therme kaufte das edle Jugendstilgebäude und ließ es komplett restaurieren. Als Health Club & Spa für ein anspruchsvolles Publikum wurde es wiedereröffnet. Clubmitglieder wählen heute zwischen Sauna- und Fitnessbereich. Die Sauna können auch Tagesgäste besuchen. Massagen und Kosmetikpflege komplettieren das Angebot im rundum stilvollen Ambiente.

Ehrenfeld

Tgl. 9–24, Fitness Mo–Fr 7–23, Sa, So ab 9 Uhr | Fitness nur für Clubmitglieder, Tageskarte Sauna 31,50 Euro, am Wochenende 34 Euro | Neptunplatz 1 | Tel. 0221 71 00 71 | www.neptunbad.de | U 3, 4 Körnerstraße (228 C3)

SPA IM SAVOY HOTEL

Über den Dächern von Köln im Strandkorb chillen, eine hawaiianische Lomi-Lomi-Massage nach einem Körperpeeling mit Papaya-Seesand genießen,

MARCO POLO HIGHLIGHTS

★ Neptunbad
Nicht nur Saunen, Bäder und Fitnessbereich bestechen hier, sondern auch die denkmalgeschützte Jugendstilarchitektur. Da entspannt das Auge mit → **S. 160**

★ Konzept Golf Gut Clarenhof
Golf ist nur was für Snobs? Von wegen! Die Anlage auf dem Gut Clarenhof hat nichts Elitäres. Der Spaß am Sport steht im Vordergrund → **S. 166**

★ Outdoor Gym
Der Baumstamm wird zur Hantel: Im Outdoor Gym trainiert man seine Fitness im Freien bei Wind und Wetter → **S. 170**

★ Wasserski Bleibtreusee
Wasserskifahren ist gar nicht so schwer, wie es aussieht. Dank der professionellen Einführung geben dabei auch Anfänger schnell eine gute Figur ab → **S. 174**

★ Lord Vishnu's Couch
Sich's auf der Couch bequem machen? Mitnichten! Hier wird Power Yoga gemacht, das die ideale Balance aus Ruhe und Anstrengung bietet → **S. 174**

Moonlight-Anwendungen und spezielle Verwöhnpakete wie den Kleopatra-Tag erleben: Das sind nur einige der Besonderheiten des Spa im Designhotel Savoy. Zum Einsatz kommen nur erstklassige Produkte aus Luxuspflegelinien wie St. Barth und Sensai. Später können Sie sich INSIDER TIPP zum Ausklang an die Hotelbar setzen. Vielleicht sehen Sie ja sogar ein prominentes Gesicht.

Innenstadt

Mo–Do 13–21.30, Fr–So 10–20 Uhr | Turiner Str. 9 | Tel. 0221 16 23 33 33 | www.savoy-koeln.de | U 12, 15, 16, 18 Ebertplatz (229 F4)

INSIDER TIPP WALDBAD DÜNNWALD

Ein Schwimmbad mitten im Wald? Mit Liegewiese, Rutschbahn und ohne Schnellstraße in der Nähe? Dieses Versprechen macht das Waldbad Dünnwald wahr. Das Ganze klingt nicht nur nach Urlaub, sondern kann auf dem angegliederten Zeltplatz auch als solcher erfahren werden. Tagesausflügler erweitern das Erlebnisspektrum derweil beim Minigolf oder beim Boule. Gelegentlich geben (kölsche) Bands auf dem Gelände Konzerte.

Dünnwald

Mai–Sept. tgl. 9–20 Uhr | 5 Euro, Peter-Baum-Weg | www.waldbad-camping.de | U 4 Leuchterstraße (237 D2)

BEAUTY & ENTSPANNUNG

ASIA FITNESS & RELAX

Atemtechnik, Konzentration und Imagination sind die Ecksäulen des Qigong, einer jahrtausendealten Selbstheilungsmethode der chinesischen Medizin. Durch die Verbesserung der körperlichen und geistigen Konstitution wird ihr ein positiver Einfluss bei Beschwerden wie Rückenproblemen, Bluthochdruck und Depressionen attestiert. Das Studio in Sülz bietet Kurse an.

Sülz

10 Termine 132 Euro | Weyertal 9 | Tel. 0221 2 22 11 83 | www.qigongkoeln.de | U 9 Sülz Weyertal (233 D2)

SALZNAH

Was auf den Nordseeinseln und am Toten Meer gleichermaßen gut funktioniert, verfehlt auch in einem urbanen Studio seine Wirkung nicht. Dies zumindest versprich das Salznah, wo Well-

Sport ohne Ablenkung – im Pilatesstudio von Vera Thies

nessfans und Atemwegspatienten in 45-minütigen Sitzungen die heilende Kraft salzhaltiger Luft auf sich einwirken lassen können. Entspannungskurse und Yoga runden das Angebot ab.

Agnesviertel

ab 12 Euro | Neusser Str. 30–32 | Tel. 0221 6 82 71 09 | www.salznah.de | U 12, 15, 16, 18 Ebertplatz (229 F3)

SCHÖNGEIST

»Auf sechs Händen getragen und auf Rosen gebettet«, lautet das verführerische Motto des Waxing- und Beautystudios Schöngeist. Das luxuriöse High-End-Treatment umfasst Ganzkörperpeeling, Gesichtsbehandlung, Waxing, Mani- und Pediküre sowie diverse Massagen. Das Besondere: Zum Angebot gehören auch viele auf Männer abgestimmte Behandlungen, und es geht erfrischend locker zu. Etwas für Ayurvedafans ist die Abhayzuga-Massage (60 Min. 79 Euro).

Innenstadt

Mo–Sa 10–19 Uhr | Massage ab 49, Facials ab 55 Euro | Gertrudenstr. 35 | Tel. 0221 2 80 69 79 | www.schoen-geist.com | U 1, 3, 4, 7, 9, 16, 18 Neumarkt (226 B3)

TAJET GARDEN

Diese Oase der Ruhe im Kölner Süden bietet ein vielfältiges Veranstaltungsangebot mit dem Schwerpunkt Körper- und Energiearbeit. Übergeordnetes Ziel bei allen Kursen ist es, das Interesse an einer gesunden, frohen Lebensweise zu wecken und eine Plattform für spirituelle Weiterentwicklung zu bieten. Zum Programm gehören Massage, Yoga, Tanz, Meditation, therapeutische Sitzungen, aber auch Vorträge zum integrativen und verbundenen Atmen. An den Wochenenden finden oft Konzerte statt.

Bayenthal

Geöffnet je nach Veranstaltung | Alteburger Str. 250 | Tel. 0221 34 30 15 | www.tajetgarden.de | U 16 Schönhauser Straße (234 B4)

TOUCHLIFE-MASSAGE

Moderne Wellness- und Sportangebote sind ganzheitlich ausgerichtet. So auch die Touchlife-Massagetechnik, die Hanna Krstic praktiziert. Dabei wird besonderer Wert auf die Energie spendende Wirkung von Berührungen gelegt. Jede Massage umfasst daher auch Phasen mit ausschließlich ruhendem Handkontakt. In einem Vorgespräch werden die speziellen Bedürfnisse besprochen, sodass die Massage sehr individuell darauf abgestimmt werden kann.

Nippes

Termine nach Vereinbarung | Preise ab 45 Euro | Florastr. 25 | Tel. 0221 7 60 23 12 | www.hanna-k.de | U 12, 15 Lohsestraße (230 A1–2)

INSIDER TIPP VERA THIES PILATES STUDIO

Pilates ist Training für Körper, Geist und Seele und vereint Elemente aus Yoga, Feldenkrais, Tai-Chi und Physiotherapie mit Atemtechniken. Das hilft bei Verspannungen und Blockaden, aber auch bei Stress und Müdigkeit. Und während so mancher Pilateskurs eher einem gemütlichen Beisammensitzen gleicht, geht es bei Vera Thies sehr konzentriert und sportlich zu.

Südstadt

Tgl., Kursplan siehe Website | Gruppenstunde 20, 10er-Karte 180 Euro | Bonner Wall 45 | Tel. 0221 9 34 59 75 | verathies-pilates.de | U 15, 16 Chlodwigplatz (233 F2)

WEIBERKRAM

Bis zu eine halbe Million Haare wachsen am menschlichen Körper. Zu viele, finden die Mädels vom Waxingstudio Weiberkram und nehmen all die ins Visier, die frau nicht braucht: an den Armen und Beinen, im Gesicht und auch unter der Gürtellinie. Das Ganze geschieht in sehr netter, unverkrampfter und diskreter Atmosphäre. Wer empfindliche Haut hat, kann sich mit einer Paste aus Zucker und Zitronensaft behandeln lassen. Das ist sanfter und weniger schmerzhaft als mit Wachs.

Innenstadt

Di–Mi 11–20, Do, Fr 9–21, Sa 10–17 Uhr | Preise je nach Körperstelle Waxing 7–36, Sugaring 9–54 Euro | Wolfsstr. 6 | Tel. 0221 27 74 88 40 | www.weiberkram-waxingstudio.de | U 1, 3, 4, 7, 9, 16, 18 Neumarkt (226 C3)

FITNESS

AGRIPPAFIT

Training an modernen Geräten plus eine Vielzahl an Kursen machen dieses Studio zum echten Tipp. Hinzu kommen das eigene Schwimmbad und eine Saunalandschaft, im Sommer können Sie außerdem gratis das Freibad am Stadion nutzen. Für einen geringen Aufpreis ist eine Kinderbetreuung möglich. Ausgebildete Trainer und Mediziner stehen Ihnen zur Seite. INSIDER TIPP Frühaufsteher können schon ab 6.30 Uhr durchstarten – wer sich dazu aufrafft, dem dankt es die Gesundheit …

Innenstadt

Mo–Fr 6.30–22.30, Sa, So 9–21 Uhr | ab 60 Euro im Monat, einmalige Aufnahmegebühr 99 Euro | Kämmergasse 1 | Tel. 0221 2 79 17 32 40 | www.koelnbaeder.de | U 1, 3, 4, 7, 9, 16, 18 Neumarkt (227 D5)

COLOGNE FITNESS

Der gut sichtbare Aufbau von Muskelpartien ist die Kernkompetenz dieses Studios. Doch auch Zumba und Bauch-Killer-Kurse (Step&Dance) oder Wirbelsäulengymnastik gehören zur Kursauswahl. Für eine bessere Balance zwischen Geist und Körper sorgt Tae Bo. Zur Entspannung steht eine kleine Sauna zur Verfügung.

Kalk

Mo–Fr 9–23, Sa, So 10–18 Uhr | ab 19,90 Euro | Hollweghstr. 8 | Tel. 0221 34 66 66 72 | colognefitness.de | U 1, 9 Kalk Kapelle (231 F5)

FITNESSCAMP COLOGNE

Ohne Ziele kein Spaß. So lautet das erklärte Motto des Fitnesscamp Cologne. Wie dieses Studio beweist, handelt es sich um eine vielseitig auslegbare Devise, denn in diesem Falle geht es tatsächlich in erster Linie um den Boxsport und dessen Derivate mit zusätzlichem Fußeinsatz. Echte Treffer freilich kassieren in erster Linie Sandsäcke und hochgehaltene Handschuhe. Weil das Boxtraining zudem zu den effektivsten und anstrengendsten Methoden zur Stärkung des Herzkreislaufsystems gehört, halten sich hier keineswegs nur Kampfsportler auf. Der Frauenanteil liegt bei 70 Prozent, und neben Kickboxen werden auch Zumba, Yoga und Pilates angeboten.

Innenstadt

Mo–Sa 9–22 Uhr | Bobstr. 10–12 und Bayardsgasse 3–5 | Tel. 0221 16 84 18 38 | www.ckcamp.de | U 9 Mauritiuskirchstraße (229 E5)

JUST FEMININ

Dieses Studio liegt ziemlich ab vom Schuss ganz im Westen der Stadt. Wie der Name schon verrät, ist es komplett auf die Bedürfnisse der Frau zugeschnitten. Auf 1200 m² wird zwischen rosafarbenen Wänden und orientalischen Accessoires geradelt, gesteppt und geschwitzt. Eine Besonderheit sind die Fettverbrennungsgeräte Hypoxi und Vaku Walk, die die Regeneration der

Haut fördern und den Abbau von Gewebeflüssigkeit beschleunigen sollen. INSIDER TIPP Tägliche Kinderbetreuung von 8.45 bis 12.15 und 16.45 bis 19.15 Uhr!

Weiden

Mo–Fr 8–22, Sa, So 8–20 Uhr | Mitgliedsbeitrag ab 39,90 Euro im Monat, Tageskarte 14,90 Euro | Aachener Str. 1143 | Tel. 0221 3 79 43 90 | www.justfit-clubs.de | U 1 Bahnstraße (236 C3)

VITADROM

Es gibt nichts, was es nicht gibt im Vitadrom. Das Fitnessstudio wartet neben der sonst so üblichen Ausstattung mit einer Tanzschule, einem Kosmetikstudio und einem separaten exklusiven Frauencenter auf. Dieser Bereich ist u. a. mit den beliebten Hypoxi-Geräten ausgestattet, mit denen der ungeliebten Orangenhaut der Kampf angesagt wird. Dass man hier auch saunieren, sich sonnen und an der Bar entspannen kann, versteht sich ja fast schon von selbst.

Ehrenfeld

Mo–Do 7–23, Fr 7–22, Sa, So 10–20 Uhr | ab 50 Euro im Monat | Venloer Str. 543 | Tel. 0221 54 13 53 | vitadrom.com | U 3, 4 Äußere Kanalstraße (228 B2)

FRISEURE

ARISTOCUTZ

Sie sind Fan der Fifties und Sixties? Dann ist das Ihr Laden! Aristocutz-Chef Arthur Wynands zaubert den Herren die coolsten Tollen der Stadt, während die Damenwelt Hingucker wie den Bienenkorb à la Audrey Hepburn verpasst bekommt. Auch das Ambiente ist stimmig: von Arthurs Tattoos über die Grusel-Deko bis hin zum Old-School-Plattenspieler, auf dem fast nur Elvis läuft. Doch auch Normalos ohne Retro-Neigung werden hier kompetent frisiert.

Mit eigenem Schwimmbad trumpft das Agrippafit

Neustadt-Nord

Di–Fr 10–14 u. 16–19, Sa 10–15 Uhr | Preise für sie ab 35, für ihn ab 25 Euro | Domstr. 36 | Tel. 0221 1 39 71 28 | www.aristocutz.de | U 12, 15, 16, 18 Ebertplatz (230 B3)

HAIRDRESSER ON FIRE

So originell wie der Name, so ausgefallen ist auch der wunderbare Friseurladen von Susanne Klapper in Nippes. Er ist mit viel Liebe bis ins kleinste Detail im Fifties-Style in pastellfarbenen Bonbontönen gestaltet. Aber keine Bange:

Auch wenn das Interieur in längst vergangene Tage entführt, ist das Haarstyling absolut auf der Höhe der Zeit. Kinder dürfen im Donald-Duck-Stuhl Platz nehmen oder auch mit Barbapapa-Figuren spielen. Herzallerliebst!

Nippes

Di u. Mi 10–19, Do 11–20, Fr 10–20, Sa 10–15 Uhr | Haarschnitt für sie ab 35, für ihn ab 28 Euro | Sechzigstr. 12 b | Tel. 0221 27 07 09 66 | www.hairdresseronfire.de | U 12, 15 Lohsestraße (229 F2)

KASTENBEIN & BOSCH

Das Ambiente dieses ultrahippen Salons erinnert mit seinen knalligen Orangetönen eher an einen Club. An ausgewählten Tagen legen DJs auf. Das gut gelaunte Personal versteht sein Handwerk, und so liegt man nach dem Besuch in Sachen Haarpracht stilistisch ganz weit vorn. Die beiden Friseurmeister Roger Kasteinbein und Stefan Bosch stehen auf Kriegsfuß mit chemikalienhaltigen Kosmetika. Sie lassen ÖKO ihre eigenen Mittelchen zur Haarpflege herstellen – auf rein biologischer Basis.

Kwartier Latäng

Mo–Mi 9–20, Do, Fr 9–21, Sa 9–18 Uhr | Zülpicher Str. 4 | Tel. 0221 9 38 33 20 | www.kastenbeinundbosch.de | U 1, 12, 15 Zülpicher Platz (229 E6)

UDO LUY

Udo Luy hat schon Whitney Houston oder der ehemaligen US-Außenministerin Madeleine Albright die Haare gemacht, ist aber kein abgehobener Starfriseur. Auch als Normalsterblicher wird man hier kompetent beraten und typgerecht frisiert – obwohl man auf einen Termin beim Chef manchmal etwas länger wartet. Als einer der wenigen Friseure in Köln bietet Luy eine Typveränderung per American Blow Dry an: Die Haare werden nicht gefärbt oder geschnitten, sondern einfach nur mit Fön und Stylingmitteln modelliert. Vorbildlich auch die Einstellung zur Umwelt: ÖKO Das Färbemittel ist allergiearm, der Strom mit Windkraft erzeugt, und selbst die Milch im Cappuccino bio.

Sülz

Mo 12–20, Di 8–22, Mi, Do 10–22, Fr 8–20, Sa 10–16 Uhr | Haarschnitt für sie ab 39,50, für ihn ab 38 Euro | Luxemburger Str. 171 | Tel. 0221 41 41 26 | www.haare-machen-leute.de | U 18 Weißhausstraße (233 D2)

GOLF

GUT LÄRCHENHOF

Kein Geringerer als Star-Golfplatzarchitekt Jack Nicklaus gestaltete entlang eines ausgedehnten Waldgebiets einen Platz, der höchsten Standards entspricht. 18 Spielbahnen bieten einen abwechslungsreichen und anspruchsvollen Golfkurs, auf dem nicht ohne Grund bereits mehrfach die Deutschen Meisterschaften ausgetragen wurden. Neben den optimalen Trainingsmöglichkeiten bietet der alte Gutshof auch stilvolle Räume für Veranstaltungen, eine herausragende Küche (→ **S. 81**), eine Sauna und eine Massagepraxis.

Pulheim

Tgl. 8–22 Uhr | 18-Loch-Greenfee Mo–Fr 110 Euro, Sa, So 150 Euro | Hahnenstraße | Tel. 02238 92 39 00 | www.gutlaerchenhof.de | Anfahrt am besten mit dem Auto (236 C2)

KONZEPT GOLF GUT CLARENHOF ★

Hier findet man den idealen Einstieg in den Golfsport: Einfach Schläger und Bälle leihen, ab auf die Driving Range und ran an die Übungsgreens. Es geht nicht versnobt zu, eine Mitgliedschaft ist nicht nötig, und selbst seinen Hund darf man auf den Platz mitnehmen. Der hat zwar nur

Wer kommt als Erster ins Ziel? Der Start im Kartcenter Cologne

sechs Löcher, ist aber toll gelegen: Nebenan gibt es eine Minigolfanlage, einen Kinderspielplatz, einen Hofladen, Erdbeeren zum Selbstpflücken und leckere mediterrane Küche. Ein Schnupperkurs (2 Std.) mit Golflehrer kostet 29 Euro, für 189 Euro werden Sie in 17 Stunden zur Platzreife gebracht.

Frechen

Tgl. 9–21 Uhr | Tages-Greenfee 29,50 Euro | Gut Clarenhof 1 | Frechen | Tel. 02234 94 34 34 | www.konzept-golf.de | U 1 Weiden-West (236 C3)

INDOOR

CANYON CHORWEILER

Diese beeindruckende Halle bietet Klettermöglichkeiten satt: 1250 m² Wandfläche bei einem Überhang von bis zu 5 m, zwei Türme und einen Indoor-Hochseilgarten. Einsteiger und Familien können Grundlagen und Sicherungstechnik erlernen. Auch individuelles Klettertraining ist möglich. Als gemeinnützige Stadtteil-Werkstatt bietet der Canyon auch Platz für Zirkus, Malen und Tanz.

Chorweiler

Tgl. 10–23 Uhr | Preise 7,50–11,50 Euro | Weichselring 6a | Tel. 0221 5 34 35 10 | www.canyon-chorweiler.de | S 11 Chorweiler-Nord (236 C2)

KARTCENTER COLOGNE

Im Indoor-Kartcenter in Rodenkirchen wird mit 7,5-PS-Karts auf der 375 m langen Rennstrecke mit Tempo 60 richtig Gas gegeben. Hier können Sie mit Freunden die Bahn mieten oder einfach so ein paar Runden drehen. Die praktischen 10er- oder 20er-Karten sind übertragbar und bieten sich für spontane Fahrer an. Individuelle Events und Firmenfeiern können arrangiert werden. Das jährliche 24-Stunden-Kartrennen hat sich über Köln hinaus zu einem Publikumsmagneten entwickelt.

Rodenkirchen

Lentpark: Badespaß in der Schwimmhalle, Eislaufparcours im Obergeschoss

Mo 14–22, Di–Fr 14–23, Sa 12–23, So 10–22 | 9 Min. 10 Euro, 50 Min. in der Gruppe 37 Euro pro Person | Kelvinstr. 5–7 | Tel. 02236 87 88 88 | www.kartcenter-cologne.de | U 16 Michaelshoven **(237 D3)**

EISSPORTHALLE LENTPARK

Im Sommer locken bei schlechtem Wetter das Hallenbad und die Sauna. Im Winter ist auch die Eisbahn in Betrieb. Auf einem INSIDER TIPP Rundkurs im Obergeschoss kann man seine Bahnen drehen und dabei den Schwimmern zusehen. Das macht Laune – und ist auch ÖKO ökologisch sinnvoll. Denn mit der Wärme, die bei der Kühlung der Eisarena entsteht, wird das Bad beheizt.

Agnesviertel

Hallenbad Di 16–22, Mi–Fr 6.30–22, Sa, So 9–21, Eislaufen (Okt.–April) Mo–Fr 8.30–16, Sa 12–22, So 10.30–21 Uhr | Eintritt Bad 4,60, im Sommer 5,50 Euro, Eislaufen 2 Std. 8,10 Euro | Lentstr. 30 | Tel. 0221 27 91 80 10 | www.koelnbaeder.de | U 16, 18 Reichenspergerplatz **(230 B2)**

MOVE ARTISTIC DOME

Der Move Artistic Dome ist mit über 1000 m² eines der größten Trainingszentren für die Trendsportarten Parkour, Freerunning, Tricking, Slacklining sowie für Breakdance und Akrobatik. Zur Ausstattung gehören zwei gefederte Sprungböden, wie man sie nur von internationalen Turn- und Akrobatikwettkämpfen kennt, Trampoline und die weltweit größte Airtrick-Fläche, die speziell für akrobatische Techniken entwickelt wurde. Zum Trainerstab gehören Sportwissenschaftler, lizensierte Trainer und Pädagogen sowie aktive Sportler.

Vogelsang

Mo–Fr 17–21, Sa, So 13–18 Uhr | Monat ab 24,90 Euro | Girlitzweg 30 | Tel. 0221 9 33 33 70 | www.move-artistic.com | S 12, 13 Müngersdorf **(236 C3)**

SOCCER WORLD

Klar, Kicken im Freien ist toll. Aber was, wenn das Wetter nicht mitspielt? Oder man ewig warten muss, bis der Affenkäfig um die Ecke frei ist? Da hilft ein Besuch in der riesigen Soccer World in Lövenich, die von Ex-Bundesliga-Keeper Andreas Wessels betrieben wird. Auf acht Kunstrasen-Kleinspielfeldern (32 x 15 m) kann man hier wunderbar beim 5 gegen 5 den Poldi machen. Noch schweißtreibender geht es auf den drei Speed-Soccer-Plätzen (15 x 10 m) zu. Die bieten Platz für maximal drei Spieler pro Team.

Lövenich

Tgl. 10–24 Uhr | 1 Std. 5 gegen 5 ab 35 Euro | Ottostr. 7 | Tel. 02234 98 84 88 | www.soccerworld.koeln | U 1 Junkersdorf, dann Bus 144 Dieselstraße (236 C3)

KAMPFSPORT

CAPOEIRA MINEIRA

Capoeira ist ein brasilianischer Kampfsport, der vor etwa 300 Jahren aus dem Widerstand farbiger Sklaven gegen ihre Herren entstand. Sie tarnten ihre Verteidigungstechniken als eine Mischung aus Tanz und Akrobatik mit Musik. Die Kölner Gruppe wird von Contra Mestre Cabana, einem Professor der Capoeira aus Belo Horizonte, unterrichtet. Ein Schnuppertraining ist jederzeit möglich, auch Termine für Kinder.

Neuehrenfeld

Mo 16.45–20, Sa 16–20 Uhr | Training Overbeckstr. 70–73 | Tel. 0157 83 02 95 60 | www.capoeiramineira.de | U 5 Liebigstraße (229 D2)

Müngersdorf

Di, Do 18.30–21.30 Uhr | Training Am Wassermann 5 | Tel. 0157 83 02 95 60 | www.capoeiramineira.de | U 1 Alter Militärring (224 A3)

JEET KUNE DO COLOGNE

Sie möchten kämpfen können wie Bruce Lee? Bei JKD Cologne haben Sie die Chance, es zu lernen. Jeet Kune Do ist die von Bruce Lee in Amerika entwickelte und oft in Filmen gesehene moderne Mischung aus verschiedenen Kampfsportarten. Deren drei Gesetze lauten: Einfachheit, Direktheit und Effektivität. Weil auf einen großen Krafteinsatz verzichtet und geschickt die gegnerische Energie ausgenutzt wird, ist diese Sportart auch ideal für Frauen. Betreiber des Studios ist Marko Kalker, der die Kampfkunst bei vielen Lee-Schülern der ersten Generation gelernt hat.

Meschenich

Mo 20–22, Di, Mi 18.15–20.15 | Monatsbeitrag 41, Einsteigerkurs (5 Termine) 50 Euro | Schulstr. 1 | Tel. 02232 96 23 58 | www.jkdcologne.de | Bus 132 Am Kölnberg (236 C3)

SHINTAI

Für den Geist (Shin) und den Körper (Tai) gesunde Sportarten bzw. Künste zu lehren, ist das Anliegen der Sportschule in Ehrenfeld. Traditionelle japanische Kampfkunst und Shotokan-Karate können hier von Grund auf bei qualifizierten Trainern erlernt werden. Ziel ist neben der Verbesserung der Körperbeherrschung und der Konzentrationsfähigkeit auch die Stärkung des Selbstbewusstseins und das Fitmachen in Selbstverteidigung. Auf dem Kursplan stehen auch Tai-Chi-Chuan, Qigong, Pilates, Yoga, Tae-Bo und Rückentraining.

Ehrenfeld

Zeiten u. Kosten je nach Kurs | Grüner Weg 1 | Tel. 0221 37 56 55 | www.shintai.de | U 3, 4, 13 Venloer Str./Gürtel (228 B3)

OUTDOOR

JOGGEN AN DEN KANÄLEN

Als Treffpunkt mag der Hiroshima-Nagasaki-Park wenig attraktiv klingen. So aber nennt sich nun einmal dieser Teil des Inneren Grüngürtels, der für viele Bewohner der Innenstadt den Weg in grünere Gefilde ebnet. Nach Überquerung eines steilen Trümmerbergs führt der beliebte Joggingpfad am Museum für Ostasiatische Kunst vorbei. Anschließend gilt es in Ermangelung einer Brücke die Innere Kanalstraße zu überqueren. Bald kommt der Clarenbachkanal in Sicht, der gemeinsam mit dem Rautenstrauchkanal eine stadtnahe Joggingrunde für jedes Wetter bildet. Nach Überquerung des Gürtels führt geht es geradewegs in den Stadtwald, der mit einem Rundkurs von 3 km ebenfalls eine attraktive Runde darstellt. Für die Überquerung des Militärrings steht Joggern eine Brücke zur Verfügung. Von hier aus führt eine Schotterpiste leicht bergan zum hübschen Adenauerweiher. Die Strecke lässt sich fortsetzen, u. a. um den Decksteiner Weiher herum.

KLETTERANLAGE AN DER HOHENZOLLERNBRÜCKE

Die kostenlose Outdoor-Kletteranlage des Deutschen Alpenvereins (DAV) ist von März bis Oktober geöffnet. Das Mauerwerk aus Muschelkalk bietet Routen mit Schwierigkeiten zwischen III+ und VIII–. Wer hier angreifen will, muss Mitglied der Sektion des DAV sein oder durch seine Unterschrift dessen Konditionen anerkennen. Diese regeln vor allem die Sicherheitsbestimmungen.
Deutz
März–Okt. bei Tageslicht | frei zugängl. | östliches Rheinufer, Aufgang zur Hohenzollernbrücke | www.dav-koeln.de | U 1, 7, 9 Deutzer Freiheit (230 C4)

MOUNTAINBIKEN IM STADTWALD

Kölns grüne Lunge bietet nicht nur für Jogger, sondern auch für Mountainbiker tolle Bedingungen. Der Rundkurs vom Beethovenpark über den Decksteiner Weiher und die Jahnwiese in den Stadtwald und wieder zurück ist ca. 20 km lang und kann nach Bedarf problemlos verlängert oder abgekürzt werden. Man fährt auf Wanderwegen und Singletrails, aber auch auf befestigten Abschnitten, und freut sich über das Auf und Ab, das den vielen Hügeln auf der Strecke zu verdanken ist. Und hinterher lockt ein INSIDER TIPP Radler im Biergarten Em Birkebäumche (Neuenhöfer Allee 55).
Mögliche Startpunkte: Ecke Neuenhöfer Allee/Münstereifeler Str. (232 C3), *Jahnwiese* (224 A3) *oder Hültzplatz* (228 B5)

OUTDOOR GYM ★

Anders als in vielen Fitnesscentern ist die Luft im Outdoor Gym nicht stickig und verbraucht. Denn die »Studios« liegen mitten im Grünen in Lindenthal (Stadtwald), Deutz (Rheinpark), im Belgischen Viertel (Grüngürtel) und der Südstadt (Volksgarten). Angeleitet von professionellen Coaches macht man hier unter freiem Himmel Bauchübungen, stemmt Bäume, hangelt an Ästen, steppt auf Steinen oder läuft einfach durch den Wald und verstärkt seinen Bezug zur Natur. Sie können verschiedene Schwerpunkte entsprechend der eigenen Problemzonen setzen. Offenbar mit Erfolg: Moritz Sachs, besser bekannt als Klaus Beimer aus der »Lindenstraße«, hat hier gut 20 kg wegtrainiert. Auch Bewegungs- und Ernährungsberatung wird angeboten.
Mo–Fr 18.30 oder 19 Uhr, manchmal auch 6.15 Uhr | verschiedene Angebote ab 4,50 Euro pro Trainingseinheit | Tel. 0228 5 22 52 25 | www.outdoorgym.de

PLAYA IN COLOGNE

Beachsport, Feiern und Urlaubsfeeling – ein empfehlenswertes Programm. Im Angebot sind hier Beachvolleyball, Soccer und Handball auf fünf Plätzen. Das Publikum ist jung, bewegungshungrig und partyfest. Ohne Reservierung läuft meistens nichts, zu groß ist die Liebe der Kölner zu ihrem Sommercamp. Im Biergarten wartet die Belohnung für die sportliche Anstrengung, die Preise sind angemessen. Zudem gibt es eine überdachte Strandbar: 250 m² mit Palmen, Sonnensegeln, Hängematten und jeder Menge Playa-Sand lassen Urlaubsfeeling aufkommen.

Müngersdorf

Beachfelder ab April tgl. ab 10 Uhr geöffnet | Preise 15–25 Euro/Std. | Junkersdorfer Str. 1 | Tel. 0221 71616220 | www.playa.de | U 1 Rheinenergiestadion (224 A3)

TANZKURSE

AUFTAKT

»Tanzen mit Spaß und Leichtigkeit« – ob Tango, Samba, Salsa, Merengue, Walzer oder Cha-Cha-Cha, ob als Single oder mit Partner – das Team der Tanzschule bietet ein ausgesprochen breit gefächertes Programm. INSIDER TIPP Der Kurs »Mambo ohne Rambo« z. B. ist ideal für Frauen, deren bessere Hälfte ein Tanzmuffel ist. Hochzeitspaare können Einzelstunden buchen, um an ihrem großen Tag die perfekte Sohle aufs Parkett zu legen. Beliebt sind auch die Tanztees und -partys, die an anderen Locations organisiert werden, z. B. in der Lutherkirche.

Poll

Salsa-Workshop 25 Euro je 120 Min. | Poll-Vingster Str. 138 | Tel. 0221 93679770 | www.tanzlehrerin.de | Bus 153 Gremberg (235 E2)

BIODANZA

Biodanza bedeutet »Tanz des Lebens« und wurde von dem Psychologen und Anthropologen Rolando Toro mit dem Ziel entwickelt, ungenutzte Potenziale des Menschen durch Musik, Tanz, Gesang und Begegnungen in der Gruppe zu entfalten. Das Ergebnis: deutlich mehr Lebensqualität und -lust. Spezifische Bewegungsübungen zu Musik regen dazu an, Gefühle auszudrücken,

Leinen los! Wassersport auf dem Rhein bietet die Kölner Segelschule

und fördern das Selbstbewusstsein. Gabriele Freyhoff brachte Biodanza aus Brasilien nach Deutschland und bietet in ihrem Institut verschiedene Kurse mit unterschiedlichen Schwerpunkten an.
Neustadt-Nord
Schnupperabend 23 Euro, monatlich 68 Euro | Machabäerstr. 28 | Tel. 0241 9 00 71 05 | www.biodanza-online.de | U 12, 15, 16, 18 Ebertplatz **(230 B4)**

LA DANZA

Selbst wer nicht zur Transpiration neigt, kommt klatschnass geschwitzt aus den Übungseinheiten von La Danza. Besonders populär sind die Zumba-Kurse, die von energiegeladenen Brasilianerinnen geleitet werden. Das Studio bietet jedoch auch Tango Argentino, Salsa Cubana, Bachata, Forró, Kizomba oder Hiphop und Reggaeton etc. an. Neben kompletten Kursen und monatlichen Abonnements sind auch Flatrates erhältlich, die zur Teilnahme an beliebig vielen Trainingseinheiten berechtigen.
Innenstadt
Zumba tägl. außer Mi, So zu wechselnden Zeiten | Engelbertstr. 29 | Tel. 0221 240 66 44 | www.la-danza.de | U 1, 7, 12, 15 Rudolfplatz **(229 E5)**

INSIDER TIPP HOPSPOT

Der Hopspot steht ganz im Zeichen des Lindy Hop, eines Paartanzes, der sich Ende der 1920er-Jahre in den USA aus dem Swing und dem Charleston entwickelte, als Vorläufer des Rock 'n' Roll gilt und heute ein europaweites Revival erlebt. Pilgerstätte für alle neu Infizierten ist der sehr sympathisch geführte Ehrenfelder Hopspot, wo zahlreiche Kurse, Events sowie Workshops aller Schwierigkeitsgrade und Partys stattfinden.
Ehrenfeld
Einzelstunde 13, 10er-Karte 100 Euro | Venloer Str. 420 | Tel. 0173 9 00 89 29 | www.hopspot.eu | U 3, 4 Leyendeckerstraße **(228 B2)**

TANGO8

Eine der beliebtesten Schulen für argentinischen Tango in Köln ist Tango8. Anfänger und Fortgeschrittene erlernen hier die Geheimnisse des Improvisationstanzes, Frauen- und Männertechnik, Verzierungen und Drehungen. Einmal im Jahr gibt es einen dreitägigen Tanzmarathon. Über die Homepage können Tänzer jeden Niveaus einen Tanzpartner finden. Freitags und sonntags kommt die Tangoszene zum freien Üben und zur Milonga.

Neustadt-Süd

Kurse Mo, Di, Do ab 19.15, Fr 20–21, So 13.45–15 Uhr | Anfängerkurs (8 Termine) 100 Euro, bis 24 Jahre 50 Euro | Vorgebirgsglacisweg 47 | Halle 8 | Tel. 0221 3 55 98 88 | www.tango8-koeln.de | U 12 Eifelplatz (233 E2)

TANZFAKTUR

Von Fitnesstanz über Körperbewusstseinskurse bis hin zu klassischem Ballett bietet die Tanzfaktur eine großes Angebot an avancierten Tanzkursen. Das Selbstverständnis als Kulturzentrum bürgt für einen soliden Unterbau. Der integrierte Theaterraum fungiert als Bühne für nationale und internationale Gastspiele.

Deutz

Zehnerkarte 149 Euro | Siegburger Str. 233w | Tel. 0221 22 20 05 83 | www.tanzfaktur.de | U 7, 9 Poller Kirchweg (234 C2)

WASSERSPORT

BLACKFOOT OUTDOOR ADVENTURE CAMP FÜHLINGER SEE

Eingebettet in die wunderschöne Landschaft des Naturschutzgebiets Fühlinger See hat der Outdoorausstatter Blackfoot ein Badeparadies geschaffen! Gestresste Großstädter finden hier ein Naturfreibad mit feinstem Karibikstrand, einen Hochseilgarten mit über 75 Kletterelementen und Megaseilbahn, eine Kanu-/Kajak-Schule, Felder für Beachvolleyball und Soccer, Gastronomie und Chillout-Areas auf einer Fläche von rund 10 000 m². Weitere Aktivitäts- und Sportangebote sind Bogenschießen, Tauchen und Schnorcheln. Der Biergarten, Strandbars und ein Restaurant versorgen mit Drinks, Eis oder ganzen Menüs. **NEU** Auch Stand-up-Paddler können hier ihrer Leidenschaft nachgehen (www.supstationkoeln.de).

Fühlingen

Im Sommer tgl. 10–20 Uhr | Eintritt Hochseilgarten 24, Beach 4,50 Euro, Schnupperkurse: Bogenschießen 35, Kajak 39, Tauchen 69 Euro, Taucherlaubnis 12 Euro/Tag | Stallagsbergweg 1 | Tel. 0221 16 88 18 10 | www.blackfoot-cologne.de | Bus 122 Seeberg (236 C2)

INDOOR TAUCHCENTER DIVE 4 LIFE

Mit 20 m Tiefe und 18 m Durchmesser steht in Siegburg das nach Aussage der Betreiber größte Indoor-Tauchbecken Europas. Einen Trip auf die Malediven mag das Becken nicht ersetzen, doch sowohl Anfänger als auch Profis wissen die gleichbleibenden Übungsbedingungen zu schätzen. Wer sich in tiefere Gefilde wagt, kann dort u. a. die Relikte einer versunkenen Stadt umkreisen.

Siegburg

Mo–So 10–22 Uhr | Tageskarten ab 36 Euro | Zeithstr. 110 | Tel. 02241 957 21 85 | www.dive4life.de | Anreise mit dem Auto (237 D3–4)

KÖLNER SEGELSCHULE

Ohne Segelschein auf den Rhein? Das lassen Sie besser sein. Denn wer ohne Erlaubnis dort unterwegs ist, riskiert nicht nur eine empfindliche Geldbuße, sondern gefährdet möglicherweise auch sich und andere. Die Kölner Segelschule weiß da Abhilfe: Hier werden die notwendigen Grundlagen vermittelt, die

Ausbildung für die begehrte Segel-Urkunde gibt es ab 400 Euro. Die Prüfungsgebühren für den Segelschein kommen noch dazu.

Marsdorf

Tgl. 9–22 Uhr | Horbeller Str. 31 | Tel. 0221 70 00 20 21 | www.sportschiffahrt.de | U 7 Marsdorf (236 C3)

WASSERSKI BLEIBTREUSEE ★

Ein Stück Urlaub so nah der Heimat: Auf dem Bleibtreusee kann man Wasserski, Wake- und Kneeboard fahren. Im Wasser bieten zahlreiche Rampen – Kicker, Slider und Straight Boxen – tolle Sprungschanzen für Fortgeschrittene. Anfänger haben regelmäßig die Chance, sorgsam geleitete Einführungskurse zu belegen. Und für Schulklassen gibt es Sonderkonditionen.

Brühl

Öffnungszeiten werden dem Sonnenstand angepasst | Karte für 2 Std. 26 Euro | Bleibtreuseeweg 1 | Tel. 02232 96 99 41 | www.wasserski-bleibtreusee.de | Bus 979 Brühl Heide (236 C3)

YOGA

GYROTONIC

Entwickelt wurde Gyrotonic von dem Tänzer, Schwimmer und Turner Juliu Horvath, der sich intensiv mit Yoga, Akupunktur und chinesischer Medizin beschäftigte. Gyrotonic-Übungen sind dreidimensionale, kreisförmige Bewegungsabläufe, die vom Atem geführt und kontrolliert werden. Ziel ist es, den gesamten Bewegungsapparat sowie das Nervensystem zu aktivieren, Verspannungen abzubauen, blockierte Energie freizusetzen und so Kraft, Beweglichkeit und Leistungsfähigkeit zu steigern.

Neustadt-Nord

Einzelstunde 18–50, 10er-Karte 40–140 Euro | Thürmchenswall 23 | Tel. 0221 7 39 02 50 | www.gyrotonic-koeln.de | U 12, 15, 16, 18 Ebertplatz (230 B3)

LORD VISHNU'S COUCH ★

Lord Vishnu's Couch zählt zu den besten Adressen für Yoga in ganz Deutschland und hat in Köln inzwischen drei Filialen. Gelehrt wird Vinyasa-Yoga, bei dem dynamisch-fließende Bewegungen mit Ruhe und einem bewussten Atem kombiniert werden. Kraft und Stille, Poesie und Philosophie, Freude und Humor sind die wesentlichen Komponenten der hauseigenen Ideologie. Highlight ist die jährlich stattfindende Yoga Conference, bei der die weltweit besten Yogalehrer zusammenkommen. Auch die Kinderkurse sind absolut empfehlenswert!

Belgisches Viertel

1 Std. 18, 10er-Karte 150 Euro | Aachener Str. 23 | Tel. 0221 2 58 50 83 | www.vishnuscouch.de | U 1, 7 Moltkestraße (229 D5)

Südstadt

Maria-Hilf-Str. 15–17 | Tel. 0221 9 23 55 05 | U 15, 16 Chlodwigplatz (234 A2)

Ehrenfeld

Stammstr. 8 | Tel. 0221 69 03 99 33 | U 3, 4, 13 Venloer Str./Gürtel (228 C3)

SOBOCO YOGA

Die Öffnung von Körper und Geist für die Finessen des Yoga. So lautet das erklärte Ziel dieses Studios, das die körperliche Reinigung als Voraussetzung für den Aufbau des gesamten Organismus betrachtet. »Soboco« ist nicht fernöstlichen Ursprungs, sondern steht für »Soul Body Communication« – ein Hinweis darauf, dass der Mensch eine Seele sei, die einen Körper habe. Und nicht etwa umgekehrt.

Kwartier Latäng

Zehnerkarte 130 Euro | Rathenauplatz 9 | Tel. 0173 730 72 80 | www.soboco-yoga.de | U 9, 12, 15, 16, 18 Zülpicher Platz (229 D6)

Ausgehen

Preisverdächtige Cocktailbars, coole Hipster-Kneipen, eine kultige Brauhaustradition, lange Clubnächte – wer schlafen geht in Köln, ist selber schuld.

Stilvolle Kneipen, elegante Cocktailbars und coole Clubs: Das Nachtleben gehört zu Kölns Stärken. Nachtschwärmer können sich bis in die frühen Morgenstunden verausgaben. Köln schläft so gut wie nie – und das gilt seit jeher als Standortvorteil. Schon lange bevor es in coolen Bars und angesagten Clubs voll wird, widmet sich der Domstädter der Brauchtumspflege: Ein paar Kölsch in einer volkstümlichen Kneipe (*Weinhaus Vogel* → **S. 193**) gehen immer. Am frühen Abend öffnen die ersten Cocktail-Bars (*Seiberts* → **S. 182**). Viel stilvoller als hier kann man seine Lieblingsgetränke nicht konsumieren. Im Kwartier Latäng dreht nun auch Kölns Mini-Reeperbahn auf: die Zülpicher Straße, in deren Einzugsbereich auch Videospiele auf Leinwand übertragen werden (*Meltdown Cologne* → **S. 181**). Ehrenfeld bleibt der Stadtteil, der sich am konsequentesten immer wieder neu erfindet (*Klub Berlin* → **S. 186**). Ein Ausflug in den Nordwesten lohnt vor allem an Wochenenden. Während der Woche findet der geneigte Bar-Hopper im Belgischen Viertel neben unaufgeregten Etablissements (*Pegel* → **S. 181**) auch die nicht mehr für möglich gehaltene Wiedergeburt einer Institution (*Königswasser* → **S. 186**). Nur an Sonn- und Montagen geht es auf den Partymeilen schon mal etwas ruhiger zu, es sei denn, die Abende sind warm, es findet gerade eine wichtige Sportveranstaltung statt oder das Partyvolk hat einen anderen Vorwand gefunden.

BARS

BARFLY

Ein Laden, der Literatur und Popkultur atmet: Das fängt beim Namen an, der

Kuscheliges Ambiente, DJ-Sound und gute Cocktails: de.lite

bei dem dem Alkohol zugetanen Dichter Charles Bukowski entlehnt ist, und geht bis zu einem Getränk, das es eigentlich nur im Fernsehen gibt: Hier serviert man zu besonderen Gelegenheiten den »Flaming Homer«, bekannt aus der TV-Serie »Die Simpsons«. Immer eine Empfehlung sind auch die Verköstigungen: Da begibt man sich mal auf die Cocktail-Spuren von James Bond, mal auf eine hochprozentige Reise mit Hemingway.

Nippes

Tgl. ab 20 Uhr | Kempener Str. 68 | Tel. 0173 8 68 38 94 | www.barfly-cologne.com | U 12, 15 Florastraße (230 A1)

BOOGALOO

Für einen lauen Sommerabend genau die richtige Adresse, denn im Sommer ist die Bar zur Straße hin offen. Auf den heiß begehrten Plätzen im Fenster lässt

es sich herrlich bis spät in die Nacht zusammensitzen. Seit über einem Jahrzehnt ist diese Bar ein beliebter Treff zum Klönen und Leute gucken, aber auch Freunde von Funk und Soul sind hier richtig! Warnung für FC-Fans: Samstagnachmittags ist die Bar in Hanseaten-Hand. Hier treffen sich die Kölner HSV-Anhänger, um die Spiele auf einer Großbildleinwand zu sehen.

Kwartier Latäng

Tgl. ab 19 Uhr | Roonstr. 19 | Tel. 0177 7 84 48 58 | U 9, 12, 15 Zülpicher Platz (226 A6)

DE.LITE

Kuschelig ist die richtige Bezeichnung für diese liebevoll eingerichtete Cocktailbar. Im Winter erweckt sie von außen den Eindruck, als wäre sie geschlossen. Doch wer einen Blick hinter den schwarzen Vorhang wirft, den erwarten die gesamte Woche über gedämpftes Licht und gemütliche Sitzecken. Der DJ legt House auf, manchmal gibt es auch Livejazz. Wer seine Auswahl aus dem erstaunlich üppigen Cocktailangebot getroffen hat, bekommt die Drinks dann vom freundlichen Personal gereicht.

Belgisches Viertel

Mi, Do 20–1, Fr, Sa 20–4 Uhr | Moltkestr. 74 | Tel. 0221 8 80 97 17 | U 1, 7 Moltkestraße (229 D5)

DIVINEBAR

Eine Bar der etwas anderen Art! Das Lokal von Stefan Péntek und seinem Team ist tagsüber Café und Weinhandel, abends wird es zur Weinbar. An den Wänden türmen sich ausgewählte Flaschen, die direkt vor Ort probiert werden können. Das gefällt einem bunt gemischten Veedelspublikum, welches hier sehr entspannt das eine oder andere Gläschen genießt. Dazu werden Häppchen wie Kaninchenterrine und

Ingwer-Kraut oder Rote-Beete-Salat gereicht. Tagsüber gibt es Kaffee, Kuchen und Croissants.

Agnesviertel
Mo–Sa 11–24, So 13–18 Uhr | Neusser Str. 58 | Tel. 0221 17 05 95 31 | www.divinebar.de | U 12, 15, 16, 18 Ebertplatz (229 F2)

ELEKTRA

Mit dem eigenwilligen Mix aus Retro- und urbanem Trendstyle galt das Elektra lange als eine der coolsten Bars der Stadt, die auch in Berlin oder Hamburg beheimatet sein könnte. Erst kamen die Künstler in die von dem viel zu früh verstorbenen Kunstkritiker Manfred Schwarz gestaltete Bar, dann die Hipster und Was-mit-Medien-Macher. Inzwischen hat sich die Lage hier wieder etwas entspannt, was den Eigelsteinbewohner freut, bekommt er doch wieder leichter einen Platz in seiner trotzdem noch gut besuchten Lieblingsbar.

Neustadt-Nord
Mo–Sa ab 19 Uhr | Gereonswall 12–14 | www.elektrabar.com | U 12, 15, 16, 18 Ebertplatz (229 F3)

INSIDER TIPP **EM SCHNÖRRES**

Der Schnörres ziert schon längst nicht mehr nur die Oberlippen von Pornostars aus den 70ern und Fußballern aus den 80ern. Da ist es kein Wunder, dass dieses großstädtische Hipster-Insignium nun auch mit Kneipenehren bedacht wird. Die Kölsch- und Musikbar lohnt auch für Nichtbartträger einen Besuch. Die DJs schwören auf Elektronik, Funk und Soul, und wenn der Laden voll genug ist (also fast immer ab Mitternacht), verwandelt sich die Bar gern mal in einen Club, in dem getanzt wird.

Südstadt
Mo–Sa ab 19 Uhr | Im Ferkulum 30 | Tel. 0221 16 89 51 79 | www.schnoerres.de | U 15, 16 Chlodwigplatz (234 A2)

MARCO POLO HIGHLIGHTS

★ **Kuen**
Wohnzimmerambiente und Gast-DJs gibt es hier täglich. Am letzten Samstag im Monat kommen baskische Tapas auf den Tisch → **S. 180**

★ **Die Wohngemeinschaft**
Papa spielt Pingpong, Mama klönt beim Kölsch mit der besten Freundin, und Annabel hüpft zwischen VW-Bulli und Puppenstube hin und her: eine Kneipe für die ganze Familie → **S. 182**

★ **Gewölbe**
Elektronische Musik in all ihren Variationen und in intimem Rahmen. Eine Konstante im Nachtleben → **S. 185**

★ **Klub Berlin**
Das Berlin der 1920er-Jahre dient diesem Etablissement als großes Vorbild – mit Kabarett, Varieté und preiswerten Drinks → **S. 186**

★ **Gebäude 9**
Kölns beste Location für Livekonzerte. Hier stehen angesagte Acts, hoffnungsvolle Newcomer und immer mal wieder auch ein paar alte Helden auf der Bühne → **S. 194**

★ **Mittanzgelegenheit**
Ob U20 oder Ü40 – bei dieser Partyreihe glühen die Socken generationsübergreifend → **S. 196**

Ein gediegener Tresen im Interconti: Harry's New York Bar

FRIESENBAR

Hier kommt nur das Beste ins Cocktailglas: mit Liebe, Leidenschaft und ausgewählten Zutaten! Der Schwerpunkt liegt auf Gin und Schampus, mit denen sensationelle, kreative Drinks gemixt werden. Serviert werden sie von gut aussehenden Kellnern im weißen Oberhemd, mit Fliege und Hosenträgern. Tipp: Probieren Sie den Himbeer-Ingwer-Fizz auf Bombay-Sapphire-Basis! Die im britischen Kolonialstil gehaltene Bar mit großzügiger Theke und gemütlichen Ledersitzmöbeln wird mit housig-poppigen bis jazzigen Beats beschallt, die auch schon mal den einen oder anderen Gast auf die Tanzfläche locken.

Friesenviertel

Di–Do 21–1, Fr, Sa 20–5 Uhr, 1. Do im Monat geschlossene Gesellschaft | Friesenstr. 41 | Tel. 0177 414 08 02 | www.friesen-bar.com | U 3–5, 12, 15 Friesenplatz (226 B2)

GOTTES GRÜNE WIESE

Ein Wohlfühlort für alle Adepten des britischen Schriftstellers Nick Hornby (»Fever Pitch«): In der Wiese wird Fußball gelebt. Bei Großturnieren in der warmen Jahreszeit stehen tribünenartige Konstrukte auf dem Trottoir. Und wenn kein Spiel läuft, wartet ein Tischfußballgerät auf fachgerechte Verwendung. Eher gepflegte Beschallung und abseits aller Bierseligkeit überzeugt auch die Weinauswahl.

Belgisches Viertel

Mo–Mi 18–2, Fr 18–5, Sa 14.30–5, So 15–1 Uhr | Bismarckstr. 53 | www.gottesgruenewiese.de | U 3, 4, 5, 12, 15, 16, 18 Friesenplatz (229 A4)

HARRY'S NEW YORK BAR

Die ebenso elegant wie trendig gestaltete Bar mit lederbezogenen Säulen, 16 m langem Tresen und schummriger Beleuchtung im Dorint-Hotel ist ein beliebter Treff für Gäste aus aller Welt. Ab 21 Uhr werden die Besucher mit Livemusik vom Piano verwöhnt, und stimmgewaltige Sängerinnen sorgen dann nicht selten für Gänsehautfeeling. In der bei vielen Kölnern beliebten Kultbar herrscht internationales Flair. Cocktailempfehlungen: Prince of Wales, Bombay Crushed, Pimm's No. 1.

Hohe Kunst: Im Lorbass fliegen die Cocktailshaker

Innenstadt
Tgl. ab 11.30 Uhr | Pipinstr. 1 | Tel. 0221 2 80 60 | unter »Restaurant & Harry's New York Bar« auf hotel-koeln-city.dorint.com | U 1, 7, 9 Heumarkt (227 E4)

KÖLSCHBAR
Klar, ungestört fernsehen geht am besten zu Hause. Aber mehr Spaß macht es doch, wenn man dafür unter Leute geht. Die Kölschbar liegt genau an der Grenze zwischen Kwartier Latäng und Belgischem Viertel und bietet nicht nur höchst emotionales gemeinsames Fußballgucken, auch am Sonntagabend zum Tatort ist die Hütte voll. Und wenn die Glotze aus bleibt, kann man sich bei Schnick-Schnack-Schnuck-Wettbewerben versuchen – hier wird sogar der Weltcup dieser Sportart ausgetragen. Übrigens: In der Kölschbar wurde der INSIDER TIPP »Mexikölner« erfunden – ein Schnaps auf Tomatenbasis, der unter Kölner Partygängern immer beliebter wird.
Kwartier Latäng
Mo–Fr ab 18, Sa, So ab 15 Uhr | Lindenstr. 56 | Tel. 0177 501 70 48 | www.koelschbar.de | U 1, 7 Moltkestraße (229 D5)

KUEN ★
Grasgrüne Wände, Blümchen-Vogel-Tapete im Jugendstildesign und ein Interieur im 1950er-/60er-Jahre Look – das Kuen zeigt schon optisch Profil. Aber der beliebte Treff mit wohnzimmerähnlichem Wohlfühlambiente in einem Altbau in Nippes weiß auch musikalisch zu überzeugen: Ob Soul, Country, Punk oder Singer-Songwriter-Sound – die Musikauswahl setzt sich immer wohltuend vom üblichen Chartsgedudel ab. Fast täglich legen DJs auf. Am ersten und letzten Samstag des Monats werden INSIDER TIPP baskische Tapas *(pintxos)* serviert.
Nippes
Mo–Do 19–1, Fr, Sa 19–3, So 14–21 Uhr | Kuenstr. 9 | Tel. 0163 6 97 05 99 | www.kuenkneipe.de | U 12, 15 Lohsestraße (230 A1)

LORBASS
Wo gibt's denn so was? Eine Bar mit offenem Kamin, alter Mahagonitheke aus New York, dunklen Ledersesseln und entspannter Lounge-Atmosphäre? Richtig – das ist die Lorbass-Bar von Kamil

Zaremba und Bartosz Bramborski, die hier rund 150 verschiedene Cocktails und zahlreiche Premiumspirituosen kredenzen. Kein Wunder, dass diese Ausnahmebar mittlerweile zu den beliebtesten der ganzen Stadt zählt!

Belgisches Viertel

Di–Do 20–2, Fr, Sa 20–3 Uhr | Antwerpener Str. 34 | Tel. 0221 16 86 33 41 | www.lorbass-bar.de | U 3–5, 12, 15 Friesenplatz (229 D–E4))

MELTDOWN COLOGNE

NEU Der Wandel der Kneipe vom kommunikativen Treffpunkt zur Übertragungsstätte von Sportveranstaltungen ist längst abgeschlossen. Mit dem Meltdown Cologne wird nun die nächste Zündstufe Realität: Die Bar überträgt virtuelle Matches internationaler Top-Gamer auf Bildschirme. Ganz offensichtlich eine Marktlücke, denn die Besitzer konnten die Kölner Öffentlichkeit davon überzeugen, eine Finanzierung in Form von Crowdfunding zu ermöglichen. Nostalgiker können an einem alten Röhrenfernseher ausgemusterte INSIDER TIPP Spielekonsolen bemühen.

Innenstadt

Tgl. ab 18 Uhr | Kyffhäuserstr. 139 | Tel. 0221 96 02 91 84 | www.meltdown.bar/cologne | U 12, 15, 16, 18 Barbarossaplatz (226 A6)

ONA MOR

Die wenigen hundert Meter Abstand zur Zülpicher Straße sind hier schon deutlich spürbar, das Publikum ist etwas gesetzter und nicht im ständigen Happy-Hour-Modus. Die Cocktails sind sagenhaft und ihren Preis auf jeden Fall wert, die Einrichtung mit viel Holz und Flechtwerk stylish, aber nicht überkandidelt. Unbedingt probieren Sie mal die Green Invasion: Wodka mit Pistazie, Sahne und Raucharoma.

Belgisches Viertel

So–Do 20–nach 1, Fr, Sa is nach 3 Uhr | Roonstr. 94 | Tel. 0221 16 87 45 24 | www.onamor.de | U 1, 7 Moltkestraße (229 D5)

PEGEL

DJs mit exquisitem Geschmack, behagliche Bar-Atmosphäre, ein gekonnt gemischter Moscow Mule und beachtliche Weine. Alles zusammen macht den Pegel zu einer Lieblingsadresse für routinierte Barbesucher, zumal das lärmende Publikum von der Zülpicher und Aachener Straße den Weg hierhin nur selten findet.

Belgisches Viertel

Mo–Sa ab 20 Uhr | Brüsseler Str. 10 | Tel. 0173 516 50 10 | www.pegelkoeln.com | U 1, 7, 12, 15 Rudolfplatz (229 E5)

RUBINROT

Der Name ist ästhetisches Programm: Aus einer alteingesessenen Kneipe wurde mit wenigen baulichen Handgriffen und der namensgebenden Wandfarbe eine smarte Bar. Im hinteren Bereich geht es außerhalb des Blickfelds der Bedienung kuscheliger zu. Wer seine Fähigkeiten als Barkeeper verbessern möchte, kann hier für 50 Euro (inkl. Buffet) an einem Kurs teilnehmen.

Ehrenfeld

Mo–Do 20–1, Fr, Sa 20–3 Uhr | Sömmeringstr. 9 | Tel. 0221 9 90 16 98 | www.rubinrotkoeln.de | U 3, 4, 13 Venloer Str./Gürtel (228 C3)

SCHEINBAR

Ist man einmal drin in der geräumigen Bar, müssen sich die Augen erst an das schummrige Licht gewöhnen. An der ovalen Theke steht eine hippe Klientel, die Kenner haben bereits auf den begehrten Podesten Stellung bezogen und lassen sich mit ihren Drinks sehr viel Zeit. Denn so einen Platz gibt man so ohne Weiteres nicht auf. Und die Cocktailkarte ist lang. Sehr lang ...

Belgisches Viertel

Mo–Do 20–2, Fr, Sa 20–4.30, So 20–1 Uhr | Brüsseler Str. 10 | Tel. 0221 9 23 20 48 | U 1, 7, 12, 15 Rudolfplatz **(229 D5)**

SEIBERTS

Das Seiberts hat sich zu einer der Top-Adressen unter den Kölner Bars gemixt und geshakt. Betreiber Volker Seibert, der jahrelang für die Capri Lounge verantwortlich war, versteht sein Handwerk und kennt die Kölner. Die Cocktails sind fantastisch, die Getränkekarte ist knapp 50 Seiten lang, die klassische Einrichtung im Stil der 1920er mit Chaiselongues und Sofas ein echter Hingucker und der ☀ Innenhof einer der schönsten Kölns. Sehr edel, sehr stilvoll – da kann man fast darüber nachdenken, in den Smoking bzw. das kleine Schwarze zu schlüpfen.

Friesenviertel

Di–So 17–2 Uhr | Friesenwall 33 | Tel. 0221 30 19 50 13 | seiberts-bar.com | U 3, 4, 12, 15 Friesenplatz **(226 A3)**

SHEPHEARD

Das Shepheard gehört zu den Top-Bars der Stadt! Die Cocktails, die die Barkeeper aus dem Handgelenk schütteln, sind zum Niederknien gut. Die elegant eingerichtete Bar ist außerdem bekannt für ihre wohlschmeckenden und originellen Eigenkreationen. Wundern Sie sich also nicht, wenn in Ihrem Glas etwa eine Makkaroni als Strohhalm steckt. Cocktailtipp: der preisgekrönte »Fjord for Fantasy«.

Kwartier Latäng

Mo–Sa 20–3 Uhr | Rathenauplatz 5 | Tel. 0221 3 31 09 94 | www.shepheard.de | U 9, 12, 15 Zülpicher Platz **(229 E6)**

SPIRITS

Köln hat sich als Stadt der Brauhäuser und Underground-Clubs zu einer Hochburg des wohlgemixten Drinks gemausert. Das Spirits konnte 2013 gar den Titel der besten Bar Deutschlands für sich beanspruchen. Die Drinks sind ein Genuss, die Handwerkskunst der Barmixer eine Augenweide

Belgisches Viertel

Mo–Do 20–2, Fr, Sa 20–3 Uhr | Engelbertstr. 63 | Tel. 0221 20 53 80 44 | www.spiritsbar.de | U 1, 7, 12, 15 Rudolfplatz **(229 D5)**

DIE WOHNGEMEINSCHAFT ★

Vier Bewohner hat diese WG: die romantische Annabel, den Surfer Jojo, den Mucker Easy und die Tischtennis-Amazone Mai Li. Entsprechend sind die Bereiche dieser Cafébar eingerichtet. So kann man bei Jojo in dessen VW-Bus Platz nehmen, während Annabels Puppenstube vor allem kleine Mädchenherzen höherschlagen lässt. Hier trifft man sich zum Kaffee, um den Abend zu beginnen, für das schnelle Zwischendurch-Getränk auf der Kneipentour oder bei der beliebten Poetry-Slam-Reihe »Reim in Flammen«. Probieren Sie unbedingt die INSIDER TIPP kneipeneigene Biermarke WG-Bräu. Nicht wenige schleppen nach dem Zahlen eine ganze Kiste des Kölschs mit nach Hause.

Belgisches Viertel

Tgl. ab 15 Uhr | Richard-Wagner-Str. 39 | Tel. 0221 39 76 09 05 | www.die-wohngemeinschaft.net | U 1, 7 Moltkestraße **(229 D5)**

ZUM GOLDENEN SCHUSS

Eine der beliebtesten Locations im Belgischen Viertel: Der Startschuss fiel zur Fußball-WM 2010, und ursprünglich war die Bar nur als WM-Studio gedacht. Doch da das Retro-Trash-Ambiente mit bunt zusammengewürfelten Möbeln und Holzkisten als Tische so gut ankam, blieb die Bar auch danach erhalten. Nach wie vor kann man auf zwei großen Leinwänden Fußball schauen und dabei gepflegt ein Bier trinken. Sobald es draußen warm ist, werden Bänke in die großen, offenen Fenster gestellt, sodass man fast draußen sitzt. Herrlich!

Elegant und originell – das Shepheard zählt zu den Top-Bars der Stadt

Belgisches Viertel
Mo–Fr ab 19, Sa, So ab 15 Uhr | Antwerpener Str. 38 | Tel. 0221 99 87 86 59 | www.zumgoldenenschuss.com | U 3–5, 12, 15 Friesenplatz (229 D4)

CLUBS & DISKOS

ARTHEATER

Club, Theater und Café gehen im ehemaligen Lager einer Feinkosthandlung im Herzen von Ehrenfeld eine extrem unterhaltsame Symbiose ein. Dienstags lauschen Jazzfans beim Jazz-o-Rama in gemütlicher Atmosphäre wechselnden Combos, ansonsten warten je nach Wochentag diverse Partyreihen auf ihre tanzwütigen Gäste: Minimal Techno, Indierock, Old-School-Hip-Hop oder Elektro – die musikalische Mischung ist wild, gut und sie sorgt dafür, dass man hier ständig andere Szenen trifft. Zur Verfügung stehen ein Saal, ein Keller, eine Bar und im Sommer ein Biergarten.

Neu-Ehrenfeld
Geöffnet je nach Event | Ehrenfeldgürtel 127 | Tel. 0221 5 50 33 44 | www.artheater.info | U 5, 13 Subbelrather Straße/Gürtel (228 C2)

BARINTON

Klein und kuschelig, aber mit klasse Stimmung – so begeistert das Barinton sein treues Stammpublikum. Mittwochs steht Live-Latin auf dem Programm, donnerstags wird quer durch Funk, Soul und Jazz gejammt. Und am Wochen-

Wo sich zu rockigen Klängen bis in die Morgenstunden abfeiern lässt: E.D.P.

ende steigt das Partyprogramm, bei dem man zu Balkan-Beats, Weltmusik, Ska oder Swing die Hüften schwingt.

Ehrenfeld

Geöffnet je nach Event | Grüner Weg 2 | Tel. 0221 4 53 70 01 | barinton.com | U 3, 4, 13 Venloer Straße/Gürtel **(228 B3)**

BLUE SHELL

Über 30 Jahre alt und immer noch relevant – das nennt man wohl eine Institution. In musikalischer Hinsicht lautet das Konzept im Blue Shell: Freigeistig, exzentrisch und tief soll es sein. Die Gäste erwartet ein Mix von Punk bis Funk und Pop, sogar Country und früher Rock 'n' Roll stehen auf der Agenda. Dazu kommt ein abwechslungsreiches Live-Programm: Musiker wie Frank Turner oder Thees Uhlmann waren schon im Blue Shell zu sehen, lange bevor sie die großen Hallen gefüllt haben.

Kwartier Latäng

Tgl. ab 21 Uhr, abweichend bei Veranstaltungen | Luxemburger Str. 32 | Tel. 0221 23 12 48 | www.blue-shell.de | U 12, 15, 16, 18 Barbarossaplatz **(226 A6)**

BOOTSHAUS

Clubbing in Köln? Da ist das Bootshaus ganz vorn dabei. Der Laden unter der Zoobrücke ist zwar etwas abgelegen, aber dafür dürfen die Bässe umso lauter wummern. Techno-, House- und Elektro-Fans kommen voll auf ihre Kosten. Der Club hat eine über zehnjährige Geschichte, DJ-Größen wie David Guetta, Steve Aoki oder Paul Kalkbrenner waren hier schon zu Gast. Dennoch ist man hier am Puls der Zeit und schafft es – auch durch Deko und Einrichtung –, sich stets neu zu erfinden.

Deutz

Geöffnet je nach Event | Auenweg 173 | Tel. 0221 98 94 48 40 | www.bootshaus.tv | S 6, 11–13 Kölnmesse/Deutz **(231 D3)**

CLUB 672

Er ist klein, es ist stets heiß und fast immer rappelvoll. Der Club 672 unter dem

Stadtgarten steht für Subkultur pur. Wer zu Charthits tanzen möchte, ist hier falsch, denn aus den Boxen kommen in der Regel Dubstep, Reggae, Hip-Hop und House. Weit über die Stadtgrenzen hinaus bekannt ist z. B. samstags die Dancehall- und Reggaeparty »Beat Down Babylon«. Auf der kleinen Bühne gibt es oft spannende Liveacts zu sehen.
Belgisches Viertel
Geöffnet je nach Event | Venloer Str. 40 | Tel. 0221 9 52 99 40 | www.stadtgarten.de | U 3–5 Hans-Böckler-Platz/Bf. West (229 D4)

CLUBBAHNHOF EHRENFELD

An guten Tagen versorgen Biergarten und Street-Food das Partyvolk. Alternativ treten drinnen im Gewölbe Popmusiker oder Rap-Acts auf. An schlechten Tagen werden die beiden an und für sich coolen Dancefloors von Mainstream-DJs malträtiert, während maulende Türsteher die Gäste zusätzlich nerven. So kann es gehen, wenn der Erfolg zu plötzlich kommt. Andererseits haben schon viele Clubs eine Krise überstanden.
Ehrenfeld
Geöffnet je nach Event | Bartholomäus-Schink-Str. 65–67 | Tel. 0221 29 19 95 30 | www.cbe-cologne.de | U 3, 4, 13 Venloer Straße/Gürtel (228 C3)

E.D.P. – EM DRÜGGE PITTER

Hier können Partygänger zu rockigen Klängen feiern, und das nicht selten bis in die frühen Morgenstunden. Am Wochenende bieten diverse DJs von Reggae bis Rockabilly und von Funk bis Ska musikalische Leckerbissen. Kickerfans kommen auch auf ihre Kosten, und bei gutem Wetter schmeckt das Bier unterm freien Himmel noch mal so gut!
Ehrenfeld
Mo–Do ab 20, So ab 21 Uhr | Venloer Str. 416 | Tel. 0221 16 95 43 28 90 | www.edp-ehrenfeld.de | U 3, 4 Leyendeckerstraße (228 B2)

E-FELD

Ehrenfeld baut seinen Ruf als Magnet für Subkultur-Nachtleben abseits des Mainstream weiter aus. Daran hat auch das E-Feld einen nicht unerheblichen Anteil. Das Hauptaugenmerk des Ladens liegt auf Trance und ziemlich heftigem Techno, ab und an werden aber auch Fetisch-Partys veranstaltet oder die Mittanzgelegenheit kommt vorbei.
Ehrenfeld
Geöffnet je nach Veranstaltung | Venloer Str. 601 | Tel. 0221 169 41 86 | www.e-feld.com | U 3, 4 Äußere Kanalstraße (228 A2)

EINUNDFÜNFZIG

Nach der Arbeit kommt das Vergnügen. Und im Einundfünfzig geschieht das schnell, denn die Afterwork-Party beginnt jeden Donnerstag um 19 Uhr. Begleitet von einer Liveband geben sich Castingsternchen, die man von TV-Shows wie »DSDS« kennt, alle Mühe, den Feierabend zu einem solchen zu machen. Freitags und samstags regieren hier dann Glamour, Glitzer und Dancesounds.
Innenstadt
Do–Sa ab 19 Uhr | Hohenzollernring 51 | Tel. 0221 16 90 64 70 | einundfuenfzig.com | U 3–5, 12, 15 Friesenplatz (226 A2–3)

GEWÖLBE ★

Nicht zuletzt dank des Kompakt-Labels gilt Köln unter Kennern als eine Kapitale der elektronischen Musik. In einer Stadt, die den Gelüsten von Investoren gern nachgibt, sind Clubs und andere Spielstätten jedoch über die Jahre rar geworden. Nur das gut geführte Gewölbe scheint gegen jede Form von Krise immun, schließlich ist der Bau als Teil des

Bahndamms kaum anderweitig kommerziell nutzbar. Hier legen von Matias Aguayo über DJ Koze bis zu Terranova Premium-DJs aus aller Welt auf, wobei der intime Rahmen eines kleinen Clubs stets gewahrt bleibt. Weiter so!

Innenstadt

Fr, Sa ab 23.30 Uhr | Hans-Böckler-Platz 2 | www.gewoelbe.net | U 3, 4, 5, Hans-Böckler-Platz (229 D4)

KLUB BERLIN ★

Ein Ballroom wie im Berlin der frühen 1930er-Jahre mit Burleske und Tanz. Eine Konzertbühne für Freunde von Rockabilly oder Bebop. Und ein Dancefloor für den jazzlastigen Funk der 1970er-Jahre. All diese Lücken, die der Wandel der Zeit hinterlassen hat, möchte der neue Club füllen und bietet satte Rottöne und passendes Mobiliar. Auch die Drink-Preise erinnern an bessere Zeiten.

Ehrenfeld

Di–Sa 20–2 Uhr | Keplerstr. 6 | Tel. 01578 488 48 95 | www.klub-berlin.koeln | U 3, 4 Körnerstraße (228 C3)

KÖNIGSWASSER

NEU Das Königswasser in der Flandrischen Straße war eine Legende: Hier traf sich in den 1980er- und 1990er-Jahren die künstlerische und intellektuelle Avantgarde. Als Erkennungszeichen genügte ein in die Fassade eingelassenes Aquarium. Nun erlebt die einstige Institution eine unerwartete Wiedergeburt – mit dem Anspruch, sowohl der alten Klientel wie auch dem Jungvolk zu gefallen. Das Pendel schlug zunächst in Richtung Jugend aus.

Belgisches Viertel

Mo, Do–Sa ab 22 Uhr | Limburger Str. 23 | Tel. 0176 64 88 01 61 | www.koenigswasser.de | U 3, 4, 5, 12, 15 Friesenplatz (229 E4)

LUXOR

Das Verwirrspiel hat ein Ende: Der ehemalige Prime Club hat seinen ursprünglichen Namen Luxor wieder, wurde renoviert und das Programm überholt. Gelegenheitstänzer und Nostalgiker haben Spaß auf den Ü40- und 80er-Partys, doch auch an popkulturelle Randgruppen wie Gothics, Psychobillys und K(orean)-Pop-Fans wird mit eigenen Partys gedacht. Das Konzertprogramm ist ebenfalls bunt gemischt, es reicht von Metal über Punk bis zu Pop und Reggae.

Kwartier Latäng

Geöffnet je nach Event | Luxemburger Str. 40 | Tel. 0221 92 44 60 | www.luxor-koeln.de | U 12, 15, 16, 18 Barbarossaplatz (233 E1)

MUSEUM

Im Epizentrum der Ausgehmetropole Köln hat sich das Museum seine Reputation als Karaoke-Adresse Nummer eins hart erarbeitet. Weil die Besucher empirisch gesehen offenbar erst ab 22 Uhr in Singlaune sind, macht die durchweg gut besuchte Kneipe neuerdings auch als Spielstätte für anspruchsvolle Indie-Bands auf sich aufmerksam. Auf dem Podium standen schon Bands wie Die Skeptiker oder Indie-Queen Holly Golightly. Das gibt Karmapunkte!

Kwartier Latäng

Di–Sa ab 20 Uhr | Zülpicher Platz 9 | Tel. 0221 23 20 98 | www.museum-kneipe.de | U 9, 12, 15, 16, 18 Zülpicher Platz (229 E6)

ODONIEN

Das 3000 m^2 große Gelände ist baufällig und provisorisch, die Sanitäranlagen machen sprachlos, und zu allem Überfluss liegt der selbst ernannte Kultur- und Partyfreistaat auch noch zwischen Bahngleisen und Bordell. Trotzdem: Wo sonst kann man nachmittags ein Kettcar-Rennen bestreiten, am Abend mit brennenden Hula-Hoop-Reifen jonglieren und sich nachts zu den Beats international bekannter Techno-DJs die Füße wund tanzen? Die unkonventionelle Umgebung und ein äußerst kreatives Konzept machen die unregelmäßig stattfindenden Partys, Konzerte und Veranstaltungen immer zu einem Erlebnis. ☀ Im Sommer lockt der Odonische Biergarten, benannt nach dem Stahlkünstler Odo Rumpf, der das Gelände mit seinem Skulpurenpark gestaltet hat.

Neu-Ehrenfeld

Geöffnet je nach Event | Hornstr. 85 | Tel. 0221 9 72 70 09 | www.odonien.de | S 6, 11 Nippes (229 E2)

ROXY

Niemand hat gezählt, wie oft das Licht im Roxy wirklich ausgegangen ist. Nicht selten schien es auch für immer vorbei zu sein mit dem legendären Nachtclub, der 1974 eröffnet wurde und dem die Bläck Fööss ein kleines musikalisches Mundartdenkmal gesetzt haben. Nach einigen Turbulenzen öffnet Kölns erster Late-Nighter nun unter der Ägide von DJ und Labelboss Tobias Becker wieder regelmäßig seine Pforten. Aufgelegt wird überwiegend elektronische Musik, gelegentlich treten auch Stars wie Moodyman oder Boy George auf. Kölsche Szenegrößen allerdings verirren sich nur noch selten hierher.

Belgisches Viertel

Do 21–1, Fr, Sa ab 23.45 Uhr | Aachener Str. 2 | www.roxykoeln.de | U 1, 7, 12, 15 Rudolfplatz (229 E5)

SUBWAY

Die Treppe runter, dann nach rechts und schon steht man in dieser Kölner Institution. Sofort stellt sich eine Vertrautheit ein, und eh man sich's versieht, quatscht man mit der Bedienung oder dem Barhockernachbarn. Donnerstags regieren hier die legendären »Beatpackers« mit Hip-Hop und Soul, freitags und sams-

Bei den Sommerevents im Odonien: Chillen zwischen den Skulpturen von Odo Rumpf

tags bekommt man auch mal Indie, Britpop, Dubstep, House oder Türkpop zu hören.

Belgisches Viertel

Do–Sa ab 23 Uhr | Aachener Str. 82–84 | www.subway-der-club.de | U 1, 7, 12, 15 Rudolfplatz (229 D5)

Am schönen Tresen oder draußen am Tisch – bei Herr Pimock findet sich ein nettes Plätzchen

YUCA

NEU Familienzuwachs beim Club Bahnhof Ehrenfeld. Der Yuca (»Your Urban Club of Arts«) ist durch Crowdfunding entstanden – insgesamt 20 000 Euro wurden durch eine Internetkampagne finanziert. Das Programm im Yuca ist etwas spezieller und randgruppenaffiner als bei Papi nebenan. Musikalisch wird Elektronisches und Tanzbares bevorzugt – aber auch Soul steht auf dem Programm. Neben angesagten DJs gibt es ab und zu auch Liveacts zu sehen.

Ehrenfeld

Geöffnet je nach Event | Bartholomäus-Schink-Str. 67 | Tel. 0221 29 19 95 30 | www.facebook.com/yucaclub | U 3, 4, 13 Venloer Straße/Gürtel (228 C3)

VANITY

Wer es am Türsteher vorbeischafft, kann sich zu Elektro-, House- und Hip-Hop-Sounds vergnügen. Liveacts und Gast-DJs heizen bis in die Morgenstunden mächtig ein, ab und an bestreiten auch US-Superstars wie Timbaland das Programm. Und über die INSIDER TIPP clubeigene App kann man per Smartphone Tische reservieren, Fotos ansehen oder Mixtapes der Vanity-DJs anhören.

Innenstadt

Geöffnet je nach Event | Hohenzollernring 16–18 | Tel. 0221 28 06 46 30 | www.vanity.cc | U 1, 7, 12, 15 Rudolfplatz (226 A3)

ZIMMERMANN'S

Kreativ und ungewöhnlich – das ist in jeder Hinsicht das Konzept bei Zimmermann's. Denn der Laden ist Burger-Restaurant (tagsüber) und Club (nachts) in einem. Die Konzerte und Partys decken dabei die verschiedensten Musikrichtungen ab: von Indie, Elektronik, Hip-Hop und Trance bis zu Gothic, Wave, 80ies und Eurodance. Selbst Death-Metal-Konzerte finden hier bisweilen statt. Entsprechend wild gemischt ist das Publikum.

Ehrenfeld

Geöffnet je nach Event | Venloer Str. 39 | Tel. 0221 46 75 55 24 | www.facebook.com/Zimmermanns.club | U 3, 4, 5 Hans-Böckler-Platz/Bf. West (229 D4)

KNEIPEN

BRAUSTELLE

Wo Ehrenfeld langsam zu Bickendorf wird, haben Braumeister schon mit ortsfremden Bierrezepturen experimentiert, als in Deutschland noch niemand von Craft-Beer gehört hatte. Die Ingredienzen für das Helios (so heißt hier das Kölsch), für Colonia Brown Ale oder für ein Pink Panther mit Hibiskusblüten sind im Lokal aufgebahrt, die Braukessel zeugen von ehrlicher Handarbeit vor Ort. Das Selbstvertrauen der Crew geht so weit, hier ein Ehrenfelder Alt mit Raucharomen anzubieten. Schade, dass die Küchenleistung nicht mit dem Ehrgeiz der Braumeister mithalten kann.

Ehrenfeld

Mo–Sa 18–1 Uhr | Christianstr. 2 | Tel. 0221 285 69 32 | www.braustelle.com | U 3, 4 Leyendeckerstraße (228 B2)

DURST

Eine ehrliche Kneipe – man könnte auch dunkle Schluckbude sagen – für Leute, die Durst haben und guten Rock hören wollen. Zu Essen gibt es nur Erdnüsse, und die Öffnungszeiten richten sich danach, wie lange die Person hinter der Theke stehen kann oder möchte – Bukowski hätte seine Freude. Renoviert wurde selbstredend schon lange nicht mehr. Dafür ist das Kölsch billig, und kickern kann man auch. Die perfekte Anlaufstelle für den letzten Absacker.

Neustadt-Nord

Tgl. ab 20 Uhr | Weidengasse 87 | Tel. 0221 13 63 66 | U 12, 15 Hansaring (230 A3)

HEIMATHIRSCH

Der Heimathirsch bringt jede Menge Leben in die Kneipenlandschaft von Nippes! Das weiß ein jung gebliebenes Publikum um die 40 zu schätzen. Man trifft sich zum Klönen, zum Kneipenquiz. Montags gibt es Livejazz, donnerstags Comedy und am Wochenende Pop, Funk, Reggae und Soul vom Plattenteller. Tipp: Einmal im Monat kommt Frollein Julia zum »Betreuten Singen« vorbei. Dann werden hier unter fachkundiger Anleitung gemeinsam Schnulzen von Elvis bis Sinatra geträllert.

Nippes

Mo–Sa ab 21, bei Veranstaltungen ab 19.30 Uhr | Mauenheimer Str. 4 | Tel. 0221 16 91 78 00 | www.liveimheimathirsch.jimdo.com | U 12, 15 Florastraße (230 A1)

HERR PIMOCK

Bei Herrn Pimock gibt es nicht die längste, wohl aber die schönste Theke Kölns. Oben in glattem Weinrot, unten mit grün glänzenden Kacheln verkleidet, windet sie sich einmal quer durch den Raum. Klar: Wer hier einen Platz ergattert hat, gibt ihn nicht so schnell wieder her. Doch auch der Rest der Gäste hat Spaß: beim Fußballgucken, auf der ☀ Trottoir-Terrasse, an den leckeren Schnitzeln und Burgern, am Startschuss-Cocktail oder beim letzten Kölsch des Abends. Ein Laden für alle Fälle.

Belgisches Viertel

Mo–Do 10–1, Fr 10–3, Sa 10–3, So 9–1 Uhr | Aachener Str. 52 | Tel. 0221

PARTY-MEILEN

LUXEMBURGER KARUSSELL

Vier nette Läden im Radius von 50 m sorgen hier für Spaß und Unterhaltung. Die ersten Kölsch werden zum groovigen Sound im *Little Lui (Di–Fr 19–3, Sa, So 11–3 Uhr | Luxemburger Str. 43 | www.facebook.com/LittleLuiCologne)* gezischt. Dann auf ins *Blue Shell* → **S. 184** (Foto re.), wo gerade eine schwedische Surf 'n' Roll-Band ihren Kontrabass zerlegt. Das macht Lust auf Pogo: Wie praktisch, dass im *Luxor* → **S. 186** »Hell Night« ist! Zum Abkühlen geht's anschließend rüber ins *Stereo Wonderland* → **S. 200**. Inzwischen ist es schon nach drei Uhr. Um diese Zeit rivalisieren dort die Britpop-Anhänger, denen es nach Oasis, Blur und Pulp gelüstet, mit den Apologeten der Guns n' Roses. Der Ausgang ist offen. Fest steht indes, dass beide Lager nicht davor zurückschrecken, die Songs ihrer Idole laut mitzusingen.

Kwartier Latäng
U 5, 12, 15, 16, 18 Barbarossaplatz
(229 E6)

ZÜLPICHER STRASSE

In der Zülpicher Straße sowie in den angrenzenden Straßen vom Rathenauplatz bis zur Kyffhäuserstraße liegt eine Happy-Hour-Kneipe neben der nächsten. Vernünftige Cocktails gibt's z. B. im *Mojitos (tgl. ab 19 Uhr | Zülpicher Str. 34 | www.mojitos-cologne.de)* oder im *Cuba (*tgl. ab 18 Uhr / Zülpicher Str. 25 / www.facebook.com/CubaBarKoeln*)*. Auch der Hunger lässt sich bekämpfen: mit Sucuk-Burgern von *Ottoman's (Mo–Sa ab 11, So ab 12 Uhr | Zülpicher Platz 18 | www.ottomans-kebap-burger.*

de) oder prima Steinofenpizza bei *Pizza Pazza (tgl. ab 11 Uhr | Hochstadenstr. 35 | Tel. 0221 3 10 87 33)*. So gestärkt wird es Zeit für laute Musik: Im *MTC (geöffnet je nach Event | Zülpicher Str. 10 | www.mtc club.de)* läuft Alternative Rock, in der *Roonburg (Mo ab 22.30, Di ab 21, Fr, Sa ab 22, So ab 23 Uhr | Roonstr. 33 | www. roonburg.de)* geht man zu David Guetta, Nena und Cro in den Flirt-Nahkampf. Wer dann noch weiter will, steuert den *Venusceller (tgl. ab 24 Uhr | Zülpicher Platz 6 | www.venusceller.de)* an: Wenn alle anderen schließen, wird hier erst richtig losgerockt.

Kwartier Latäng
U 9, 12, 15 Zülpicher Platz (226 A5)

EHRENFELD

Nirgends in Köln ist die Clubdichte größer als rund um die ehemaligen Helioswerke in Ehrenfeld. Was soll's heute sein? Balkanpop im *Barinton* → **S. 183**? Techno aus Detroit im *JackWho* → **S. 20**? Ska und Punk im *Underground* → **S. 195**? Werfen Sie sich im *Heinz Gaul* → **S. 20** zu Elektrosounds ins Getümmel? Geht es in die *Live Music Hall* → **S. 194**, wo die DJs Alternative und Metal spielen, in den *Clubbahnhof Ehrenfeld* → **S. 185** zur Dancehall-Sause oder in den *Sonic Ballroom* → **S. 200**, wo dreckiger Rock 'n' Roll im passenden Ambiente zelebriert wird? Zur Stärkung locken die Dönerläden auf der Venloer Straße. Auch viele Kneipen sind vorhanden. Ein Gang ins *L (tgl. ab 21 Uhr | Hüttenstr. 24)* schadet nie, schon wegen des günstigen Kölschs.

RUND UM DEN BRÜSSELER PLATZ

Auch wenn die Anwohner schimpfen: Ausgestattet mit Kioskbier trifft man sich am Brüsseler Platz vor der Kirche und plant den Abend: Erst in die *Barracuda Bar* → **S. 197** und dann in den *Club 672* → **S. 184**? Mal schauen, wo es voller ist, in der *Wohngemeinschaft* → **S. 182** oder in der *Scheinbar* → **S. 181** (Foto li.)? Bliebe noch der Pendel-Klassiker: Vom *Sixpack* → **S. 199** ins *Subway* → **S. 187** und zurück. Lassen Sie sich treiben!

Belgisches Viertel
U 1, 7 Moltkestr. (229 D5)

51 18 66 | www.herr-pimock.de | U 1, 7, 12, 15 Rudolfplatz (229 D5)

KAJTEK

Pfeffer-, Orangen- und Cherrywodka sind nur drei der zwei Dutzend verschiedenen Wodkasorten dieser original polnischen, wunderbar schrammeligen Kneipe in der Südstadt. Die INSIDER TIPP Auswahl an Wodkas gehört zur besten der Stadt. Bewirtet wird man mit seltener Herzlichkeit inklusive ausführlicher Erklärung der offerierten flüssigen und festen Spezialitäten wie Pierogie oder Barszcz. Dazu gibt es Ausstellungen, Vernissagen, Diskussionen und Konzerte von Künstlern aus Polen.
Südstadt
Di–Do 20–2, Fr, Sa 20–4, So 20–23 Uhr | Im Ferkulum 10–14 | Tel. 0221 4 29 26 22 | www.facebook.com/Kajtek-Cologne | U 15, 16, 18 Chlodwigplatz (234 A2)

MARIA EETCAFE

Das holländisch-belgische Eetcafe am Hans-Böckler-Platz ist eine typisch niederländische Mischung aus Kneipe und Imbiss. Neben tollen Drinks stehen auf der Speisekarte Snacks wie Frikandeln, Bitterballen, Loempias, Satéstockjes met Satésaus, Tostis, diverse Hapjes und natürlich die obligatorischen Frietjes, stilecht mit einer großen Auswahl an Sausjes garniert. Wer auf Süßes steht, sollte die hausgemachten belgischen Waffeln probieren. Außerdem locken kreative Cockails, Genever, Longdrinks, diverse Whiskeysorten und belgische Biere vom Fass. Op uw gezondheid!
Belgisches Viertel
Mo–Fr ab 17, Sa, So ab 15 Uhr | Hans-Böckler-Platz 1–3 | Tel. 0221 94 65 78 78 | www.maria-koeln.de | U 3–5 Hans-Böckler-Platz (229 D4)

METRONOM

Das Metronom ist zwar sehr klein, aber aus Kölns Jazzszene nicht wegzudenken. Und so verkehrt dort auch immer fachkundiges Publikum jeder Altersklasse. Wer in der urigen Kneipe einen Sitzplatz möchte, sollte frühzeitig erscheinen. Doch gerade diese Beengtheit macht

Hier hat die Kneipenkultur ein Zuhause: Trash-Chic

die Atmosphäre so gemütlich. Untermalt wird das Feeling durch Jazzklänge von der Schallplatte. Manchmal treten verdammt gute Livebands auf.

Kwartier Latäng

So–Do 20–1, Fr, Sa 20–3 Uhr | Weyerstr. 59 | Tel. 0221 2134 65 | www.facebook.com/metronom | U 12, 15, 16, 18 Barbarossaplatz (226 B5)

INSIDER TIPP PABLO

Pablo liegt versteckt in einem Wohngebiet und macht auch von außen keine Anstalten, auf sich aufmerksam zu machen. Muss auch nicht sein, denn voll ist es auch ohne Werbung und Hinweisschilder. Die Kerzenlicht-Atmosphäre ist schön schummrig und perfekt für einen romantischen Pärchenabend: Erst ein paar Tapas knabbern, dann einen schweren Rioja schlürfen und sich schließlich Komplimente ins Ohr hauchen. So wird's gemacht!

Sülz

Tgl. ab 18 Uhr | Marsiliusstr. 39 | Tel. 0221 4 75 92 52 | U 9 Lindenburg (232 C2)

TRASH-CHIC

ÖKO Abseits der üblichen Ausgehviertel ist diese Adresse perfekt, um entspannt in den Abend zu starten oder um sich am Ende einer Kneipentour noch einen Absacker zu genehmigen. Außerdem werden hier hausgemachte vegetarische und vegane Schmankerl serviert – ein ungewöhnliches Kneipenmahl, es schmeckt aber großartig. Die Musik bewegt sich zwischen Alternative, Reggae und Punk. Jeden zweiten Sonntag im Monat gibt es INSIDER TIPP veganen Brunch.

Kalk

So–Do 16– nach 1, Fr, Sa bis 2, Küche bis 23 Uhr| Wiersbergstr. 31 | Tel. 0221 4 9 2 88 55 | www.trash-chic.com | U 1, 9 Kalk Kapelle (231 F5)

VORSTADTPRINZESSIN

Die Agora von Kalk: Hier versammelt sich das Veedel, um Wichtiges und weniger Wichtiges zu besprechen, Freunde zu treffen oder den neuesten Tratsch weiterzutragen. Egal, ob es darum geht, gemeinsam Fußball zu schauen oder auf Bürgertreffen über Bildungspolitik oder Gentrifizierung zu diskutieren – wer wissen will, wie Kalk tickt und was das Veedel bewegt, geht in die Vorstadtprinzessin. Besonders nett ist das INSIDER TIPP gemeinsame Tatort-Gucken am Sonntagabend. Da darf man sogar sein eigenes Abendessen mitbringen.

Kalk

Do–So 18–1 Uhr | Trimbornstr. 27 | Tel. 0176 51 77 98 21 | www.vorstadtprinzessin.de | U 1, 9 Kalk Post (231 E5)

WEINHAUS VOGEL

Eine Auszeit von selbstverliebten Hipstern gefällig? Dann ist dieses Lokal genau die richtige Erdung. Es nennt sich zwar Weinhaus, und tatsächlich befinden sich auch einige Weine im Ausschank, de facto aber wird hier überwiegend Bier getrunken. Ansonsten dient die Eigelstein-Institution als Auffangbecken für Menschen jedweder Herkunft, seien es überarbeitete Volkswirte, hauptberufliche Urgesteine oder einstige Dauerstudenten.

Eigelstein

Tgl. 18–24 Uhr | Eigelstein 74 | Tel. 0221 139 91 34 | www.gaffel.de | U 12, 15, 16, 18 Ebertplatz (229 F3)

WEISSER HOLUNDER

Die 1950er-Jahre-Einrichtung samt Jukebox mit Fifties-Hits, die unschlagbar günstigen Bierpreise und die Generationen umspannende, herzliche Gästeschar haben diese Veedelskneipe zu einer Institution gemacht. Die früheren Betreiber Margot und Karl sind in Rente, doch Päff-Wirt Michael Kampert, der den Laden übernommen hat, hält am selbst formulierten Konzept fest: kein Milchkaffee, kein Mineralwasser mit Eis und Zitrone, keine schlechten Longdrinks und lieblosen Biermixgetränke. Also besser an die Schnäpse, Liköre oder Biere halten.

Neustadt-Nord

Tgl. ab 16 Uhr | Gladbacher Str. 48 | Tel. 0221 139 18 35 | www.weisser-holunder.de | U 6, 12, 15 Christophstr./Mediapark (229 D4)

LIVECLUBS

GEBÄUDE 9 ★

Es gab einen riesigen Aufschrei, als das Gebäude 9 2014 von der Schließung bedroht war. Eine Online-Petition wurde ruckzuck 17 000 Mal unterzeichnet, Musiker wie Judith Holofernes, Thees Uhlmann oder Chilly Gonzales protestierten öffentlich. Mit Erfolg. Wenig später war klar: Die Location wird bleiben und kann weiterhin das beste Konzertprogramm der Stadt anbieten. Ob Indierock, Elektropop oder Death Metal – die Auswahl wird ohne Scheuklappen getroffen und überrascht jeden Monat aufs Neue. Foo Fighters, Seeed, The White Stripes, The Killers oder Lana Del Rey – sie alle sind hier bereits aufgetreten. Und die nächsten Stars stehen schon parat.

Deutz

Deutz-Mülheimer Str. 127–129 | Tel. 0221 81 46 37 | www.gebaeude9.de | U 3, 4 Kölnmesse (231 D3)

DIE KANTINE

Früher war alles besser? Das finden zumindest die Betreiber der Kantine, die mit ihrem Retro-Programm ganz auf die Ü40-Zielgruppe setzen. Hier machen alte Progressive-Haudegen wie Fish (früher bei Marillion) ebenso Station wie Blues/Country-Gitarrist Albert Lee (spielte schon mit Clapton) oder Folksängerin Joan Armatrading. Auch Genesis, Led Zeppelin, Queen oder die Stones treten hier regelmäßig auf – zwar nur als Coverbands, aber immerhin. Ihr Handwerk verstehen Tribute-Bands wie die Sticky Fingers oder die Queen Kings allemal.

Longerich

Neusser Landstr. 2 | Tel. 0221 1 67 91 60 | www.kantine.com | U 12, 15 Wilhelm-Sollmann-Straße (236 C3)

LIVE MUSIC HALL

In der Live Music Hall ist man nett zu den Gästen: Geschickt verteilte Theken sorgen für eine schnelle Getränkeversorgung und bieten zugleich eine feine Rückenlehne. Dazu kommt ein kleiner Biergarten, in dem man Frischluft schnappen kann. Das Konzertprogramm ist international und eher auf lautere Klänge ausgerichtet: Punk, Alternative und Metal dominieren. Aber ab und zu kommen auch Hip-Hopper wie Kollegah oder Oldie-Rocker wie Uriah Heep vorbei. Wenn keine Konzerte stattfinden, steigen hier Events wie 80er-/90er-Partys, Poplife oder der längst zur Institution gewordene Rockgarden mit dem Besten aus Rock, Alternative, Crossover, New Metal und Hardcore.

Ehrenfeld

Lichtstr. 30 | Tel. 0221 9 54 29 90 | www.livemusichall.de | U 3, 4, 13 Venloer Straße/Gürtel (228 B3)

PALLADIUM

Die ehemalige Maschinenbauhalle macht schon optisch viel her und lässt die Industriekultur der Jahrhundertwende spüren. Auch der Sound ist toll, solange man nicht zu weit an der Seite und somit unter dem Oberrang steht. Zwischenzeitlich als als Ausweichquar-

Wenn Open-Air-Livekonzerte anstehen, strömt das Publikum rege zum Tanzbrunnen

tier für die Oper genutzt, machen hier normalerweise Rock- und Popstars jeglicher Couleur halt: von Snoop Dogg über Marilyn Manson bis Tim Bendzko. Auch wenn Sie nicht müssen: Gehen Sie unbedingt auf die Toiletten – die sind wirklich außergewöhnlich.

Mülheim

Schanzenstr. 40 | Tel. 0221 9 67 90 | www.palladium-koeln.de | U 4 Keupstraße (231 F1)

TANZBRUNNEN

Oben der Himmel, vorn die Musik, und der Rhein ist auch nur einen Steinwurf entfernt: Der Tanzbrunnen ist eine der nettesten und größten Open-Air-Locations in Köln, wo sich regelmäßig nationale und internationale Hochkaräter sehen lassen. ZZ Top und Die Ärzte, Cro und Robert Plant, Bon Iver und Sunrise Avenue und viele andere waren schon da – das Programm ist vielfältig, der Sound meist gut, wenn auch etwas leise. INSIDER TIPP Gehen Sie rechtzeitig los: Wegen Anwohnerbeschwerden fangen die Konzerte immer sehr früh an, spätestens um 22 Uhr ist Schluss.

Deutz

Rheinparkweg 1 | Tel. 0221 8 21 31 83 | www.koelnkongress.de | U 1, 3, 4, 9 Deutz/Messe (230 C4)

UNDERGROUND

Riesige Graffiti, ein Tätowierer gleich nebenan, vor dem Eingang stehen junge Leute und exen Flaschenbier: Das Underground im Ehrenfelder Industriegebiet ist Kölns Punkrock-Institution. Viele etablierte Bands, von den Beatsteaks bis zu den Hives, haben hier ihre ersten Kölner Auftritte absolviert, als sie nur Szenekennern ein Begriff waren. Neben Punk- und Hardcore-Bands spielen ab und zu auch Hip-Hopper im Underground. Immer einen Besuch wert sind die Partys, die musikalisch von Dub über Elektro bis zu Stoner Rock reichen, und der schattige ☀ Biergarten.

Ehrenfeld

Vogelsanger Str. 200 | Tel. 0221 54 23 26 | www.underground-cologne.de |

U 3, 4, 13 Venloer Straße/Gürtel
(228 B3)

PARTYREIHEN

FEINES TIER

So heißen Partyreihe, Label und Marke, und unter diesem Namen bespielt die Crew um Phillip Fein mit schöner Regelmäßigkeit Kölns Premiumtanzstätten wie *JackWho* → **S. 20**, *Odonien* → **S. 186** oder auch Bars wie Zum Scheuen Reh → **S. 199** und begeistert das Publikum mit feinster Stimmung. Im Gepäck haben sie neben anlassgerechten Beats meist auch Gäste und angesagte DJs, die sich an den Turntables verdingen.
www.feinestier.de

MITTANZGELEGENHEIT ★

Auch die jungen Älteren gehen gern in Clubs statt auf Ü30-Partys. Die Mittanzgelegenheit ist ein generationenübergreifendes Spektakel, bei dem sich jung gebliebene Leute zu 70ies-Funk, Old-School-Hip-Hop und modernen Hits die Socken heiß rocken. Die Locations wechseln ständig – es gibt so gut wie keinen Kölner Club, in dem bis jetzt noch nicht Station gemacht wurde.
www.mittanzgelegenheit.net

TREIBSTOFF KLUB

Ob Deep House, Dubstep, schnörkeliger Elektro oder geradliniger Techno: Im Treibstoff Klub hat man die heißesten Beats am Start. Die Locations wechseln, wobei Wert darauf gelegt wird, dass zumindest in der warmen Jahreszeit auch draußen getanzt werden kann.
www.facebook.com/treibstoffklub

Immer wieder ein gutes Ziel: die Barracuda Bar

SELBER FEIERN

BAHNSALON

Egal, ob festlich für die Hochzeit, lässig für das Klassentreffen oder cool-stylish für den privaten Tanzabend: Die Gewölbe plus der kleine Biergarten unter der Eisenbahnbrücke lassen sich mit der entsprechenden Deko an alle Anlässe anpassen. Der Service ist sehr nett, professionell und erfüllt problemlos alle Wünsche. Auf Anfrage organisieren die Betreiber das Catering, es kann aber auch vereinbart werden, eigenes Essen mitzubringen. Für kleinere Gesellschaften steht gegenüber die Cantina zur Verfügung.

Südstadt

Raummiete 780 Euro (8 Std.), Getränkepauschale 15 Euro pro Person | Höninger Weg 2a | Tel. 0221 2 40 00 00 | www.bahnsalon.de | U 12 Eifelplatz (233 E2)

INSIDER TIPP CHICAGO BÜLZ

Einmal in einer richtigen Kneipe hinter der Theke stehen? Oder doch lieber als Köbes Tabletts zwischen den Gästen balancieren? Im skurril benannten Chicago Bülz ist das kein Problem. Das ehemalige Brauhaus wurde schon im Jahr 2014 als Beverly Sülz eröffnet und dann wegen Namensstreitigkeiten noch einmal umbenannt. Es wird zu besonderen Gelegenheiten von den Betreibern geöffnet, ist aber ansonsten zu mieten. Neben dem Schankraum gibt es noch einen Saal und eine Kegelbahn im Keller, die Mietoptionen reichen von all-inclusive bis hin zu »Ich bringe alles selbst mit«. Nur das Gaffel muss von hier stammen ...

Sülz

Miete je nach Anfrage | Berrenrather Str. 377 | Tel. 0221 1 783 31 19 22 | www.gaffel.de | U 13 Berrenrather Str./Gürtel (232 C3)

KOKETTBAR

Kölns ältester Nachtclub existiert seit 1958 und sieht genauso aus, wie man ihn sich so vorstellt: roter Plüsch, goldene Vorhänge, Aktgemälde an den Wänden und viel Retro-Deko vom Tresen bis zur Schirmlampe. Kein Wunder, dass hier schon viele »Tatorte« und Filme wie »Das Wunder von Bern« gedreht wurden. Für große Gesellschaften kann die ganze Bar gemietet werden, bei kleineren tut's der Partyraum, während der normale Barbetrieb weiterläuft. Das sorgt für viele interessante Begegnungen, wenn sich Ihre Gäste zwischen den Tänzerinnen, Animierdamen und normalen Besuchern durchschlängeln.

Innenstadt

Miete je nach Anfrage | Altenberger Str. 11 | Tel. 0221 12 18 46 | www.nightlife-koeln.de | U 16, 18 Breslauer Platz/Hbf. (227 E1)

RHEINSCHIFF KROKOLINO

Natürlich können Sie auch bei den großen Linien Rheinschiffe für Ihre Feier chartern. Da sind Sie aber ruckzuck einen vier- bis fünfstelligen Betrag los und müssen außerdem Hinz und Kunz einladen, um das Schiff vollzubekommen. Wenn Ihre Gesellschaft dagegen etwas kleiner ist (bis 30 Gäste), dann ist das Krokolino die richtige Adresse. Normalerweise verkehrt das Boot im Fährbetrieb zwischen Weiß und Zündorf, kann aber auch zum günstigen Stundenpreis gechartert werden. Es ist etwas rustikaler und mit weniger Komfort ausgestattet, doch der Blick auf den Rhein und das Kölner Panorama ist genauso schön wie von einem der Luxuskähne.

120 Euro/Std. | Tel. 0221 6 83 34 | www.faehre-koelnkrokodil.de

SZENE

BARRACUDA BAR

Beim Betreten beschleicht einen jedes Mal ein Déjà-vu-Gefühl. Oft hat man sich hier schon um die Theke gewunden, und trotzdem endet jeder Abend wieder ganz anders. Das mag an der kommunikationsfördernden Enge liegen, die auch daher rührt, dass der

Unverändert gut – das Sixpack auf der Aachener Straße

Tresen in dieser Bar raumbeherrschend ist. Dahinter verrichten Ikonen des Kölner Nachtlebens ihr Werk. Man sieht ihnen an, dass sie selbst gern feiern und wissen, was sie ihren trendgeschulten »Patienten« verabreichen. Dazu sorgen coole Deep-House-, Elektroswing- oder Ambient-Klänge für die passende Stimmung.

Belgisches Viertel

Mo–Sa 20–6 Uhr | Bismarckstr. 44 | Tel. 0173 3 93 53 31 | www.facebook.com/barracudabarkoeln | U 3–5, 12, 15 Friesenplatz (229 D4)

CÖLLNER

Ob zum entspannten Auftakt einer langen Partynacht oder auf den letzten Absacker – die nette Eckbar mit Lounge-Atmosphäre und chilliger, manchmal auch funkiger Musik ist immer einen Besuch wert. Die Drinks sind klasse, das Personal hat stets ein Lächeln auf den Lippen und die Preise sind sehr fair. Praktisch für alle, die nicht genug kriegen: Hier ist bis in die frühen Morgenstunden geöffnet. Speziell zu Karneval ist das Cöllner ein ganz heißer Tipp!

Südstadt

Mo 18–6, Di, Mi 20–6, Do 19–6, Fr–So 20-6 Uhr| Ubierring 22 | Tel. 0171 4 08 65 33 | www.coellner-bar.de | U 15, 16 Chlodwigplatz (234 B2)

DIE HÄNGENDEN GÄRTEN VON EHRENFELD

»Keine gute Geschichte hat jemals damit begonnen, dass jemand einen Salat gegessen hat.« Ein weiser Mottospruch, und deshalb gibt es hier sehr viel Bier: Neben Standards wie Reissdorf, Beck´s, Jever und Tannenzäpfle sind auch leckere bayerische Helle sowie ständig wechselnde Spezialitäten im Angebot. Weil die Spirituosenregale ebenfalls viel Platz bieten, ist auch hier einiges in der Auswahl. Die Preise sind zivil, die Sofas im hinteren Teil sehr bequem und die Musik ist immer gut ausgesucht.

Ehrenfeld

Tgl. 19–2 Uhr | Vogelsanger Str. 140 | Tel. 0221 5 89 23 38 | www.facebook.com/haengendegaerten/ U 3, 4, 13 Venloer Straße/Gürtel (228 C3)

HALLMACKENREUTHER

Immer, wenn man das Hallmackenreuther totsagt und seinen Hipness-Zähler Richtung null sinken sieht, erklärt die nächste Generation cooler junger Kölnerinnen und Kölner die Kneipe zu ihrer Stammlocation. Aber auch ohne schöne, schlanke Hipster-Kundschaft im Smartphonerausch gefällt der Laden mit seiner Glasfront, dem futuristischen Obergeschoss und dem ☀ Biergarten mitten auf dem Brüsseler Platz.

Belgisches Viertel

Tgl. ab 11 Uhr | Brüsseler Platz 9 | Tel. 0221 51 79 70 | www.hallmackenreuther.de | U 1, 7 Moltkestraße (229 D5)

KATTWINKEL

Seit Jahren ist diese nette Veedelskneipe Treffpunkt der Kölner Gay Community – und außerdem ein Vorzeigeobjekt in Sachen der viel beschworenen kölschen Toleranz. Denn die sexuelle Orientierung spielt so gut wie keine Rolle, auch Heteros kehren hier oft und gern ein. Wer nett ist und feiern kann, ist herzlich willkommen – bei der Fußballübertragung, an Karneval oder im Sommer an den Open-Air-Tischen, von denen aus sich das bunte Treiben am Eigelstein wunderbar beobachten lässt.

Eigelstein

Mo–Sa ab 18, So ab 15 Uhr | Greesbergstr. 2 | Tel. 0174 2 99 99 01 | www.kattwinkel-cologne.de | U 12, 15, 16, 18 Ebertplatz (230 A3)

LOTTA

Bei Astra und Fritz-Kola auf der großen Fußballleinwand Spiele des FC St. Pauli gucken – das funktioniert in Köln nirgends so gut wie hier. Wenn es gerade nicht darum geht, das Runde in das Eckige zu kriegen, punktet das Lotta mit einem ambitionierten Musikkonzept und einem feierfreudigen Publikum. Punk, Glamrock und Rock stehen ebenso auf dem Programm wie Ska, Rocksteady, Old-School-Hip-Hop und Reggae.

Südstadt

Tgl. ab 19 Uhr | Kartäuserwall 12 | Tel. 0221 3 48 93 83 | www.lotta-koeln.de | U 15, 16, 18 Chlodwigplatz (234 A2)

ZUM SCHEUEN REH

Zum Scheuen Reh ist im schönen Gewölbe des Westbahnhofs beheimatet, dessen Fototapete die Gäste in einen zauberhaft atmosphärischen Wald entführt. Zum Konzept gehören hier Partys mit hochkarätigen DJs, Lesungen, Kurzfilme, Ausstellungen, Fußballübertragungen und kleine Konzerte. Mit besonderen Weinen und exzellenten Whiskeys hebt sich das Getränkeangebot der Bar wohltuend vom üblichen Standard ab.

Belgisches Viertel

Mo–Do 17–2, Fr, Sa 17–5 Uhr | Hans-Böckler-Platz 2 | Tel. 0221 16 89 76 42 | zum-scheuen-reh.de | U 3–5 Hans-Böckler-Platz (229 D4)

SIXPACK

Als Köln in den späten 1980er- und frühen 1990er-Jahren die unangefochtene Subkulturkapitale der BRD war, galt das Sixpack als Hauptquartier ihrer Vordenker. Die komplette Spex-Redaktion und so ziemlich alle in Köln gastierenden Bands haben in dem schlauchartigen Lokal Dosenbier getrunken. Heute finden sich hier an Wochenenden in zunehmendem Maße Kraftsportler ein. Eine zweite Getränkeausgabe und zurückgebaute Backsteinwände haben das Erscheinungsbild deutlich verändert. Immerhin riecht es nicht mehr nach WC-Würfeln.

Belgisches Viertel

Tgl. ab 20 Uhr | Aachener Str. 33 | Tel. 0221 25 45 87 | U 1, 7, 12, 15 Rudolfplatz (229 D–E5)

SONIC BALLROOM

Die Zeiten, in denen man als schüchterner Nachtleben-Novize all seinen Mut zusammennehmen musste, um einen Club zu betreten, sind lange vorbei. Eine Ausnahme bleibt der Sonic Ballroom. In der dunkelsten Ecke des Ehrenfelder Industriegebiets zeugt ein großes Cramps-Poster von ungebrochener Freude an den dunklen Seiten des Rock'n'Rolls. Auf der Bühne schrammeln sich Bands in den Rockabilly-Himmel, anschließend kommt Vinyl auf den Plattenteller. ☀ Im Sommer bietet sich der Biergarten als Beobachtungsposten an.

Ehrenfeld

Tgl. ab 20 Uhr (nur bei Veranstaltungen | Oskar-Jäger-Str. 190 | www.sonic-ballroom.de | U 3, 4, 13 Venloer Str./Gürtel (228 B3)

STEREO WONDERLAND

Am früheren Abend deutet hier alles auf eine normale Kneipe hin: Billiges Bier, Indie-Rock und ein Publikum, das keine Lust hat, den Abend daheim zu verbringen. Wenn der DJ dann beiläufig einen panglobalen Hit auflegt, kann sich das Szenario innerhalb von Momenten wandeln. Dann herrschen auf der winzigen Tanzfläche ekstaseähnliche Zustände, die sich erst wieder legen, wenn sich gegen 5 Uhr die Rollos senken. Wenn der DJ die Nacht mit dem »Meiers Kättche« abschließt, darf dies als Kompliment an das Publikum verstanden werden.

Kwartier Latäng

Mo, Di 21–2, Mi, Do 21–3, Fr, Sa 21–5 Uhr | Trierer Str. 65 | www.stereowonderland.com | U 12, 15, 16, 18 Barbarossaplatz (229 E6)

TSUNAMI

Betreiberin Kathrin Müller – alias Kitty Atomic – ist längst auf dem Weg zur Kölner DJ-Legende, und auch ihr Club hat so viel Stil und Charme, dass man hier immer und immer und immer wieder gern hingeht. Das Programm ist ziemlich weit weg vom Mainstream und dabei äußerst abwechslungsreich: Funk, Sixties-Garage, Soul, Hip-Hop, Singer-Songwriter-Musik, House oder Indie – gespielt wird, was gefällt und das Publikum begeistert. Neben dem normalen Tanzprogramm gibt es auch immer wieder Konzerte von zukünftigen Lieblingsbands, die heute noch keiner kennt.

Südstadt

Geöffnet je nach Veranstaltung | Im Ferkulum 9 | Tel. 0221 8 01 63 34 | www.tsunami-club.de | U 15, 16 Chlodwigplatz (234 A2)

ZOO

Im rauen Teil von Ehrenfeld hat man sich in dieser silbern schimmernden Schänke Kunst, Kultur und Kreativität auf die Fahnen geschrieben. Der Terminkalender ist tatsächlich beachtlich: Lesungen und Ausstellungen finden hier ebenso statt wie musikalische Events. DJs wie die Urban Techno Cowboys, Pfeiffer und Suzi oder Diom legen Minimal, House oder Techno auf. Zur Musik wippen entspannte Mittdreißiger aus der Ehrenfelder Kreativszene mit den Köpfen. In die Hand bekommen sie wahlweise einen der täglich wechselnden Cocktails oder ein Zoo-Bier.

Ehrenfeld

Mo–Sa ab 20 Uhr | Venloer Str. 434 | www.zoo-schaenke.de | U 3, 4 Leyendeckerstraße (267 B–C 2–3)

Land-partien

Von Köln ist es nur ein Katzensprung in die Eifel oder ins Bergische Land. Gegen Großstadtmüdigkeit hilft Wandern, Radeln oder Schwimmen im grünen Umland der Domstadt.

AKTIVTOUREN

1 MIT DEM RAD DURCH DAS GRÜNE KÖLN

Ausgangspunkt der Strecke ist der Volksgarten in der Südstadt. Nach wenigen Metern stadtauswärts über die Vorgebirgsstraße geht es auf der linken Seite in den Vorgebirgspark, durch den ein Radweg führt. Ohne abzusteigen erreicht man über eine Brücke über den **Militärring** und nur einen Zebrastreifen den **Äußeren Grüngürtel.** Zur Rechten führt der Weg in Richtung Klettenberg, nur bei der Bahnunterführung ist Kontakt zum Ring unvermeidlich. Danach aber wartet mit dem **Decksteiner Weiher** ein Highlight. Weiter geht es durch den Wald bis kurz vor das Stadion, wo abermals eine Brücke den Weg in den **Stadtwald** ebnet. Wahlweise jedoch ist auch ein Umweg zum Adenauerweiher und zur Jahnwiese möglich. Einmal im Stadtwald angekommen, führt die Strecke leicht bergab zu den **Lindenthaler Kanälen** und von dort aus auf den **Inneren Grüngürtel**. Selbst hier bleibt es überwiegend grün – nur die finalen 500 m zum Volksgarten (am Eifelwall) sind weniger ansehnlich. *Streckenlänge 20 km, Karte, Route und GPS-Daten auf www.stadt-koeln.de („Rund um Lindenthal")* (233 F2)

2 RHEIN-RAFTING: PADDELN MIT PANORAMA ★

Eine Raftingtour von Rodenkirchen bis hinter die Zoobrücke garantiert eine Panorama-Schlauchbootfahrt der ganz besonderen Art! Startpunkt ist der Sandstrand am Ende der **Uferpromenade in Rodenkirchen**. Boote und Ausrüstung werden vom Veranstalter zur Einstiegsstelle gebracht, ein ausgebildeter Guide betreut jede Tour. Nach einer technischen Einweisung heißt es: Ran ans Ruder und Leinen los! Zunächst geht es stromabwärts, vorbei an der »Alten Liebe« unter der **Rodenkirchener Brücke** hindurch. Ein wenig Action kommt auf, wenn die mit bis zu zwölf Personen besetzten Boote durch die Bugwellen der vorbeifahrenden Containerschiffe zu schaukeln beginnen. Aber keine Sorge, umkippen tun sie in der Regel nicht! Nach etwa einer halben Stunde ist eine erste Stärkung fällig. Das Areal der **Poller Wiesen** ist der perfekte Ort für eine kleine Picknickpause. Auf dem Wasser geht es danach mit neuer Kraft weiter Richtung **Severinsbrücke** und **Deutzer Brücke**. Beeindruckend: Die Skyline am **Rheinauhafen** mit seinen Kranhäusern, dem Schokoladenmuseum und dem benachbarten Dom. Die Sehenswürdigkeiten der Stadt – so sieht man sie mal aus einer anderen Perspektive. Hinter der **Zoobrücke** ist das Ziel erreicht. Die Anlegestelle befindet sich rechtsrheinisch am Ende des **Rheinparks**, wo die Boote vom Veranstalter abgeholt werden. Idealerweise hat man selbst hier schon vorher sein Auto für die Rückfahrt abgestellt. *Tgl. zwei Touren | Dauer ca. 2,5 Std. | Kosten (inkl. Snack) 28–35 Euro | Start: Uferstr./Ecke Grüngürtelstr. | Tel. 0201 85 79 50 80 | www.querfeldeins.org | Bus 135 Uferstraße* (235 F6)

3 WANDERREITEN IN DER VULKANEIFEL

Die Vulkaneifel ist ohnehin schon eine geologisch und landschaftlich reizvolle Gegend. Noch schöner ist es, wenn man sie mit Piet's Adventure Trails auf dem Pferderücken erkundet. Der Weg in der Nähe des Nürburgrings führt in einsame Wälder, über saftige Wiesen und durch klare Bäche, vom Tal auf den Berg und wieder zurück. Zwischendurch wird ein idyllisches Plätzchen fürs Picknick gesucht – traumhaft! Die Angebote sind auf alle Bedürfnisse zugeschnitten. Ob Halb- bzw. Ganztagestouren oder mehrtägige Trails, ob mit dem eigenen Pferd oder einem Pferd des Anbieters, ob anspruchsvolle Routen für Erfahrene oder leichte Strecken für Anfänger: Hier wird jeder Pferde- und Naturfreund glücklich.

Tagesritt mit eigenem Pferd 60, mit Pferd des Anbieters 90 Euro | Piet's Adventure Trails | Gaisbach Ranch | Grube Rosalia 1 | 53520 Müllenbach | www.piets-adventure-trail.de (236 C6)

AUSFLÜGE

1 SCHIFFFAHRT ZUM DRACHENFELS

Einmal entschleunigen bitte! Die Schiffstouren der alteingesessenen Schifffahrtsgesellschaft Köln-Düsseldorfer (KD) bescheren erholsame Stunden auf den sanften Wellen des Rheins. Besonders lauschig ist die Tour zum sagenumwobenen Drachenfels in **Königswinter**. An Deck der modern ausgestatteten Schiffe treibt man gemächlich stromaufwärts, zunächst durch die Innenstadt,

Keine Berge, sondern die Stadt bildet die Kulisse bei einer Raftingtour auf dem Rhein

weiter durch das Landschaftsschutzgebiet des **Rheinbogens bei Weiß** und dann immer weiter raus ins Grüne. Highlight dieser Tour ist das dicht bewaldete **Siebengebirge** mit dem 321 m hohen **Drachenfels** und **Schloss Drachenburg**, wo der Sage nach Siegfried einst den Drachen tötete. Tipp: Kombinieren Sie die Schifffahrt mit einer INSIDERTIPP Fahrt per Zahnradbahn auf den Drachenfels *(Fahrten alle 30 Min. Mai–Sep. 9–19, März, Okt. 10–18 Uhr, April 10–19 Uhr, Jan., Feb. u. bis Mitte Nov. Mo–Fr 12–17, Sa, So 11–18 Uhr | Preis Berg- und Talfahrt 10 Euro)*. Der Blick hinab ins Rheintal ist schlicht atemberaubend, und oben gibt es auch ein Café, das zu einer Pause einlädt. Alternativ lässt sich die Schiffstour gut mit einem Besuch des **Sea Life Königswinter** (→ S. 147) oder auch ohne zusätzliche Kosten mit einer ausgiebigen Wanderung entlang der Promenade am Rheinufer verbinden.
Fahrtzeiten s. Website | einfache Fahrt 26,20, hin und zurück 33,80 Euro | Abfahrt Rheingarten (linksrheinisch zw. Hohenzollernbrücke und Deutzer Brücke) | Tel. 0221 2 08 83 18 | www.k-d.com | U 5, 16, 18 Dom/Hbf. (227 F3)

2 KLOSTER KNECHTSTEDEN

Natur und Kultur – hier sind sie aufs Schönste miteinander vereint. In der reizvollen Landschaft zwischen Köln und Neuss liegt westlich von Dormagen das Kloster Knechtsteden. Die im Jahr 1130 erbaute romanische Gewölbebasilika gehört zu den bedeutendsten sakralen Bauwerken der Region. Heute leben hier noch ca. 25 Spiritaner. Hauptaufgabe des Ordens ist die Ausbildung zukünftiger Missionare. Neben dem jährlichen Oktoberfest finden hier Wallfahrten, Musik- und andere Kulturveranstaltungen statt. Das Kloster ist für Besichtigungen stets frei zugänglich, Sonderführungen können vereinbart werden. Außer dem imposanten Torhaus und der **Klosterbasilika St. Andreas** *(tgl. 8–18 Uhr)* gibt es auf der weitläufigen Anlage Schulen, Kunstwerkstätten und Künstlerateliers, einen Kulturhof und eine Theaterscheune, einen Trödelmarkt, Übernachtungsmöglichkeiten im Heuhotel und Gastronomie. Das beliebte Restaurant **Klosterhof Knechtsteden** *(€–€€ April–Dez. tgl., Jan.–März Mi–So 11–22 Uhr | Tel. 02133*

MARCO POLO HIGHLIGHTS

★ Rhein-Rafting: Paddeln mit Panorama
Panorama einmal anders: Ein Paddelausflug auf dem Rhein bietet eine einmalige Sicht auf Köln → S. 202

★ Sundownbeach am Escher See
Südseefeeling im Norden Kölns mit Palmen und Quarzsand – einer der schönsten Beachclubs der Stadt → S. 206

★ Diepeschrath
Die Kinder toben im Wald, die Eltern entspannen mit Snacks und Drinks auf der Wiese. So geht Picknicken! → S. 207

★ Durch den Worringer Bruch zum Rhein
Erst geht's durch Wald und Sumpf, dann auf dem Rheindeich entlang: eine abwechslungsreiche Wanderung → S. 208

8 07 45 | www.klosterhof-knechtsteden.de) punktet mit seinem prächtigen Bau, urigen Gasträumen und einem ☀ Biergarten unter herrlichen Bäumen. Eine Spezialität des Hauses ist das Knechtstedener Schwarzbier, das es exklusiv nur hier im Ausschank gibt.
Missionshaus Knechtsteden | Anfahrt ist gut ausgeschildert | Tel. 02133 86 90 | www.kloster-knechtsteden.de (236 C2)

3 ZONS

Einmal ins Mittelalter, bitte! Gäbe man in seine Zeitreisemaschine diesen Befehl ein, würde man wahrscheinlich in Zons landen. Die Geschichte der kleinen linksrheinischen Stadt reicht zurück bis ins 7. Jh. Die Stadtmauer aus dem 14. Jh. ist fast vollständig erhalten, auch den vielen Befestigungsanlagen wie dem imposanten Rheinturm, dem Mühlenturm, dem Krötschenturm oder der Pfefferbüchse hat der Zahn der Zeit kaum etwas anhaben können. Viele nette Restaurants, Eisdielen und Cafés laden zur Einkehr ein. Bei der Anfahrt haben Sie die Qual der Wahl. Mit einem Schiff der KD *(26,80 Euro | Infos unter www.k-d.com)*? Oder per Rad *(ca. 70 km hin und zurück)* immer am Rhein entlang? Das eigene Auto geht natürlich auch.
(236 C2)

BADESEEN & FLÜSSE

INSIDER TIPP AGGERTALSPERRE

Klar, klarer, Aggertalsperre: Das Wasser hier macht jedem Tourismusprospekt Ehre. Also nichts wie rein – und zwar wie Sie möchten. Hier können Sie surfen und segeln, sich mit der Luftmatratze treiben lassen oder gemütlich an-

Kölns schönste Ex-Kiesgrube zum Baden, Angeln und Kanufahren – der Fühlinger See

geln. Kleinkinder planschen im seichten Teil der Sperre beim *Naturfreibad Bruch (Mo–Fr 14–19, Sa, So u. in den Sommerferien 10–20 Uhr | Eintritt 3 Euro | Am Vorbecken 13 | Gummersbach | Tel. 02261 2 82 11 | www.gumbala.de)*. Taucher erkunden von der Westseite der Sperre aus die Unterwasserwelt und stoßen dort auf abgestorbene Wälder und ein Viadukt, durch dessen Bögen man hindurchtauchen kann.

bei Gummersbach

Anfahrt am besten mit dem Auto (237 E2)

BIGGESEE

Die Optimierung der Wasserversorgung hat Nordrhein-Westfalen so einige landschaftliche Attraktionen beschert. Dazu gehört auch der Biggesee, der sich herrlich in die Ausläufer des Sauerlands einbettet. Badebuchten und Yachtclubs sorgen im Sommer vor der Staumauer für Urlaubsambiente.

zwischen Olpe und Attendorn

Anfahrt am besten mit dem Auto über die A4, ohne Verkehr eine Stunde (237 F2)

FÜHLINGER SEE

Der Fühlinger See besteht aus mehreren kleineren Seen, die unterschiedlichen Zwecken dienen: Die Seen 4, 5 und 6 sind ideal für das Bad in Sonne und Wasser. Auf den Wiesen zu liegen, ist gratis. Wer etwas mehr Freibad- und Südseefeeling braucht, geht zum *Blackfoot Beach (im Sommer tgl. 10–21, sonst Mi–Fr 10–20 Uhr, Sa, So 10–21 Uhr | Eintritt 3–4 Euro | Stallagsbergweg 1 | Tel. 0221 16 88 18 10 | www.blackfoot-beach.de)* im Westen von See 5, wo weißer Sand und Palmen locken. Angler zieht es zu See 1 und 2, Surfer zur Nummer 7. Ruderer und Kanuten liefern sich Wettrennen auf der Regattastrecke.

Fühlingen

Parkplatz P3: Stallagsbergweg 1 | Bus 122 Seeberg (236 C2)

SUNDOWNBEACH AM ESCHER SEE ★

Südseefeeling pur und ein Beachclub der Superlative an einem der saubersten Badeseen Kölns! Auf 30 000 m² mit

5000 t feinstem Quarzsand lässt sich herrlich chillen oder Beachvolleyball spielen. Der Escher See sorgt an heißen Tagen für Abkühlung, der Kinderbadebereich ist gut bewacht, Strandbetten stehen bereit, und Speis und Trank sind ebenfalls zu bekommen. Abends machen Barbecue, leckere Cocktails, cooler DJ-Sound und die Sonnenuntergänge den Kurzurlaub vor den Toren der Stadt perfekt.

Esch

Bei gutem Wetter tgl. 10 Uhr–open end | Eintritt 5 Euro | Am Baggerfeld 4 | www.sundownbeach.de | Bus 123 Escher See (236 C2)

PICKNICKPLÄTZE

DIEPESCHRATH ★

Picknick zwischen Wald und Wiese: Ganz im Nordosten Kölns wird es grün und lauschig. Die Kinder toben auf dem riesigen Wasserspielplatz oder flitschen Steine über den Teich mitten auf einer Lichtung. Die Großen werfen die Decke auf die Wiese, lassen die Kohle glühen und sortieren das Aufgebot an mitgebrachten Snacks und Salaten. Ein Traum! Wer sich bei der Stadt Bergisch Gladbach *(Tel. 02202 14 13 78)* anmeldet, kann die INSIDER TIPP geräumige Grillhütte mit Platz für 60 Personen mieten (85–100 Euro).

Bergisch Gladbach

Diepeschrather Weg 54 | Anfahrt am besten mit dem Auto (237 D3)

ZÜNDORFER GROOV

Die Groov war früher eine Insel, seit Ende der 1970er hier ein Yachthafen angelegt wurde, gibt es aber Verbindungen zum rechtsrheinischen Festland. Darüber erreicht man gut mehrere schöne Grill- und Picknickplätze in unmittelbarer Rheinnähe. Einer liegt im südlichen Teil auf Höhe der Ankergasse, ein anderer zwischen oberer und unterer Groov.

Zündorf

Parken: Am Markt | U 7 Zündorf (225 F6)

WANDERUNGEN

1 AUSFLUG AN DEN RURSEE

Die Bahn bringt Wanderer binnen 45 Minuten nach Kall in der Eifel. In dem Städtchen erklimmen Konditionsstarke den nahen Hügelrücken, um sich den Weg zum Eifelsteig zu bahnen, der über rund 6 km nach Gemünd führt. Alternativ ist auch der kräfteschonende Transfer per Bus möglich. Von Gemünd weisen Schilder den Weg zum malerischen Urfttal. Diese Tour führt Sie in einem Rundweg durch das Gebiet. Fast ohne Berührung mit der Zivilisation bahnt sich der Fluss seinen Weg durch den Nationalpark Eifel, ehe nach etwa 16 flachen Kilometern in **Rurberg** der Anleger der Rurseeschifffahrt erreicht ist. Unterwegs breitet sich das Flussbett zunächst in einer Art Canyon aus, der später in Auenwiesen übergeht, auf denen Reiher auf Nahrung lauern und Nilgänse träge in der Sonne hocken. Wenn die Staumauer naht, entfaltet sich eine immer breiter werdende Seenplatte. Nach zwei Dritteln der Strecke empfiehlt sich eine Pause im Ausflugslokal *Urftseemauer (€ Mo–Fr 10.30–17, Sa 10.30–17, So 10–18 Uhr)* mit einmaligem Blick auf das gewaltige Bauwerk (1900–1905). Ab Rurberg beginnt der gemütliche Teil des Tages: Per Boot (7 Euro) geht es über den »Eifel-Amazonas« nach Schwammenauel und weiter mit der Rursee-Bahn zum DB-Bahnhof Heimbach. Mit Umsteigen in Düren kommen Sie in 75 Minuten zurück nach Ehrenfeld oder Köln Hbf.

Eifel

Streckenlänge 16/22 km | Anreise z. B. mit VRS-Gruppentagesticket plus VRS-Anschlussticket für Heimbach-Düren

MEINE STADT

▶ Rheinhochwasser: Der Fluss ist im letzten Jahrhundert 19 Mal über seine Ufer getreten. Dreimal sprach man bei Pegelständen von bis zu 10,69 m von einem Jahrhunderthochwasser. Zuletzt hat der Rhein 2003 einen kritischen Pegelstand von 9,71 m erreicht – mit großen Schäden. Inzwischen gibt es ein Hochwasserschutzkonzept mit festen oder mobilen Wänden für die Stadt.

▶ Die Liebesschlösser an der Hohenzollernbrücke sind beliebt bei Verliebten und Touristen – und bei Dieben. Immer wieder kommt es vor, dass sich nachts Langfinger mit Flex und Bolzenschneider dort zu schaffen machen, um an das wertvolle Metall zu kommen. Von Zeit zu Zeit patrouillieren deshalb Polizisten über die Brücke, um nach dem Rechten zu sehen.

2 DURCH DEN WORRINGER BRUCH ZUM RHEIN ★

Die Länge dieser Wanderung bestimmen Sie: Nach der Durchquerung des Bruchs können Sie am Fluss entlang bis nach Merkenich laufen. Der Worringer Bruch ist eine Feuchtlandschaft im Norden Kölns, die im Lauf der Jahrtausende zwar immer trockener wurde, aber auch heute noch je nach Rheinpegel mal mehr, mal weniger stark versumpft. Davon merkt man auf dem befestigten Weg aber normalerweise nichts. Dafür können Sie mit viel Glück einen Blick auf seltene Tiere wie Waschbären, Blindschleichen, Nachtigallen oder Kammmolche werfen. Auch Nutrias, aus Südamerika stammende Biberratten, sind inzwischen hier heimisch. Nach dem Bruch queren Sie die Neusser Landstraße und gehen über die Nebenwege bis zum Rhein. Auf dem Deich wandern Sie nun nach rechts, und zwar so weit Sie wollen. Vielleicht bis nach **Langel**, wo Sie im netten Restaurant *Zur Fähre (€–€€ tgl. 11.30–22 Uhr | Cohnenhofstr. 132 | Tel. 0221 53 99 82 83 | www.faehre-koeln.de, 237 D3)* Bruschetta oder scharfe Garnelen bestellen können. Oder bis nach **Rheinkassel**, wo die spätromanische Kirche St. Amandus zu besichtigen ist. Wenn Sie es bis nach Merkenich schaffen, um so besser, denn dann müssen Sie nicht zurücklaufen, sondern können dort in die U 12 steigen.

Worringen

Streckenlänge bis Merkenich 11 km | Start: Bruchstraße/Ecke Senfweg | S 11 Worringen (237 D3)

Feste, Festivals & Events

Theaterstücke, Konzerte und Lesungen, Feste und Sportevents: Unternehmungslust ist ein weitverbreitetes »Leiden« in Köln, das mit einem vielfältigen Programm kuriert wird.

BALLETT, TANZ & MUSICAL

26. OKTOBER 2016

LORD OF THE DANCE

Die Tanzshow von Michael Flatley präsentiert sich in neuem Gewand.

Deutz

Lanxess Arena | Willy-Brandt-Platz 3 | Tel. 0221 80 20 | www.lanxess-arena.de | U 1, 3, 4, 9 Deutz/Messe (231 D5)

4.–6. NOVEMBER 2016

DISNEY ON ICE

Hommage an die Figuren Walt Disneys, die vielversprechend unter dem Namen »100 Jahre voller Zauber« läuft.

Deutz

Lanxess Arena, s. o.

21./22. JANUAR 2017

HOLIDAY ON ICE

Ein Evergreen: Ästhetische Formationen und geschmeidige Bewegungen auf Schlittschuhen.

Deutz

Lanxess Arena, s. o.

8. MÄRZ 2017

ELVIS DAS MUSICAL

Die Biografie des King als leicht verdauliche Musicalvariante.

Deutz

Lanxess Arena, s. o.

EINKAUFEVENTS

21. NOVEMBER–23. DEZEMBER 2016

WEIHNACHTSMÄRKTE

Mit Blick auf den Dom oder die Altstadt, mit der Option zum Schlittschuhlaufen oder ganz gemütlich zu Fuß rund um den Stadtgarten: Die Weihnachtsmärkte haben Köln ab dem 21. November fest im Griff. Geöffnet sind sie in der Regel von 11 bis 22 Uhr.

www.koeln.de/tourismus

Altstadt-Nord

Weihnachtsmarkt am Dom: Roncalliplatz | U 5, 16, 18 Dom/Hbf. (227 E2)

Altstadt-Nord

Weihnachtsmarkt am Alter Markt | U 1, 5, 7, 9 Heumarkt (227 E4)

Innenstadt

Markt der Engel: Neumarkt | U 1, 3, 4, 7, 9, 16, 18 Neumarkt (226 B4)

Innenstadt

Nikolausdorf am Rudolfplatz | U 1, 7, 12, 15 Rudolfplatz (226 A4)

Innenstadt

Alpenzauber Wintermarkt: Mediapark | U 12, 15 Christophstraße/Mediapark (229 E4)

Altstadt-Süd

Hafen-Weihnachtsmarkt: Schokoladenmuseum | U 1, 7, 9 Heumarkt (226 F5)

Südstadt

Vringsadvent auf dem Chlodwigplatz | U 15, 16 Chlodwigplatz (234 B2)

Belgisches Viertel

Weihnachtsmarkt im Stadtgarten | U 3 Hans-Böckler-Platz/Bhf. West (229 D–E4)

Innenstadt

Schwul-lesbischer Weihnachtsmarkt: zwischen Schaafen- und Pilgrimstraße | U 1, 7, 12, 15 Rudolfplatz (226 A4)

26./27. NOVEMBER 2016

HOLY SHIT SHOPPING

Pop-up-Kreativitätskaufhaus für ein Wochenende mit Lifestyle-Produkten und Kulinaria. Der Ort wird noch bekanntgegeben.

www.holyshitshopping.de

ENDE MAI 2017

KÖLNER WEINWOCHE

26 Familienweingüter aus Deutschland präsentieren ihre Erzeugnisse in der Kölner Altstadt.

Innenstadt

Tgl. 11–22 Uhr | www.koelner-weinwoche.de | U 5 Rathaus (227 E4)

3. JUNI 2017
LE BLOC

Fashion-Shopping mit Modenschau, Konzerten und Rahmenprogramm.

Belgisches Viertel

Zwischen Aachener Straße und Venloer Straße | U 1, 7, 12, 15, 16, 18 Rudolfplatz (229 D4–5)

FILM

16.–20. NOVEMBER 2016
KURZFILMFESTIVAL KÖLN

Seit zehn Jahren ein verlässliches Forum für cineastisches Erzählen in Kurzform.

Verschiedene Orte | Tel. 0221 67 77 41 16 | www.kffk.de

MAI–SEPTEMBER 2017
OPENAIR-KINO RHEINAUHAFEN

Blockbuster vor der hitverdächtigen Kulisse des Rheinauhafens machen dieses Event zum Dauerbrenner.

Altstadt-Süd

Rheinauhafen | Tel. 0221 546 28 44 | www.koeln.openairkino.de | U 5, 15, 16 Ubierring (234 B1)

SEPTEMBER 2017
FANTASY FILM FEST

Hier ist Resistenz gegen Nervenkitzel gefragt: Schon seit Jahren begeistert das Festival Fans von Horror- und Gruselfilmen, zuletzt im Residenz-Theater.

Innenstadt

Residenz-Theater | Kaiser-Wilhelm-Ring 30–32 | Tel. 0221 91 39 69 13 | www.koeln-astor-filmlounge.de | U 12, 15 Christophstraße/Mediapark (226 B1)

FÜR KINDER

26./27. NOVEMBER 2016
TABALUGA MIT PETER MAFFAY

Der Veteran präsentiert mit seiner Band die aktuelle Version seines Rock-Märchens Tabaluga. Es geht um einen Drachen und die Freundschaft.

Deutz

Lanxess Arena → S. 210

5. DEZEMBER 2016
DER NUSSKNACKER

Der blaue Kumpel der Maus bittet Drei- bis Fünfjährige zum Konzert.

Altstadt-Nord

Funkhaus Wallrafplatz | Tel. 0221 22 00 | www.wdr.de | U 5, 16, 18 Dom (227 D2)

19. DEZEMBER 2016
SCHWANENSEE

Fans aus allen Epochen können nicht irren: Ballett kann jeden ansprechen! Familienkompatible Aufführung.

Deutz

Theater am Tanzbrunnen | Rheinparkweg 1 | Tel. 0221 8 21 21 21 | U 1, 3, 4, 9 Deutz/Messe (231 D2)

7.–18. MÄRZ 2017
LIT. KID. COLOGNE

Junge Menschen und Bücher sind auch in Zeiten von Smartphone, Kindle etc. noch ein gut funktionierendes Paar. Das zeigt Kölns großes Literaturfest.

Verschiedene Orte | www.lit-cologne.de

1./2. APRIL 2017
BIBI BLOCKSBERG

Die freundliche Hexe präsentiert ihre Freunde und die gemeinsamen Abenteuer auf der Bühne.

Deutz

Theater am Tanzbrunnen, s. o.

AB 17. APRIL 2017 (PREMIERE)
HOFFMANNS ERZÄHLUNGEN FÜR KINDER

Die Oper von Jaques Offenbach in Kurzfassung für Einsteiger. Eine Aufführung ab 8 Jahren, bei der man sich auch etwas gruseln darf. Für die ganze Familie.

Deutz
Kinderoper | Staatenhaus | Rheinparkweg 1 | www.operkoeln.de | U 1, 3, 4, 9, Messe/Deutz (230 C4)

KARNEVAL

KARTENTAUSCHBÖRSE
Auf der Homepage des Festkomitees. *www.koelnerkarneval.de*

12. NOVEMBER 2016
ELFTER IM ELFTEN
Zum Sessionsauftakt mit Verspätung sind viele bekannte Größen am Start.
Deutz
Lanxess Arena → **S. 210**

DEZEMBER 2016–FEBRUAR 2017
STUNKSITZUNG
Schon viele Skeptiker haben über den Umweg des alternativen Karnevals doch noch ihre Liebe zur fünften Jahreszeit entdeckt. Tipp: Frühzeitig um Tickets kümmern, bei Bedarf INSIDER TIPP hilft ein Blick in die Tauschbörse auf der Homepage.
Mülheim
E-Werk | Schanzenstr. 37 | Tel. 0221 612875 | www.stunksitzung.de | U 4 Keupstraße (237 D3)

IMMISITZUNG
Mit strengem Blick und scharfer Zunge nimmt das Ensemble seit 2010 das weltpolitische Geschehen in Augenschein, um es dem (Neu-)Rheinländer verständlich zu machen.
Südstadt
Bürgerhaus Stollwerck | Dreikönigenstr. 23 | Tel. 0221 2801 | www.immisitzung.de | U 15, 16 Ubierring (234 B1)

KAATEBUS
Wenn der Doppeldeckerbus seinen angestammten Platz auf dem Neumarkt einnimmt, wissen die Kölner: Die schönsten Tage des Jahres stehen bevor,

MARCO POLO HIGHLIGHTS

★ **Loss mer Singe**
Der Song Contest für die kommende Karnevalssession ist in Köln Pflichtprogramm für jeden Jecken → **S. 213**

★ **Lit.Cologne**
Auftritte und Lesungen relevanter Schriftsteller und interessante intellektuelle Anregungen und Diskussionen halten das Literaturfestival jung → **S. 216**

★ **Art Cologne**
Die Kunstmesse erlebt ihren dritten Frühling und zieht jährlich Gäste aus der Kunstwelt an → **S. 217**

★ **Gamescom**
Die Messe für Videospielkultur trumpft auch mit einem zuverlässigen Begleitprogramm in Form cooler Konzerte auf → **S. 217**

★ **Summerjam**
Wenn die Champions League des Reggae und seiner Satelliten am Fühlinger See gastiert, ist ausgelassene Stimmung garantiert → **S. 218**

★ **Brückenlauf**
Die Stadt mit 6000 anderen Läufern von ihrer schönsten Seite zu sehen, ist der Lohn für die Anstrengung → **S. 221**

– und hier werden Tickets für damit einhergehende Veranstaltungen verkauft.

Innenstadt

Mo–Fr 9.30–18.30, Sa 9.30–16.30 Uhr | Neumarkt | Tel. 0221 258 04 04 | www.kölnerkarne val.de | U 1, 3, 4, 7, 9, 16, 18 Neumarkt (226 B4)

LOSS MER SINGE ★

Mit der Kneipentour der neuen potenziellen Sessionshits beginnt die heiße Phase des Karnevals. Höchste Zeit, an der eigenen Textsicherheit zu arbeiten.

Verschiedene Orte | Tel. 0221 550 03 61 | www.lossmersinge.de

13. JANUAR 2017

PROKLAMATION DES DREIGESTIRNS

»Einmol Prinz zu sinn in Kölle am Rhing« – Prinz, Bauer und Jungfrau werden offiziell in ihre Ämter eingeführt.

Altstadt-Nord

Gürzenich | Martinstr. 29–37 | Tel. 0221 2 84 89 11 | U 5 Rathaus (227 E4)

AB 20. JANUAR 2017

FATALBANAL

Die Alternative zum alternativen Karneval glänzt mit 19 Vorstellungen mit Comedy, Kabarett und Klamauk.

Ehrenfeld

Bürgerzentrum| Venloer Str. 429 | Tel. 0221 28 01 | www.fatalbanal.de | U 3, 4 Leyendeckerstraße (228 B3)

3.–26. FEBRUAR 2017

LACHENDE KÖLNARENA

Karneval im XL-Format mit mehr als 500 Mitwirkenden.

Deutz

Lanxess Arena → S. 210

23. FEBRUAR 2017

WEIBERFASTNACHT

Der Auftakt des Straßenkarnevals ist energiegeladen und ausgelassen. Das diesjährige Motto beweist, dass man sich um den Nachwuchs bemüht: »Wenn mer uns Pänz sinn, sin mer vun de Söck«. Los geht es natürlich wie immer um punkt 11.11 Uhr auf dem Alter Markt.

Altstadt-Nord

U 5 Rathaus (227 E3)

24. FEBRUAR 2017

STERNMARSCH

Gegen 16.30 Uhr ziehen 44 Veedelsvereine aus allen Richtungen wie von Zacken eines Sterns los, um sich zum Abschluss zur großen Party auf dem Alter Markt zu treffen.

Altstadt-Nord

U5 Rathaus (227 E3)

24.–26. FEBRUAR 2017

HELGE SCHNEIDER

Der kauzige Komiker aus dem Ruhrgebiet präsentiert im hochkulturellen Ambiente der Kölner Philharmonie sein Karnevalsprogramm.

Innenstadt

Philharmonie | Bischofsgartenstr. 1 | Tel. 0221 22 12 84 00 | www.koelner-philhar monie.de | U 5, 16, 18 Dom/Hbf. (227 E2)

25. FEBRUAR 2017

GEISTERZUG

Ab 19 Uhr bewegt sich der Geisterzug durch die Stadt und die Rheinpromenade entlang, das Motto im Jahr 2017 lautet: »Däm Agrippina und dr römischen Flott ze Ihre: Dä Rhing erop«.

Südstadt

Aufstellung: Darmstädter Str./Alteburger Str. | www.geisterzug.de

26. FEBRUAR 2017

FUNKENBIWAK

Nach dem Frühschoppen folgt am Karnevalssamstag traditionell der Funkenbiwak von Kölns ältestem Traditions-

korps, den Roten Funken, auf dem Neumarkt Start ist um 10.30 Uhr.
Innenstadt
U 1, 3, 4, 7, 9, 16, 18 Neumarkt (226 B4)

26. FEBRUAR 2017
SCHULL- UN VEEDELSZÖCH
Umzug der Schulen und Veedelsvereine. Zugstrecke: Chlodwigplatz bis Mohrenstraße.
Innenstadt

27. FEBRUAR 2017
ROSENMONTAGSZUG
Krönender Höhepunkt des Straßenkarnevals unter Beteiligung hochrangiger Karnevalsprominenz.
Innenstadt

28. FEBRUAR 2017
VEEDELSZÖCH AM DIENSTAG
Die jecke Variante des großen Zugs vom Vortag in den Vierteln: Am Karnevalsdienstag stehen u. a. Sülz, Nippes, die Südstadt, Ehrenfeld, Deutz und Mülheim im Blickpunkt.
Verschiedene Orte

28. FEBRUAR 2017
NUBBELVERBRENNUNG
Die rituelle Abladung aller Sünden auf den Schultern des Universalsündenbocks beendet um Mitternacht die Session. Der Nubbel wird an vielen Orten der Stadt mit Musik und Ansprachen vor Kneipen und auf Plätzen verbrannt.

KLASSISCHE KONZERTE

14. OKTOBER 2016
ENSEMBLE MUSIKFABRIK
Unter Leitung von Dirigent Ilan Volkow kommt eine Choreografie von Alexandra Waierstall auf die Bühne.
Innenstadt
Philharmonie → S. 213

1. DEZEMBER 2016
DAVID GARRETT
Der Starviolinist verspricht für seine Crossover-Tour Außergewöhnliches.
Deutz
Lanxess Arena → S. 210

3. DEZEMBER 2016
EDMAR CASTAÑEDA TRIO
Der Kolumbianer gilt an der Harfe als Ausnahmeerscheinung im Jazz.
Innenstadt
Philharmonie → S. 213

21. DEZEMBER 2016
WIENER PHILHARMONIKER
Das renommierte Orchester unter Leitung von Daniel Barenboim spielt den Liederzyklus »Mein Vaterland« von Smetana.
Innenstadt
Philharmonie → S. 213

4. FEBRUAR 2017
LONDON PHILHARMONIC ORCHESTRA
Das Orchester spielt unter der Leitung von Andrés Orozco-Estrada Carl Maria von Weber und Beethoven.
Innenstadt
Philharmonie → S. 213

22. MÄRZ 2017
BBC PHILHARMONIC ORCHESTRA
Mit Violonistin Julia Fischer widmet sich das Orchester u. a. Benjamin Britten.
Innenstadt
Philharmonie → S. 213

29. APRIL–7. MAI 2017
ACHT BRÜCKEN
Das Klassik-Festival hat 2017 das Motto »Ton. Satz. Laut«. Da die Finanzierung nach Streichung der städtischen Zuschüsse auf wackligen Beinen steht, könnte es sich um die letzte Austragung handeln.

Verschiedene Orte | www.acht-bruecken.de

JUNI–AUGUST 2017
BRÜHLER SCHLOSSKONZERTE
Klassische Musik im zauberhaften Rahmen des Barockschlosses. Viel schöner geht es nicht.
Brühl
Tel. 02232 94 18 84 | www.schlosskonzerte.de | U 18 Brühl-Mitte (236 C3)

ENDE JUNI 2017
ROMANISCHER SOMMER
Konzerte in den romanischen Kirchen der Stadt. Auf dem Programm steht neben geistlicher und klassischer Musik auch Jazz.
Verschiedene Orte | Tel. 0221 500 81 56 | www.romanischer-sommer.de

KULTURELLE EVENTS

20. OKTOBER–5. NOVEMBER 2016
KÖLN COMEDY
Vom intimen Theaterkichern bis zum Massenlachen präsentiert das Festival die ganze Bandbreite der boomenden Comedy-Branche.
Tel. 0221 65 09 65 00 | www.koeln-comedy.de

22. OKTOBER 2016
1 LIVE COMEDY-NACHT
Der Radiosender verspricht eine Show der Superlative mit Stars und Newcomern.
Deutz
Lanxess Arena → S. 210

29. OKTOBER 2016
MUSEUMSNACHT KÖLN
Nachts im Museum – dieses Konzept funktioniert seit mittlerweile zwei Dekaden. Zum Besuch in den Museen der Stadt gibt es ein gutes Programm mit Führungen, Konzerten und anderen Events und Performances.
Tel. 0221 95 15 41 19 | www.museumsnacht-koeln.de

16.–22. JANUAR 2017
PASSAGEN
Die Designszene präsentiert sich an On- und Off-Locations von ihrer spannendsten Seite. Besonders spannend: der Design-Parcours Ehrenfeld.
Verschiedene Orte | Tel. 0221 2 58 47 23 | www.voggenreiter.com

APRIL UND OKTOBER 2017
EHRENFELD HOPPING
Parcours durch die Kneipen, Ateliers und Clubs des hippen Kölner Stadtteils. Mit Konzerten und anderen Events.
Ehrenfeld
Tel. 0221 27 16 23 78 | www.ehrenfeld-hopping.de

ENDE APRIL–MITTE MAI 2017
SOMMERBLUT
Hunderte Künstler zeigen bei Dutzenden Events ein »multipolares Kulturprogramm« von Tanz über Theater bis Film.
Verschiedene Orte | Tel. 0221 29 49 91 34 | www.sommerblut.net

7.–14. JUNI 2017
PHIL.COLOGNE
Denken liegt im Trend – dies jedenfalls legt der Erfolg von Populärphilosophen wie Lokalmatador Richard David Precht und der Phil.Cologne mit ihren mehr als 40 Veranstaltungen nahe.
Verschiedene Orte | www.philcologne.de

9. JULI 2017
CHRISTOPHER STREET DAY
Bunte Melange aus Parade, Umzug und Party der Gay Community.
Innenstadt
www.colognepride.de

AUGUST 2017
C/O POP
Schönes, aber terminlich leicht wankelmütiges Pop-Festival mit Club- und Open-Air-Konzerten.
Innenstadt
Tel. 0221 99 89 11 00, www.c-o-pop.de

LITERATUR

3. JANUAR 2017
WLADIMIR KAMINER
Den Auftakt des literarischen Jahrs bestreitet der Vorzeige-Immi und DJ mit »Meine Mutter, ihre Katze und der Staubsauger«.
Innenstadt
Gloria | Apostelnstr. 11 | Tel. 0221 66 06 30 | www.gloria-theater.com | U 1, 3, 4, 7, 9, 16, 18 Neumarkt (226 B3)

7.–18. MÄRZ 2017
LIT.COLOGNE ★
Als Bühne für die ganz großen Autoren und Publikumsmagnet hat sich das internationale Literaturfestival als eine der wichtigsten Kulturveranstaltungen Kölns etabliert.
Verschiedene Orte | Tel. 0221 160 18 17, www.litcologne.de

ANFANG JUNI 2017
LITERATUR IN DEN HÄUSERN DER STADT
Literaturbegeisterte Privatpersonen öffnen ihre Wohnhäuser und Gärten für Lesungen von mehr und weniger bekannter Autoren.
Tel. 0221 37 33 91, www.kunstsalon.de

MESSEN

25.–29. OKTOBER 2016
ORGATEC
Die im Zweijahresrhythmus ausgetragene Messe für die Bürowelt steht dieses Mal unter dem vielsagenden Motto »Arbeit neu denken«.
Deutz
Koelnmesse | Messeplatz 1 | Tel. (*) 01806 85 33 68 | www.orgatec.de | U 1, 3, 4, 9 Deutz/Messe (230 C4)

5./6. NOVEMBER 2016
TRAU DICH
Vom passenden Ring bis zur Flitterwochenberatung finden angehende Ehepaare hier alles.
Deutz
Koelnmesse, s. o. | Tel. 0711 99 88 26 12| www.traudich.de

12./13. NOVEMBER 2016
FAIR GOODS
Von grüner Mode über fair gehandelte Lebensmittel bis zu ethnischen Finanzanlagen dreht sich hier alles um einen nachhaltigen Lebensstil.
Deutz
Koelnmesse, s. o. | www.fairgoods.org

16.–20. NOVEMBER 2016
COLOGNE FINE ART
Kunstwerke auf hohem Niveau, von alten Meistern bis zur Gegenwartskunst.
Deutz
Koelnmesse, s. o.| Tel. (*) 01806 01 85 50 | www.colognefineart.de

17.–20. NOVEMBER 2016
INTERNATIONALE MODELLBAHNAUSSTELLUNG
Europas größte Messe für pünktliche Bahnen und Bilderbuchlandschaften.
Deutz
Koelnmesse, s.o.| Tel. 07261 68 90 | www.modellbahn-koeln.de

16.–22. JANUAR 2017
INTERNATIONALE MÖBELMESSE IMM
Bedeutende Messe für Wohnen und Einrichten mit Schwerpunkt Design.

Deutz
Koelnmesse, s. o. | Tel. (*) 01806 91 31 31 | www.imm-cologne.de

29. JANUAR–1. FEBRUAR 2017
INTERNATIONALE SÜSSWARENMESSE
Die weltgrößte Messe für Süßigkeiten überrascht Jahr für Jahr mit köstlichen Innovationen.
Deutz
Koelnmesse, s. o. | www.ism-cologne.de

31. MÄRZ–2. APRIL 2017
HANDARBEIT & HOBBY
Heimwerker und Do-it-yourself-Fanatiker können sich hier über aktuelle Trends informieren.
Deutz
Koelnmesse, s. o. | Tel. (*) 01806 85 83 71, www.hh-cologne.de

6.–9. APRIL 2017
FIBO
Internationale Messe für Fitness und Bodybuilding. Müsste eigentlich direkt nach der Süßwarenmesse stattfinden, damit Besucher lernen, wie man die Pfunde wieder loswird.
Deutz
Koelnmesse, s. o. | Tel. 0211 90 19 14 00 | www.fibo.de

27.–30. APRIL 2017
ART COLOGNE ★
Die Leitmesse für Gegenwartskunst und Klassische Moderne erlebt eine Renaissance, und ist ein Garant für ein exaltiertes und interessiertes Publikum.
Deutz
Koelnmesse, s. o. | www.artcologne.de

23.–27. AUGUST 2017
GAMESCOM ★
Die Messe für Videospiele und Gaming-Kultur bietet ein spannendes popkulturelles Programm in ganz Köln.
Deutz
Koelnmesse, s. o. | Tel. (*) 01806 08 99 99, www.gamescom.de

1.–28. SEPTEMBER 2017
PHOTOKINA
Die wichtigste internationale Messe zum Thema Foto und Video.
Deutz
Koelnmesse, s. o. | www.photokina.de

7.–11. OKTOBER 2016
ANUGA
Die Allgemeine Nahrungs- und Genussmittelmesse ködert ein internationales Publikum mit schmackhaften Innovationen.
Deutz
Koelnmesse, s. o. | Tel. (*) 01806 00 22 00 | www.anuga.de

OPEN-AIR-KULTUR

4.–7. MAI 2017
PORZER INSELFEST
Die Freizeitinsel Groov gehört zu den schönsten Naherholungsräumen der Stadt. Beim Inselfest locken zusätzlich eine Kirmes, ein Flohmarkt und eine Festbühne, auf der nicht selten die großen Kölschrock-Bands für viel Stimmung sorgen.
Porz
Gütergasse | www.porzer-inselfest.de | U 7 Zündorf (237 D3)

15. JUNI 2017
MÜLHEIMER GOTTESTRACHT
Die Fronleichnamsprozession ist sehenswert, da sie auf Schiffen ausgetragen wird. Mit an Bord: der Weihbischof samt Monstranz.
Mülheim
www.muelheimer-gottestracht.de | Anfahrt St. Clemens: U 13, 18 Wiener Platz (231 F1)

30. JUNI–2. JULI 2017
SUMMERJAM ★
Treffpunkt der internationalen Reggae-Elite in Kölns schönster Badeseelandschaft. Das Campen ist für Besucher mit einem Festivalticket ausnahmsweise gestattet.
Chorweiler
Fühlinger See | www.summerjam.de | U 15 Heimersdorf (236 C2)

ANFANG JULI 2017
EDELWEISSPIRATENFESTIVAL
Eines der schönsten und entspanntesten Festivals der Stadt mit guter Atmosphäre. Mutikulti und Gernerationen- und Genreübergreifend. Meist spielen über 20 Bands. Ideal für einen Ausflug mit der Familie.
Südstadt
Friedenspark | Oberländer Wall | www.edelweisspiratenfestival.de | U 16 Schönhauser Straße (231 F1)

15. JULI 2017
KÖLNER LICHTER
Das Feuerwerk mit Musikbegleitung und Schiffparade lockt verlässlich Hunderttausende Besucher in die City.
Innenstadt
Zwischen Hohenzollern- und Zoobrücke | www.koelner-lichter.de | U 12, 15, 16, 18 Ebertplatz (230 B3–4)

OPER

Die Sanierung des Opernhauses am Offenbachplatz erweist sich als kompliziert und teuer. Eine Fertigstellung war bei Redaktionsschluss noch nicht absehbar. Die Aufführungen finden, wenn nicht anders angegeben, im Staatenhaus statt.
Deutz
Staatenhaus | Rheinparkweg 1 | www.operkoeln.de | U 1, 3, 4, 9 Messe/Deutz (230 C 4)

AB 30. OKTOBER 2016 (PREMIERE)
FALSTAFF
Verdis Klassiker in einer Inszenierung von Dietrich W. Hilsdorf.

AB 4. DEZEMBER 2016 (PREMIERE)
CANDIDE
Kölner Erstaufführung der Comic Operetta mit Musik von Leonard Bernstein.

AB 5. MÄRZ 2017 (PREMIERE)
DIE ANTILOPE
Zeitgenössische Komposition von Johannes M. Staud, Texte von Durs Grünbein.

19. MÄRZ 2017
IL RITORNO D'ULISSE IN PATRIA
Oper in drei Akten von Claudio Monteverdi unter der Leitung von René Jacobs.
Innenstadt
Philharmonie → S. 213

AB 2. APRIL 2017 (PREMIERE)
TURANDOT
Die Komposition von Giacomo Puccini ist das Köln-Debüt der viel beachteten Regisseurin Lydia Steier.

22. APRIL 2017
COSÍ FAN TUTTE
Mozart-Aufführung des Freiburger Barockorchesters unter der Leitung von René Jacobs.
Innenstadt
Philharmonie → S. 213

AB 21. MAI 2017 (PREMIERE)
DIE HOCHZEIT DES FIGARO
Mozart-Neuinszenierung von Generalmusikdirektor François-Xavier Roth.

AB 11. JUNI 2017 (PREMIERE)
FIDELIO
Der ehemalige Intendant Michael Hampe inszeniert das Werk von Ludwig van Beethoven.

ROCK, POP, JAZZ & CO.

17. OKTOBER 2016
SELENA GOMEZ
Schauspielerin und Social-Media-Star in Personalunion, bei ihrem Auftritt in der Lanxess Arena präsentiert sich die Texanerin nun als Sängerin.
Deutz
Lanxess Arena → S. 210

25. OKTOBER 2016
LLOYD COLE
Schottischer Singer-Songwriter-Veteran mit guten Texten.
Innenstadt
Stadtgarten | Venloer Straße 40 | Tel. 0221 952 99 40 | www.stadtgarten.de | U 3, 4, 5 Hans-Böckler-Platz (229 E4)

29. OKTOBER 2016
9. FEBRUAR 2017
ANDREA BERG
Die populäre deutsche Schlagersängerin gastiert mit der Fortsetzung ihrer Atlantis-Tour, und zwar gleich zweimal
Deutz
Lanxess Arena → S. 210

2. NOVEMBER 2016
PLACEBO
Die aktuelle Tour der britischen Alternativrockband feiert das Jubiläum ihres gleichnamigen Debütalbums, das vor 20 Jahren erschienen ist.
Deutz
Lanxess Arena → S. 210

10. NOVEMBER 2016
THE CURE
Einer der raren Auftritte der zeitlos düsteren britischen Band, die seit 1978 unter diesem Namen international bekannt ist.
Deutz
Lanxess Arena → S. 210

16. NOVEMBER 2016
OPETH
Schwermetall aus Schweden.
Mülheim
E-Werk | Schanzenstr. 36 | Tel. 0221 9 67 90 | www.e-werk-cologne.com | U 4 Keupstraße (237 D3)

18. NOVEMBER 2016
XAVIER NAIDOO
Der streitbare Sänger versucht sich »unplugged« in Kölns größter Konzerthalle.
Deutz
Lanxess Arena → S. 210

19. NOVEMBER 2016
STATUS QUO
Ein letztes Mal rocken sie den Globus, dann geht die Band um Rick Parfitt und Francis Rossi in den Ruhestand.
Deutz
Lanxess Arena → S. 210

23. NOVEMBER 2016
SCORPIONS
»Rock'n'Roll will never die«: Die Schwermetaller aus Hannover feiern ihr goldenes Bühnenjubiläum.
Deutz
Lanxess Arena → S. 210

25./26. NOVEMBER 2016
WEEKEND-FESTIVAL
Eins der schönsten Kölner Festivals vereint Auftritte von Indie-Legenden mit denen der Underground-Stars von morgen.
Mülheim
Stadthalle Mülheim | Jan-Wellem-Str. 2 | Tel. 0221 62 20 96 | www.weekendfest.de | www.stadthalle-koeln-muelheim.de | U 4, 13, 18 Wiener Platz (231 F2)

27. NOVEMBER 2016
PET SHOP BOYS
Das britische Elektropop-Duo versteht sich immer noch auf innovative

Sounds. Aktuell im Gepäck: Das Album »Super«.

Mülheim

Palladium | Schanzenstr. 40 | Tel. 0221 967 90 | www.palladium-koeln.de | U 4 Keupstraße (231 F1)

9./10. DEZEMBER 2016

BRINGS

»So lang mer noch am lääve sind«: Die Kölschrocker verstehen sich auch im 25. Jahr ihres Bestehens auf große Unterhaltung.

Deutz

Lanxess Arena → S. 210

15. DEZEMBER 2016

CRO

Der Mann mit der Panda-Maske kehrt im Dezember zurück; die erfolgreiche MTV-unplugged-Show ist nun in der Halle zu sehen.

Deutz

Lanxess Arena, → S. 210

16. DEZEMBER 2016

THE BOSS HOSS

Lustige Coverversionen aus aller Welt und vielen Epochen – das hält das Süppchen hübsch am Kochen.

Deutz

Lanxess Arena, → S. 210

17. DEZEMBER 2016

NEW MODEL ARMY

Eine verlässliche Größe: In der Vorweihnachtszeit besingt die Band den 51. Staat Amerikas.

Mülheim

Palladium, s. o.

19./20. DEZEMBER 2016

ERDMÖBEL

Doppelkonzert der Kölner Band in einer der vielleicht stimmungsvollsten Spielstätten der Stadt.

Nippes

Kulturkirche | Siebachstr. 85 | Tel. 0221 97 31 03 25 | www.kulturkirche-koeln.de | U 12, 15 Florastraße (234 A1)

30. DEZEMBER 2016

CHILLY GONZALES

Der kanadische Piano-Virtuose gastiertt mittlerweile traditionell zum Jahresabschluss in der Philharmonie.

Innenstadt

Philharmonie → S. 213

31. DEZEMBER 2016

BLÄCK FÖÖSS

Zum 18. Mal heizt die Kölner Band für die größte Silvesterparty der Stadt ein.

Deutz

Lanxess Arena → S. 210

6./7. JANUAR 2017

WISE GUYS

Das A-capella-Ensemble aus der Region verabschiedet sich nach 25 Jahren.

Innenstadt

Philharmonie → S. 213

27. JANUAR 2017

ANNENMAYKANTHEREIT

Die Shooting-Stars bitten zum Heimspiel. Ob der Hype um die Boys-Rockband aus Köln weiter gedeiht?

Mülheim

Palladium s. o.

27. JANUAR 2017

DIE FANSTASTISCHEN VIER

Die Urgesteine des deutschsprachigen Hip-Hop bleiben aktuell.

Deutz

Lanxess Arena → S. 210

28. FEBRUAR 2017

ANNETT LOUISAN

Zartbesaiteter Alltagspop mit deutschen Texten.

Innenstadt
Philharmonie → **S. 213**

28. MÄRZ 2017
ROLAND KAISER
»Manchmal möchte ich schon mit dir«, textete Roland Kaiser. Heute heißt der Tourneetitel: »Auf den Kopf gestellt«.
Deutz
Lanxess Arena → **S. 210**

28. APRIL 2017
DJ BOBO
Der Schweizer feiert in diesem Jahr mit der Tournee »Mystorial« ein Vierteljahrhundert als Popstar.
Deutz
Lanxess Arena → **S. 210**

SPORT ZUM MITMACHEN

2. OKTOBER 2016, 1. OKTOBER 2017
KÖLN MARATHON
Beim Lauf über die 42,195 km lange Strecke können sich Athleten wie Hobbysportler einer karnevalesken Stimmung am Wegesrand sicher sein. Start ist am Ottoplatz in Deutz, und in einem großen Bogen geht es rund um die Innenstadt – mit Abstechern in die verschiedenen Stadtviertel – schließlich zum umjubelten Zielpunkt am Dom.
Tel. 0221 33 77 73 11 | www.koeln-marathon.de

11. JUNI 2017
RUND UM KÖLN
Kölns Radklassiker führt über eine anspruchsvolle Strecke (70 oder 120 km) im Bergischen Land.
www.rundumkoeln.de

10. SEPTEMBER 2017
GEROLSTEINER BRÜCKENLAUF ★
Der ASV Köln organisiert einen Volkslauf über mehrere Rheinbrücken mit Strecken von wahlweise 6,5 oder 15 km. Das Teilnehmerfeld ist auf 6000 Läufer beschränkt. Start- und Zielpunkt liegen am Deutschen Sport- & Olympiamuseum am Rheinauhafen.
www.asv-koeln.de, www.gerolsteiner.de

SPORT ZUM ZUSCHAUEN

3./4. JUNI 2017
EHF FINAL FOUR DER HANDBALL CHAMPIONSLEAGUE
Die besten Handball-Teams Europas ermitteln in Köln einen Sieger. Zu sehen sind zwei Halbfinale, ein Spiel um Platz drei sowie das Finale.
Deutz
Lanxess Arena → **S. 210**

SEPTEMBER 2017
PREIS VON EUROPA
Das wichtigste Pferderennen der Saison zieht von Profizockern bis zu Gelegenheitsbesuchern ein buntes Publikum an.
Weidenpesch
Galopprennbahn | Rennbahnstraße 152 | Tel. 0221 9 74 50 50 | www.koeln-galopp.de | U 12, 15 Scheibenstraße (224 C1)

STRASSENFESTE

JUNI 2017
KÖRNERSTRASSENFEST
Von Nachbarn für Nachbarn. So definiert sich das Fest in einer der coolsten Straßen Ehrenfelds. Besucher von außerhalb sind willkommen.
Ehrenfeld
www.koernerstrasse.org | U 3, 4 Körnerstraße (228 C3)

27. AUGUST 2017
DÜRENER STRASSENFEST
Hübsches Straßenfest für die ganze Familie, bei dem sich auch die Lindenthaler Schickeria blicken lässt.

Lindenthal
U 7, 13 Dürener Straße/Gürtel (228 B5)

16./17. SEPTEMBER 2017
DÄ LÄNGSTE DESCH VUN KÖLLE
Die Severinstraße wird gelegentlich als Champs-Élysée der Südstadt gefeiert. Am besten lässt sich das bei diesem Straßenfest nachvollziehen.
Südstadt
U 3, 4 Severinstraße (234 A2)

THEATER

Das Schauspiel Köln bespielt auch in der Saison 2016/17 das Carlswerk in Mülheim. Trotz vieler Fragezeichen möchte Intendant Stefan Bachmann ein Zeichen setzen und einige Vorstellungen auf der Baustelle des Stammhauses am Offenbachplatz zeigen, im Programm ironisch »Außenstelle Offenbachplatz« genannt. Die Aufführungen finden, wenn nicht anders angegeben, im Carlswerk statt.
Mülheim
Carlswerk | Schanzenstr. 6–20 | Tel. 0221 22 12 84 00 | www.schauspiel-koeln.de | U 4 Keupstraße (231 E1)

AB 14. OKTOBER 2016 (PREMIERE)
GROSS UND KLEIN
Die junge Regisseurin Lilja Rupprecht inszeniert das Stück von Botho Strauss.

AB 9. DEZEMBER 2016 (PREMIERE)
SOMMERGÄSTE
Regisseur Robert Borgmann nimmt sich Maxim Gorkis Porträt einer paralysierten Gesellschaft an.

AB 10. FEBRUAR 2017 (PREMIERE)
FAUST 1
Moritz Sostmann, Hausregisseur am Schauspiel Köln, begibt sich mit einem Ensemble aus Schauspielern und Puppen auf eine Goethe-Expedition.

AB 11. FEBRUAR 2017 (PREMIERE)
ANSICHTEN EINES CLOWNS
Früher gehörte Heinrich Böll zur Pflichtlektüre für alle Oberstufler, heute ist die Bühnenfassung von Thomas Jonigk zu sehen.

AB 10. MÄRZ 2017 (PREMIERE)
TOD EINES HANDLUNGSREISENDEN
Arthur Millers bitteres (Gesellschafts-) Porträt in einer Inszenierung von Hausregisseur Rafael Sanchez.

17. MÄRZ 2017
WIR WOLLEN PLANKTON SEIN
Uraufführung der Komödie von Julian Pörksen.
Innenstadt
Außenspielstätte am Offenbachplatz | U 3, 4, 5, 16, 18 Appellhofplatz (230 A5)

AB 8. APRIL 2017 (PREMIERE)
FAUST II
Fortsetzung der rastlosen Reise des reimenden Protagonisten.

VOLKSFESTE

16. SEPTEMBER–2. OKTOBER 2016
KÖLNER OKTOBERFEST
Die kölsche Adaption des bajuwarischen Brauchs spielt sich in einem Zelt ab, wo auch Bier und Brezen serviert werden.
Zollstock
Parkplatz Südstadion | Tel. 0221 28 01 www.koelner-oktoberfest.de | U 12 Pohligstraße (233 E3)

25. MÄRZ–9. APRIL 2017
DEUTZER KIRMES
Dom, Altstadt und Rhein aus der Gondel im Riesenrad betrachten.
Deutz
Zwischen Deutzer Brücke und Severinsbrücke | www.volksfest-koeln.de | U 1, 7, 9 Deutzer Freiheit (230 B5–6)

Cityatlas

Damit Sie sehen, wo sich eine Adresse befindet, haben wir alle Einträge mit Koordinaten versehen, die sich auf den Cityatlas beziehen. Im Anschluss finden Sie das Straßenregister.

A
B
C
1
2
3
4
5
6
Ossendorf
Hugo-Eckener-Str.
Militärringstr.
Bocklemünd
Venloer Str.
Bickendorf
Butzweilerstr.
57
Äußere Kanalstr.
Bicken-
dorf
Longericher Str.
9
Neusser Str.
59
Venloer Str.
Kanalstr.
Park-
gürtel
Ehren-
feld
Seite 226 | 22
Vogelsanger Str.
Vogelsang
Äußere
DB
Ehrenfeld
Venloer Str.
Widdersdorfer Str.
Müngersdorf
Maarweg
Melatengürtel
Innere Kanalstr.
DB
Hohen-
zollernring
Aachener Str.
55
Aachener Str.
RheinEnergie
Stadion
Lindenthal
Stadtwaldgürtel
Hohenstaufen
ring
Neu-
mark
Stadtwald
Junkers-
dorf
Dürener Str.
Universitätsstr.
DB
Seite 230 | 2
Militärringstr.
264
Sülz
Dürener Str.
4
Gleueler Str.
Sülzgürtel
Luxemburger Str.
Südstadi
Militärringstr.
Kletten-
berg
Berrenrather Str.
Klettenberg-
gürtel
Zollstock-
gürtel
Vorgebirgstr.
Gleueler Str.
Efferen
Zollstock
265
K-Klettenberg
Containerbf./
K-Eifeltor
Horbeller Str.
Bachstraße
Berrenrather Str.
HÜRTH
51
2 km
Alstädter Str.
Hans-Böckler-Str.
Kreuzstr.
Brühler Landstr.
Kapellenstr.
Ro

D
E
F
1
2
3
4
5
6
Rhein
Mülheim
Holweide
Berliner Str.
Clevischer Ring
Boltensternstr.
Amsterdamer Str.
Zoo
Innere Kanal-Str.
Riehler Str.
Mülheimer Brücke
Seite 228 | 229
Bergisch-Gladbacher Str.
K-Dellbrück
Frankfurter Str.
Buchheimer Ring
Zoobrücke
Konrad-Adenauer-Ufer
Rheinpark
Pfälzischer Ring
Kreuz Köln-Ost
Höhenberger Ring
Messegelände
Kalk
Deutz
Lanxess arena
Deutz-Kalker Str.
Kalker Hauptstr.
Olpener Str.
Ostheim
Ostheimer Str.
Östliche
Deutzer Ring
Seite 224 | 225
Köln-Severinsbr.
Folshover Str.
Seite 232 | 233
Gremberger
Zubringerstr.
Wäldchen
Köln-Am Gr. Stein
Köln-Kalk
Köln-Vingst
Frankfurter Str.
Siegburger Str.
Gustav-Heinemann-Ufer
Kreuz Gremberg
Poll
Köln-Poll
Marienburg
Kölner Str.
Rodenkirchner Brücke
Westhoven
Ensen
ringstr.
Verteiler-Kreis Köln
Hauptstr.
Rodenkirchen
Weißer Hauptstr.
Industriestr.
Kreuz K-Süd
Friedrich-Ebert-Str.
Bonner Landstr.
Weiss
1
3
4
8
51
55
506
555
559

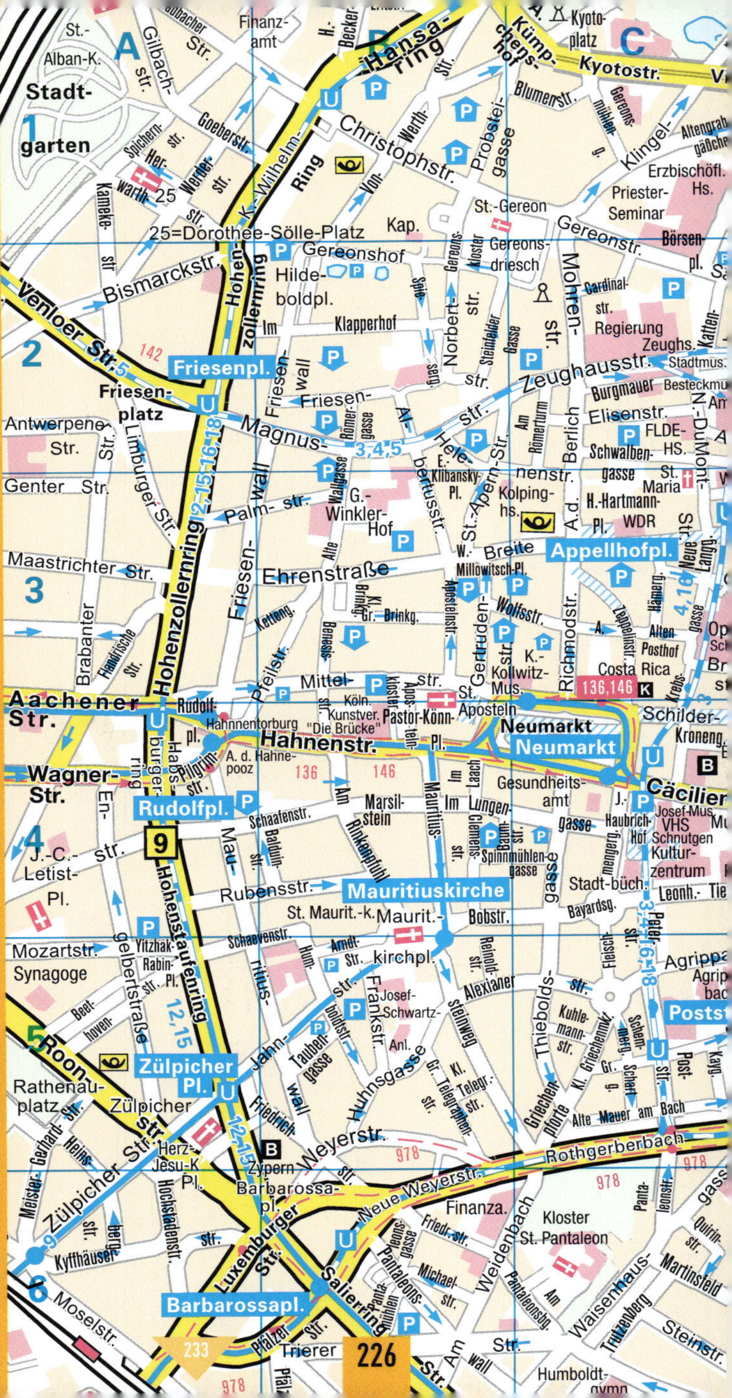
A
B
C
1
2
3
4
5
6
Stadt-
garten
St.-
Alban-K.
Gilbach-
str.
Finanz-
amt
Hansa-
ring
Kyoto-
platz
Kyotostr.
Kümp-
chens-
hof
Blumenstr.
Christophstr.
Werth-
str.
Probstei-
gasse
Gereons-
mühlen-
g.
Klingel-
Erzbischöfl.
Priester-
Seminar
Goeberstr.
Spichern-
str.
Her-
warth-
25
Werder-
str.
Kameke-
str.
K.-Wilhelm-
Ring
Von-
Kap.
St.-Gereon
Gereonstr.
Börsen-
pl.
25=Dorothee-Sölle-Platz
Gereonshof
Gereons-
driesch
Gereons-
Kloster-
str.
Bismarckstr.
Hohen-
zollernring
Hilde-
boldpl.
Im
Klapperhof
Norbert-
str.
Steinfelder
gasse
Mohren-
str.
Cardinal-
str.
Regierung
Zeughs.
Stadtmus.
Venloer Str.
142
Friesenpl.
Friesen-
wall
Friesen-
platz
Zeughausstr.
Burgmauer
Besteckm.
Elisenstr.
FLDE-
HS.
Schwalben-
gasse
St.
Maria
Antwerpener
Str.
Limburger Str.
Magnus-
str.
3,4,5
Römer-
gasse
Al-
bertusstr.
Helenenstr.
E.-
Klibansky-
Pl.
St.-Apern-Str.
Am
Römerturm
Berlich
Kolping-
hs.
H.-Hartmann-
Pl.
WDR
Genter Str.
Palm- str.
Wallgasse
G.-
Winkler-
Hof
Maastrichter Str.
Ehrenstraße
Breite
W.-
Millowitsch-Pl.
Appellhofpl.
Neue
Langg.
Hohenzollernring
12, 15, 16, 18
Friesen-
wall
Brabanter
Str.
Flandrische
Str.
Ketteng.
Benesis-
Gr. Brinkg.
Kl.
Brinkg.
Apostelnstr.
Gertruden-
str.
Wolfsstr.
K.-
Kollwitz-
Mus.
Richmodstr.
A.
Zeppelinstr.
Alten
Posthof
Costa Rica
Hämerg.
4, 16
Aachener
Str.
Rudolf-
pl.
Pfeilstr.
Mittel-
str.
Kloster-
str.
Apos-
teln-
St.
Aposteln
136, 146
K
Schilder-
Kroneng.
Hahnentorburg
Köln.
Kunstver.
"Die Brücke"
Pastor-Könn-
Pl.
Hahnenstr.
Neumarkt
Krebs-
Wagner-
Str.
En-
ring
Habs-
burger-
Pilgrim-
str.
A. d. Hahne-
pooz
136
146
Im
Laach
Gesundheits-
amt
Cäcilien
B
Rudolfpl.
Schaafenstr.
Balduin-
str.
Am
Rinkenpfuhl
Marsil-
stein
Mauritius-
Im Lungen-
gasse
Clemens-
str.
Baum-
str.
Spinnmühlen-
gasse
J.-
Haubrich-
Hof
Josef-Mus.
VHS
Schnütgen
Kultur-
zentrum
9
J.-C.-
Letist-
Pl.
str.
Mau-
Rubensstr.
Mauritiuskirche
Stadt-büch.
Leonh.-
Bayardsg.
Hohenstaufenring
St. Maurit.-k.
Maurit.-
Bobststr.
Mozartstr.
Synagoge
Yitzhak-
Rabin-
Pl.
gelbertstraße
Schaevenstr.
Hum-
Arndt-
Str.
kirchpl.
Reinold-
str.
Alexianer
Thiebolds-
gasse
Fleisch-
Peter-
str.
3, 4, 16, 18
Agrippa
Beet-
hoven-
str.
12, 15
Josef-
Schwartz-
Anl.
Frankstr.
boldtstr.
Tauben-
gasse
steinweg
Kuhle-
mann-
str.
Kl. Griechenmkt.
Schem-
merg.
Gr.
Schart
g.
Post-
str.
Poststr.
Roon-
Rathenau-
platz
Zülpicher
Pl.
Zülpicher
str.
Jahn-
wall
Huhnsgasse
Gr. Telegraphen-
str.
Kl.
Telegr.-
str.
Griechen-
pforte
Alte Mauer am Bach
Gerhard-
Heins-
Meister-
Zülpicher Str.
Herz-
Jesu-K
Pl.
Friedrich
B
Zypern
Weyerstr.
978
Rothgerberbach
978
Barbarossa-
pl.
Neue Weyerstr.
Finanza.
Weidenbach
Kloster
St. Pantaleon
Panta-
leonstr.
Hochstadenstr.
Kytfhäuser
str.
Luxemburger
Str.
Friedr.-str.
Pantaleons-
gasse
Michael-
str.
Pantaleonsbg.
Am
Quirin-
str.
Martinsfeld
Waisenhaus-
Trutzenberg
Steinstr.
Barbarossapl.
Salierring
Panta-
mühlen
Moselstr.
233
Pfälzer
Str.
Trierer
Am
wall
Str.
Humboldt-
gymn.

Altstadt/ 1
Nord
133,250,260
978,SB40
200m
Breslauer Pl.
Köln-Hbf
Dom/Hbf
General Vikariat
St. Mariä Himmelf.
Maximinenstr.
Konrad-
Tankgassenwerft
Goldg.
Personenfähre
Hohenzollern-brücke 2
S6,S11,S12,S13
RE5,7-9,12,22,RB24-27
RB38,48
Dom
Domkloster
Frankenpl.
Röm.-Germ.-Mus.
Roncalli-pl.
Philhar-monie
AGFA-Photo-Historama
Mus. Ludwig
H.-Böll-Pl.
Rheinufertunnel
Schiffsanlegestelle Köln-Düsseldorf
Innenstadt 3
Rathaus
Alter Markt
Gürzenich
Deutzer Brücke
1,7,8,9
250,260
106
Augustinerstr.
Heumarkt
4
Am Leystapel
St. Maria im Kapitol
Rheing.
Altstadt/
Süd
Trinitatisk.
St. Maria Lyskirchen
Malakoffturm
Imhoff-Stollwerck-Mus. (Schokoladenmus.)
Dt.Sportmus.
5
Severinsbrücke
55
51
Severinstr.
Severinstraße
Karl-Berbuer-Platz
Ulrichgasse
Tel-Aviv-Str.
Neuköllner Str.
Süd-Fahrt
Nord-
Waidmarkt
St. Georg
Mechtildisstr.
Bayenstraße
Rheinauhafen
Rhein 6
Mainz (IV.X.)
234
Rheinau-halbinsel

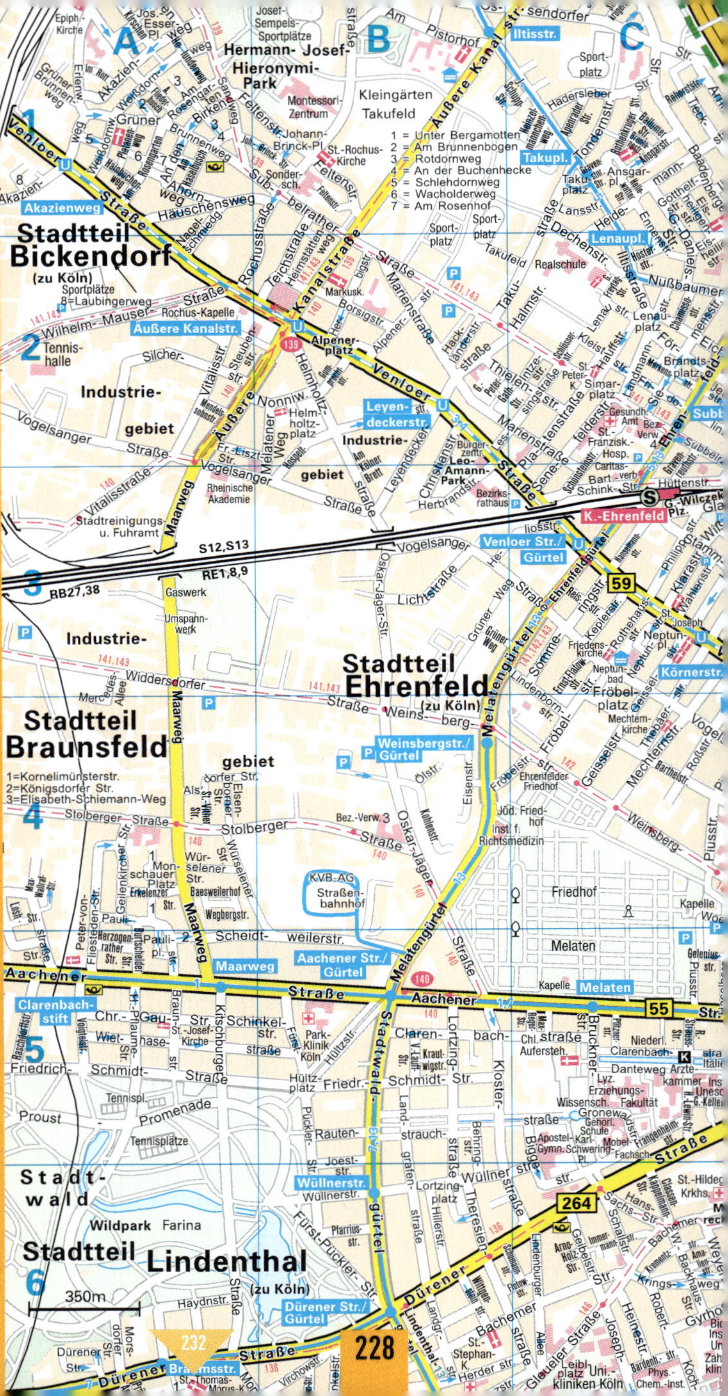
A
B
C
1
2
3
4
5
6
Stadtteil Bickendorf (zu Köln)
Stadtteil Ehrenfeld (zu Köln)
Stadtteil Braunsfeld
Stadtteil Lindenthal (zu Köln)
Stadtwald
Hermann-Josef-Hieronymi-Park
Kleingärten Takufeld
1 = Unter Bergamotten
2 = Am Brunnenbogen
3 = Rotdornweg
4 = An der Buchenhecke
5 = Schlehdornweg
6 = Wacholderweg
7 = Am Rosenhof
1=Kornelimünsterstr.
2=Königsdorfer Str.
3=Elisabeth-Schiemann-Weg
Sportplätze
8=Laubingerweg
Venloer Straße
Akazienweg
Äußere Kanalstr.
Leyendeckerstr.
Venloer Str./Gürtel
K.-Ehrenfeld
Körnerstr.
Weinsbergstr./Gürtel
Aachener Str./Gürtel
Maarweg
Melaten
Clarenbachstift
Wüllnerstr.
Dürener Str./Gürtel
Brahmsstr.
Iltisstr.
Takupl.
Lenaupl.
Industriegebiet
Vogelsanger Straße
Widdersdorfer Straße
Stolberger Straße
Aachener Straße
Dürener Straße
Melatengürtel
Stadtwaldgürtel
Ehrenfeldgürtel
Friedhof Melaten
KVB-AG Straßenbahnhof
Rheinische Akademie
Stadtreinigungs- u. Fuhramt
Gaswerk
Umspannwerk
S12,S13
RE1,8,9
RB27,38
Wildpark
Uni.-kliniken Köln
350m
55
59
264

232

D
E
F
1
2
3
4
5
6
Escher Str.
Müngersdorfer Str.
Industrie-
AS Ehrenfeld
Neu-
gebiet
ehrenfeld
K.-Nippes
Lohsestr.
Florastr.
Baudriplatz
Baudristr.
Merheimer Platz
Innere Kanal-Str.
Neusser Str.
Neusser Platz
Gleisdreieck
Lukasstraße
Neustadt/
Nord
August-Sander-Park
K.-Hansaring
Ebertpl.
Media-
Park
Hansaring
Erftstr.
Christophstr./
Mediapark
Stadt-
garten
K.-West
Hans-
Böckler-Pl./Bf.W.
Venloer Str.
Friesen-
platz
Köln-
Hbf
Dom
Brüsseler
Platz
Hohenzollernring
Moltkestr.
Neumarkt
Cäcilienstr.
Hahnenst.
Altstadt/
Süd
Rudolfpl.
Barbarossa-
pl.
Dasselstr./
Bf Süd
K. Süd
Eifelstr.
Aachener Weiher
Roon-
Zülpicher Str.
Universität
Hauptgeb.
Nord-Süd-Fahrt
Tel-Aviv-Str.
Severinstraße
Ulrich-
gasse
232

A
B
C
1
2
3
4
5
6
Stadtteil Nippes (zu Köln)
Industriegebiet
Johannes-Giesberts-Park
Kinderkrankenhaus
Bot. Garten
Zoologischer Garten
Flora
Zoobrücke
Zoo/Flora
Florastr.
Lohsestr.
Merheimer Platz
Kleingärten
H.-Domin-Park
Lis-Böhle-Park
Neustadt/Nord
Skulpturenpark
Riehler Pl.
Reichenspgr.-pl.
Ebertpl.
K.-Hansaring
Theodor-Heuss-Ring
Rhein
Rheinpark
Tanzbrunnen
Rheinhalle
Altstadt/Nord
Köln-Hbf
Dom
Hohenzollernbrücke
Kennedy-Ufer
Picasso-platz
RTL
K.-Messe/Deutz
Innenstadt
Schiffsanlegestelle Köln-Düsseldorf
Fischmarkt
Deutzer Brücke
Deutzer Freih.
Altstadt/Süd
Neumarkt
Imhoff-Stollwerck-Mus. (Schokoladenmus.)
Severinsbrücke
Stadtteil Deutz (zu Köln)
Drehbrücke
Rheinauhalbinsel
234

D
E
F
Stadtteil Mülheim
(zu Köln)
Industrie-gebiet
Stadtteil Riehl
(zu Köln)
Mülheimer Brücke
350m
Slabystr.
Boltensternstr.
Wiener Pl.
Bergisch Gladbacher Str.
Frankfurter Straße
Clevischer Ring
Genovevastr.
K.-Mülheim
Bf.-Mülheim
Stadtgarten
Mülheimer Hafen
Jugendpark
Industriegebiet
Günstr.
K.-Buchforst
Buchheim Frankf.-Str.
Pfälzischer Ring
Stegerwald-Siedlung
Buchforst Waldecker-Straße
Stadtt. Buchforst
(zu Köln)
Köln-Buchforst
Stadtt. Kalk
(zu Köln)
Köln-Messe
Betriebsbf. Köln-Deutz
Rangierbf. Kalk-Nord
1=Istanbulstraße
2=Corintostraße
3=Hans-Zardovsky-Pl.
Technologiepark
Bürger-Park
Köln ARCADEN
Kalk-Post
Kalk Kapelle
Deutz-Fachhochschule
Kalker Hauptstraße
5=Ripuarenstr.
K.-Trimbornstr.
Fachhochschule
1 = Rengsdorfer Str.
2 = Kroppacher Str.
3 = Flammersfelder Str.
4 = Pfarrer-Moll-Str.
Industriegebiet
Humboldt/ Gremberg
(zu Köln)
Stadtteil
Deutzer Friedhof
Am Grauen Stein
Severinsbrücke
Gummersbacher Straße
Straße des 17. Juni
8
51
55
1
2
3
4
5
6
235

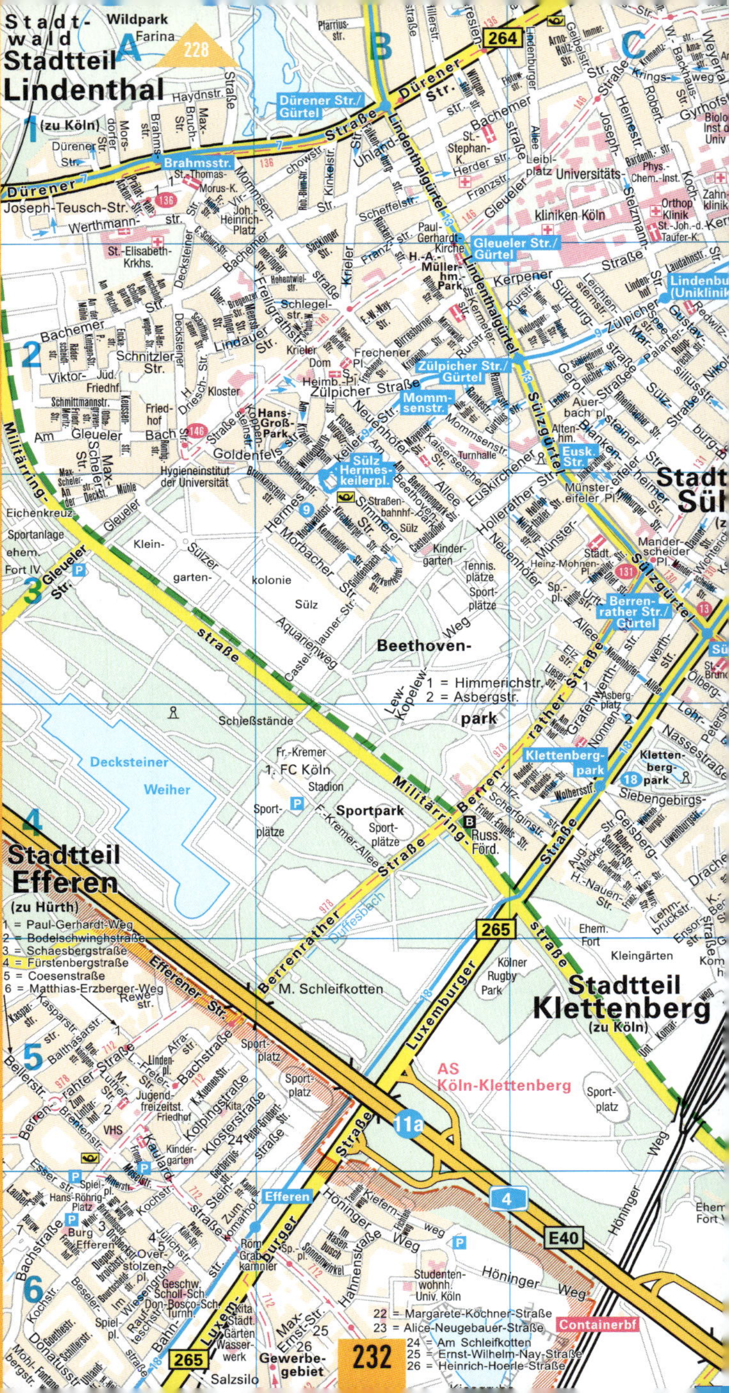
Stadtwald
Wildpark Farina
228
Stadtteil Lindenthal
(zu Köln)
Dürener Str./Gürtel
Brahmsstr.
Dürener Straße
Joseph-Teusch-Str.
Werthmann-str.
St.-Elisabeth-Krkhs.
264
Universitäts-kliniken Köln
Gleueler Str./Gürtel
Lindenthalgürtel
Bachemer Str.
Kerpener Straße
Lindenburg (Uniklinik)
Zülpicher Straße
Zülpicher Str./Gürtel
Mommsenstr.
Sülzgürtel
Eusk. Str.
Sülz Hermeskeilerpl.
Stadtteil Sülz
Hygieneinstitut der Universität
Kloster
Hans-Groß-Park
Militärring
Gleueler Str.
Kleingartenkolonie
Sülz
Beethovenpark
1 = Himmerichstr.
2 = Asbergstr.
Decksteiner Weiher
Schießstände
1. FC Köln Stadion
Sportpark
Berrenrather Str./Gürtel
Klettenbergpark
Berrenrather Straße
Stadtteil Efferen
(zu Hürth)
1 = Paul-Gerhardt-Weg
2 = Bodelschwinghstraße
3 = Schaesbergstraße
4 = Fürstenbergstraße
5 = Coesenstraße
6 = Matthias-Erzberger-Weg
Efferener Str.
M. Schleifkotten
265
Luxemburger Straße
Kölner Rugby Park
Stadtteil Klettenberg
(zu Köln)
AS Köln-Klettenberg
11a
4
E40
Efferen
Höninger Weg
Studentenwohnh. Univ. Köln
22 = Margarete-Köchner-Straße
23 = Alice-Neugebauer-Straße
24 = Am Schleifkotten
25 = Ernst-Wilhelm-Nay-Straße
26 = Heinrich-Hoerle-Straße
Containerbf
Gewerbegebiet
Salzsilo
232

229

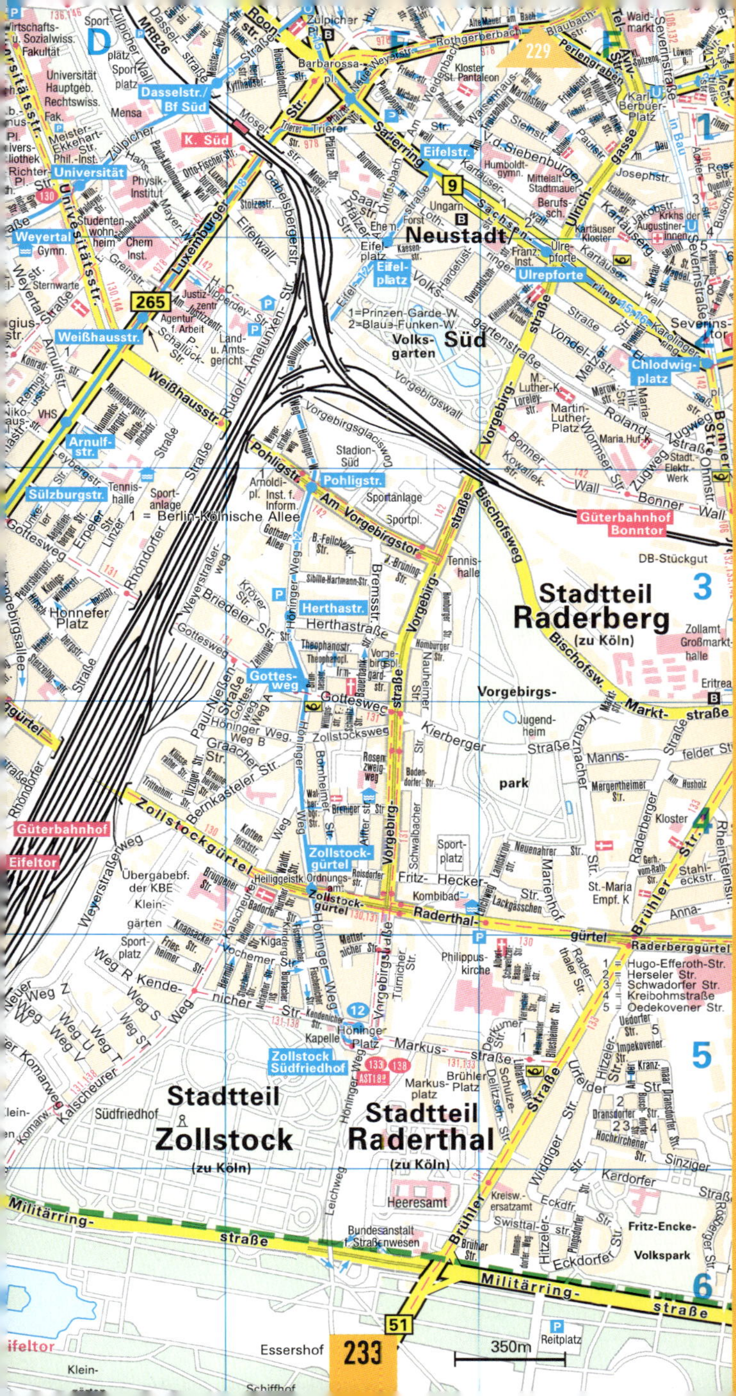

Neustadt
Süd
Volksgarten
Stadtteil Raderberg (zu Köln)
Stadtteil Zollstock (zu Köln)
Stadtteil Raderthal (zu Köln)
Vorgebirgspark
Südfriedhof
Universität
Dasselstr./Bf Süd
K. Süd
Weyertal
Weißhausstr.
Arnulfstr.
Sülzburgstr.
Pohligstr.
Herthastr.
Gottesweg
Zollstockgürtel
Zollstock Südfriedhof
Eifelstr.
Eifelplatz
Ulrepforte
Chlodwigplatz
Güterbahnhof Bonntor
Güterbahnhof Eifeltor
Luxemburger Str.
Zollstockgürtel
Raderthalgürtel
Raderberggürtel
Militärringstraße
Brühler Str.
Vorgebirgstraße
Bonner Str.
Höninger Weg
Bischofsweg
Sachsenring
Salierring
Karolingerring
1=Prinzen-Garde-W.
2=Blau-Funken-W.
1 = Berlin-Kölnische Allee
1 = Hugo-Efferoth-Str.
2 = Herseler Str.
3 = Schwadorfer Str.
4 = Kreibohmstraße
5 = Oedekovener Str.
Heeresamt
Bundesanstalt f. Straßenwesen
Volkspark
DB-Stückgut
Zollamt Großmarkthalle
Essershof
Reitplatz
350m

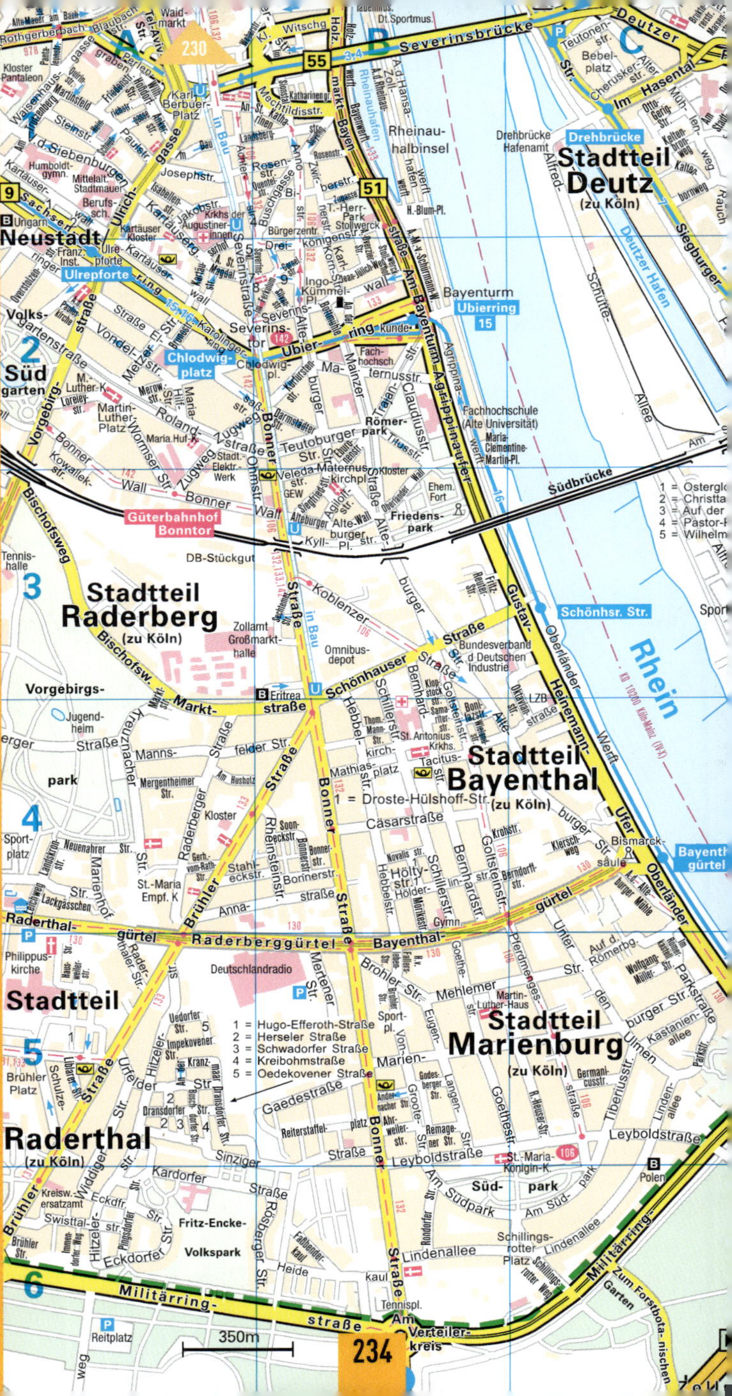

230
Severinsbrücke
55
Deutzer
Stadtteil Deutz
(zu Köln)
Drehbrücke
Rheinauhafen
Rheinau-
halbinsel
51
9
Neustadt
Ulrepforte
Ubierring
15
Bayenturm
Chlodwigplatz
2
Süd
Severinstor
Agrippinaufer
Fachhochschule
(Alte Universität)
Südbrücke
Güterbahnhof
Bonntor
Bonner Wall
Römerpark
Friedenspark
3
Stadtteil
Raderberg
(zu Köln)
Schönhsr. Str.
Rhein
Großmarkthalle
Omnibus-
depot
Bundesverband
d Deutschen
Industrie
Marktstraße
Schönhauser
Vorgebirgspark
Stadtteil
Bayenthal
(zu Köln)
1 = Droste-Hülshoff-Str.
4
Bayenthalgürtel
Raderberggürtel
Raderthalgürtel
Deutschlandradio
Stadtteil
Raderthal
(zu Köln)
5
Stadtteil
Marienburg
(zu Köln)
1 = Hugo-Efferoth-Straße
2 = Herseler Straße
3 = Schwadorfer Straße
4 = Kreibohmstraße
5 = Oedekovener Straße
Bonner Straße
Leyboldstraße
Südpark
Volkspark
Militärringstraße
6
350m
Verteilerkreis

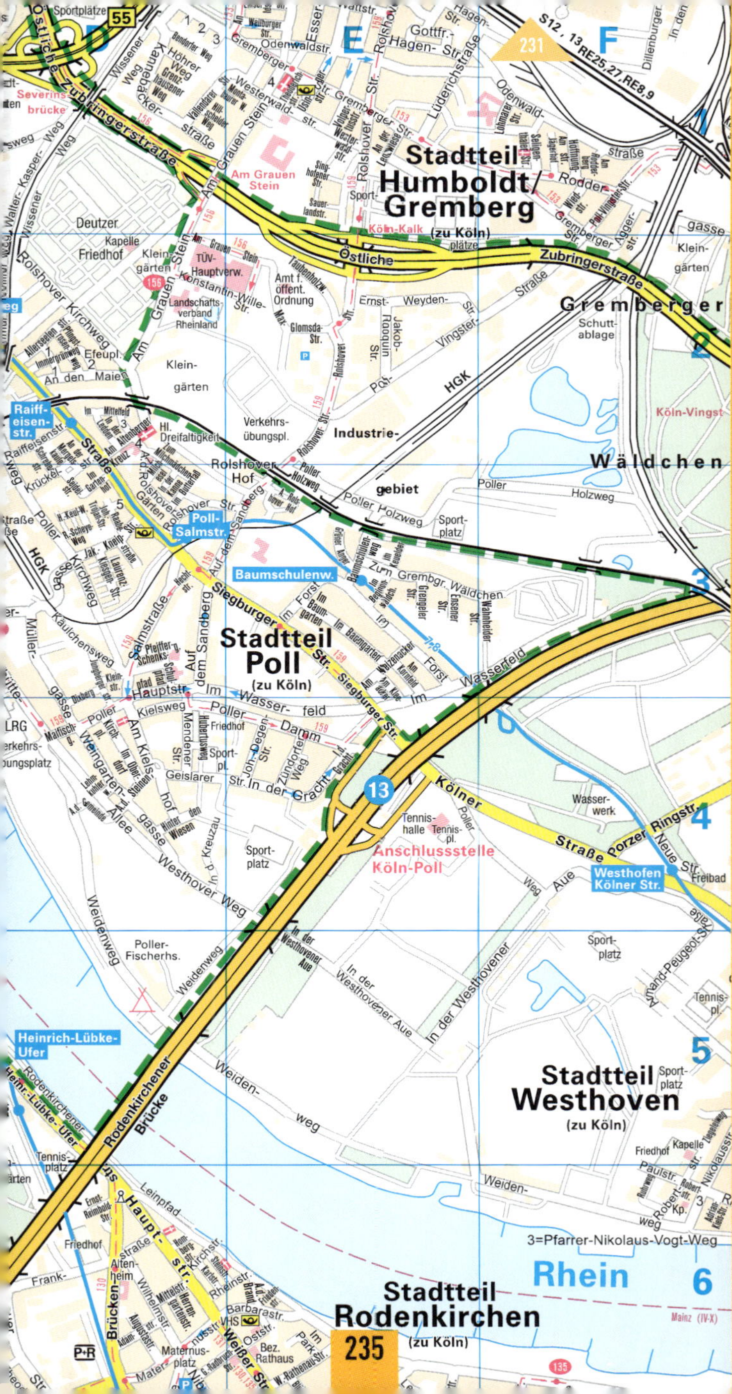
Sportplätze
55
D
E
F
231
S12, 13 RE25,27,RE8,9
Östliche Zubringerstraße
Severinsbrücke
Odenwaldstr.
Gremberger Str.
Westerwald-str.
Gottfr.-Hagen-Str.
Lüderichstraße
Odenwald-str.
Rolshover Str.
Stadtteil Humboldt/Gremberg
Am Grauen Stein
Köln-Kalk (zu Köln)
Rodder-weg
Gremberger Str.
Agger-str.
Klein-gärten
Deutzer Friedhof
Kapelle
TÜV-Hauptverw.
Konstantin-Wille-Str.
Landschaftsverband Rheinland
Amt f. öffent. Ordnung
Ernst-Weyden-Str.
Jakob-Rasquin-Str.
Vingster-Str.
Gremberger
Schutt-ablage
Rolshover Kirchweg
Efeupl.
An den Maien
Klein-gärten
HGK
Köln-Vingst
Raiff-eisen-str.
Hl. Dreifaltigkeit
Verkehrs-übungspl.
Industrie-gebiet
Wäldchen
Rolshover Hof
Poller Holzweg
Sport-platz
Poll-Salmstr.
Baumschulenw.
Zum Grembgr. Wäldchen
Stadtteil Poll (zu Köln)
Siegburger Str.
Im Baumgarten
Salmstraße
Auf dem Sandberg
Hauptstr.
Im Wasserfeld
Poller Damm
Kielsweg
Friedhof
Sport-pl.
Geislarer Str.
In der Gracht
Weingarten-Allee
Am Kielshof
13
Kölner Straße
Tennis-halle
Tennis-pl.
Anschlussstelle Köln-Poll
Wasser-werk
Porzer Ringstr.
Neue Str.
Westhofen Kölner Str.
Freibad
Sport-platz
Westhover Weg
Weidenweg
Poller-Fischerhs.
In der Westhovener Aue
Armand-Peugeot-Str.
Tennis-pl.
Heinrich-Lübke-Ufer
Rodenkirchener Brücke
Stadtteil Westhoven (zu Köln)
Sport-platz
Friedhof
Kapelle
Paulstr.
3=Pfarrer-Nikolaus-Vogt-Weg
Rhein
Leinpfad
Hauptstr.
Friedhof
Alten-heim
Frank-
Wilhelmstr.
Rheinstr.
Barbarastr.
Stadtteil Rodenkirchen (zu Köln)
Maternus-platz
Bez. Rathaus
Weißer Str.
Mainz (IV-X)
1
2
3
4
5
6

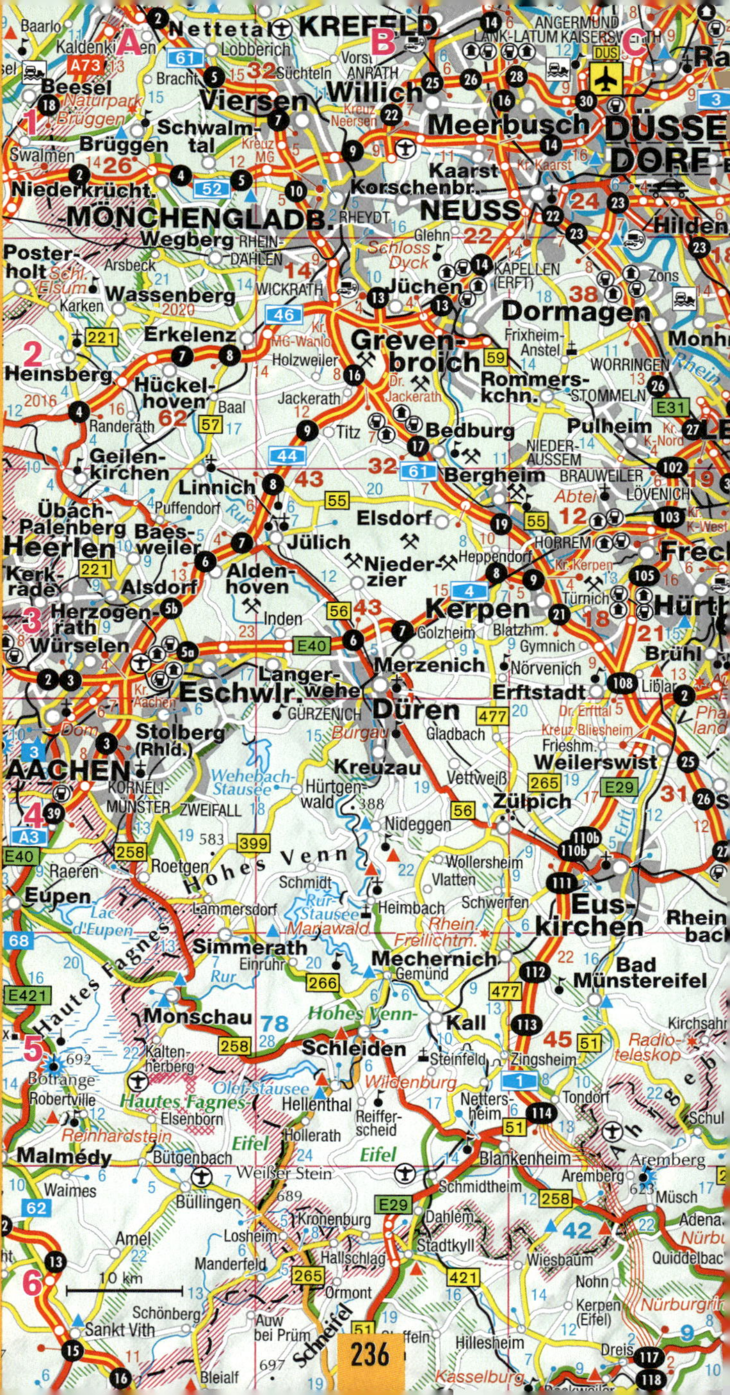
Baarlo
Kaldenkirchen
Nettetal
KREFELD
ANGERMUND
LANK-LATUM KAISERSWERTH
DUS
Lobberich
Vorst
ANRATH
Süchteln
Bracht
Beesel
Naturpark Brüggen
Viersen
Willich
Kreuz Neersen
Meerbusch
DÜSSELDORF
Schwalmtal
Brüggen
Kreuz MG
Swalmen
Niederkrücht.
Kaarst
Kr. Kaarst
Korschenbr.
NEUSS
MÖNCHENGLADB.
RHEYDT
Glehn
Hilden
Wegberg
RHEIN-DAHLEN
Posterholt
Schl. Elsum
Arsbeck
Schloss Dyck
KAPELLEN (ERFT)
Zons
Wassenberg
Karken
WICKRATH
Jüchen
Dormagen
Erkelenz
Kr. MG-Wanlo
Grevenbroich
Frixheim-Anstel
Monheim
Heinsberg
Holzweiler
WORRINGEN
Rhein
Hückelhoven
Dr. Jackerath
Jackerath
Rommerskchn.
STOMMELN
Baal
Randerath
Titz
Bedburg
Pulheim
Kr. K-Nord
Geilenkirchen
NIEDERAUSSEM
Linnich
Bergheim
BRAUWEILER
Übach-Palenberg
Puffendorf
Rur
Abtei
LÖVENICH
Heerlen
Baesweiler
Jülich
Elsdorf
HORREM
Kr. K-West
Frechen
Kerkrade
Aldenhoven
Niederzier
Heppendorf
Kr. Kerpen
Alsdorf
Türnich
Hürth
Herzogenrath
Inden
Kerpen
Golzheim
Blatzhm.
Gymnich
Würselen
Brühl
Langerwehe
Merzenich
Nörvenich
Erftstadt
Liblar
Kr. Aachen
Eschwlr.
Düren
GÜRZENICH
Dom
Dr. Erftal
Stolberg (Rhld.)
Burgau
Gladbach
Kreuz Bliesheim
Phantasialand
Frieshm.
AACHEN
Wehebach-Stausee
Kreuzau
Vettweiß
Weilerswist
KORNELIMÜNSTER
ZWEIFALL
Hürtgenwald
388
Zülpich
Nideggen
583
Erft
Raeren
Roetgen
Hohes Venn
Wollersheim
Schmidt
Vlatten
Eupen
Lammersdorf
Rur-Stausee
Heimbach
Schwerfen
Euskirchen
Lac d'Eupen
Mariawald
Rhein. Freilichtm.
Rheinbach
Simmerath
Einruhr
Mechernich
Gemünd
Bad Münstereifel
Hautes Fagnes
Hohes Venn
Monschau
Kall
Kirchsahr
692
Kaltenherberg
Schleiden
Steinfeld
Zingsheim
Radioteleskop
Botrange
Olef-Stausee
Wildenburg
Robertville
Hautes Fagnes
Hellenthal
Nettersheim
Tondorf
Elsenborn
Reifferscheid
Ahr
Schul
Reinhardstein
Hollerath
Eifel
Malmédy
Bütgenbach
Eifel
Blankenheim
Aremberg
Weißer Stein
Schmidtheim
Waimes
689
623
Müsch
Büllingen
Dahlem
Kronenburg
Adenau
Nürburg
Amel
Losheim
Stadtkyll
Wiesbaum
Quiddelbach
Manderfeld
Hallschlag
10 km
Nohn
Ormont
Schönberg
Nürburgring
Kerpen (Eifel)
Sankt Vith
Auw bei Prüm
Schneifel
Steffeln
Hillesheim
Dreis
697
Bleialf
Kasselburg
Rockeskyll
A
B
C
1
2
3
4
5
6

D
E
F
1
2
3
4
5
6
Neviges
BARMEN
ELBERFELD
WUPPERTAL
Ennepetal
Schwelm
Breckerfeld
Dahl
HOHEN-LIMBURG
Wiblingwerde
Altena
Iserlohn
Balve
Lüdenscheid
Werdohl
Neuenrade
Plettenberg
Radevormwald
Schalksmühle
BRÜGGE
Sauerland
Berg. Museumsbahn
Haan
REMSCHEID
Halver
Herscheid
Nordhelle
Wupper-Stausee
Bever-Stausee
Verse-Stausee
SOLINGEN
Hückeswagen
Ebbegebirge
Attendorn
Wermelskirchen
Kierspe
Valbert
Ebbegebirge
Leichlingen
Deutsche Alleenstraße
Wipperfürth
Ohl
Meinerzhagen
Burscheid
Gr. Dhünn-Stausee
Marienheide
Gimborn
Olpe
Altenbgr. Dom
Kürten
Bechen
Gummersbach
Wegeringhsn.
Odenthal
Lindlar
Aggertalhöhle
Bergneustadt
Drolshagen
Kreuz Olpe-Süd
LEVERKUSEN
BERG. GLADB.
Engelskchn.
Aggertal
Eckenhagen
BENSBERG
Kr. K-Ost
Wiehl
Wenden
Bergisches Land
Reichshof
Tropfsteinhöhle
Wiehl-Stausee
Wildbergerhütte
KÖLN
Overath
Homburg
Denklingen
Freudenberg
Much
PORZ
Rösrath
Nümbrecht
Morsbach
CGN
Seelscheid
Waldbröl
Niederfischbach
Troisdorf
Neunkirchen-
Birken-Honigsessen
Niederkassel
Lohmar
Ruppichteroth
Rosbach
Wahnbach-Stausee
Wissen
Siegburg
Hennef (S.)
Windeck
Sieg
Betzdorf
St. Augustin
Kr. Bonn/Siegburg
Eitorf
Schönstein
Gebhardshain
Blankenburg
Roth
BEUEL
Siebengebirge
Uckerath
Oberpleis
Weyerbusch
Elkenroth
BONN
BAD GODESBERG
Deutsche Alleenstraße
Kircheib
Buchholz
Marienstatt
Wahl
Altenkirchen (Ww.)
Königswinter
Hachenburg
Drachenfels
Asbach
Wachtberg
Bad Honnef
Flammersfeld
Höchstenbach
Meckenheim
Rolandsbogen
Neustadt (Wied)
Westerwald
Rheinbreitbach
Puderbach
Remagen
Unkel
St. Katharinen
Herschbach
Fernthal
Waldbreitbach
Wied
Bad Neuenahr-Ahrwlr.
Linz a. Rh.
Dierdorf
Freilingen
Niederbreitbach
Rhein-Westerwald
Selters (Ww.)
Sinzig
Dernau
Bonefeld
Schloss Vehn
Bad Breisig
Bad Hönningen
Rheinbrohl
Königsfeld
Ransbach-Baumbach
OBER-BIEBER
Isenburg
Wirges
Monrepos
Brohl-Lützing
Brohltal
Andernach
Neuwied
Bendf.
Dernbach
Höhr-Grenzhsn.
Montabaur
Kempenich
Laacher See
Weißenthurm
Mülheim-Kärlich
Wehr
Nassau
Maria Laach
Kruft
Plaidt
Vallendar
Neuhäusel
Ehrenbreitstein
Deutsche Limes-Straße
Schloss Bürresheim
Kreuz Koblenz
Mendig
KOBLENZ
Bad Ems
Nassau
Mayen
Ochtendung
Virneburg
Kobern-Gondorf
Lahnstein
Winningen
Limes
Monreal
Polch
Waldesch
Braubach
Elztal
Spay
Marksburg
Singhofen
Dachsenhsn.
Kreuz W-N
Wupper
Agger
Rhein
Aggertal
Sieg

KARTENLEGENDE

Autobahn mit Nummer
Motorway with number
Autoroute avec numéro

Nummer der Autobahnanschlussstelle
Motorway junction number
Numéro d'echangeur d'autoroute

Schnellstraße/ Bundesstraße
Expressway/ Federal road
Route express/ Route nationale

Durchgangsstraße
Main through road
Grande route

Übrige Straßen/ Weg
Other roads/ Footpath
Autres routes/ Sentier

Straßen in Bau/ Planung
Roads under construction/ projected
Routes en construction/ en projet

Fußgängerzone/ Einbahnstraße
Pedestrian zone/ One-way street
Zone piétonnière/ Rue à sens unique

Stadt- und Gemeindegrenze
Town and communal boundary
Limite de ville et commune

Umweltzone
Environmental zone
Zone environnement

Eisenbahn mit Bahnhof
Railway with station
Voie ferrée avec gare

Güter- und Industriebahn
Freight and industrial railway
Voie ferrée de marchandise et industrielle

S3 S3 S
S-Bahn mit Nummer und Station
Rapid transit train with number and station
Train en trafic suburbain avec numéro et gare

U U6 U6
U-Bahn/ Stadtbahn
Underground/ Light Rail
Métro/ Métro Léger

698 8
Bus/ Straßenbahn mit Endhaltestelle
Bus/ Tramway with terminus
Autobus/ Tramway avec terminus

P P P
Parkplatz/ Parkhaus/ Tiefgarage
Car park/ Parking house/ Underground car park
Parking/ Garage/ Parking souterrain

P+R P3 P3
Park+Ride/ Parkleitsystem
Park+Ride/ Parking control system
Park+Ride/ Système de signalisation

Hallenbad
Indoor swimming pool
Piscine couverte

Kirche
Church
Église

Krankenhaus
Hospital
Hôpital

Campingplatz/ Jugendherberge
Camping site/ Youth hostel
Camping/ Auberge de jeunesse

Post
Post office
Bureau de poste

Försterei
Forester's lodge
Maison forestière

Einzelne Bäume
Isolated trees
Arbres isolés

Wirtshaus/ Ausflugslokal
Inn/ Excursion-Inn
Auberge/ Café-Restaurant

Sendeanlage/ Leuchtturm
Transmitting station/ Lighthouse
Station d'émission/ Phare

Denkmal/ Turm
Monument/ Tower
Monument/ Tour

Windmühle/ Windrad
Windmill/ Windpower
Moulin à vent/ Éolienne

Tourist-Information
Tourist information center
Syndicat d'initiative

K B
Konsulat/ Botschaft
Consulate/ Embassy
Consulat/ Ambassade

Wald/ Park, Friedhof
Forest/ Park, Cemetery
Fôret/ Parc, Cimetière

Weinberg
Vineyard
Vignoble

Heide/ Moor, Sumpf
Heath/ Marsh, Swamp
Lande/ Marais, Marécage

Register

Von A wie A Caravela bis Z wie Zur Malzmühle enthält dieses Register alle in diesem Cityguide erwähnten Locations – halbfette Seitenzahlen verweisen auf den Haupteintrag.

IMPRESSUM

11., aktualisierte Auflage 2017
© MAIRDUMONT, Ostfildern
Chefredaktion: Marion Zorn
Verlagsredaktion: Susanne Heimburger
Gesamtredaktionelle Betreuung: derschönstesatz (Lucia Rojas)
Lektorat: Petra Sparrer
Autor: Ralf Johnen
Ko-Autoren: Jutta Gay, Martin Klein, Sarah Maschek, Ingo Neumayer, Jürgen Raap, Susanne Ruprecht, Belinda Steiert
Bildredaktion: Gabriele Forst
Kartografie Cityatlas: © MAIRDUMONT, Ostfildern
Vermarktung: MAIRDUMONT MEDIA, media@mairdumont.com
Gestaltung Cover und Editorial: Carl Anders – Büro für Visual Stories, Hamburg
Innengestaltung: factor product münchen, Susan Chaaban

SCHREIBEN SIE UNS!

LIEBE LESERIN, LIEBER LESER

Wir setzen alles daran, Ihnen möglichst aktuelle Informationen zu geben. Dennoch schleichen sich manchmal Fehler ein – trotz gründlicher Recherche unserer Autoren/-innen. Sie haben sicherlich Verständnis, dass der Verlag dafür keine Haftung übernehmen kann. Wir freuen uns aber, wenn Sie uns schreiben:

Marco Polo Redaktion, MAIRDUMONT, Postfach 31 51, 73751 Ostfildern, info@marcopolo.de

BILDNACHWEIS

Titelbilder: Karnevalshut o. l. (gettyimages/Image Source); Palme M. r. (iStock); Dom M. l. (gettyimages/Lookfoto: S. Lubenow); Kölsch o. r. (iStock); Kaffeetasse u. (gettyimages/EyeEm)

Fotos:
Christoph Becker (203);
Bubenheimer Spieleland (147);
Comedia Wagenhalle (100);
Erdbeeren im Winter/Anke Brabeck: Anna Siggelkow (132/133);
Fotografie Köln: Karsten Lindemann (Klappe o., 4 o., 14, 32/33, 36, 42, 45, 63, 71, 80, 113, 151, 167, 168, 187, 198);
Fotografie Köln: Anna Siggelkow (102, 103, 110/111, 165, 176/177, 196);
Getty Images (10);
Verena Günther (135);
Rainer Hackenberg (158/159);
Dirk Holst (19);
huber-images: Gräfenhain (54/55);
Köln Kongress GmbH: Tanzbrunnen (195);
Kornblum (7);
laif: Manfred Linke (22/23, 47, 48, 72, 76, 89, 122, 136, 139, 172, 190, 191);
Lorbass (180);
S. Lubenow (4 u.);
iStock: Piranka (250);
mauritius images/Imagebroker: Thomas Frey (25);
Ralf Schultheiss (16, 27, 28, 40, 50, 53, 64, 67, 68/69, 79, 82, 90, 94, 96/97, 99, 108, 114, 121, 148, 152, 179, 183, 184, 192, 206/207);

Vera Thies Pilates: Uwe Schmitz (162);
Susanne Troll (Klappe u., 8/9, 39, 60/61, 74/75, 85, 86, 93, 105, 106, 116/117, 119, 124, 125, 126, 129, 140, 144/145, 154, 188)

MIX
Paper from responsible sources
FSC® C004599
FSC www.fsc.org

KÖLN DIGITAL

KÖLN AUF EINEN BLICK
Überblick über Events, Gastro-Adressen, und vieles mehr
www.koelntourismus.de

SHOPPING-GUIDE
Alle relevanten Einzelhändler und Specials im Belgischen Viertel
www.chicbelgique.de

SCHÖNES THEATER
Alle News, Adressen und Termine zum Thema Theater in Köln
www.theaterszene-koeln.de

KÖLSCHE STREET-FASHION
Toller Fashion-Blog: Smilla Dankert porträtiert modische Kölner, die ihr zufällig auf der Straße begegnen
anders-anziehen.blogspot.de

SÜDSTADT-REVIER
Was ist los in der Südstadt? Auf diesem Portal erfahren Sie es
www.meinesüdstadt.de

KÖLNER VIERTEL ERLEBEN
Einkaufsführer mit den besten Shopping-Adressen in den beliebtesten Kölner Veedeln
www.erleben-magazin.de

GLOBAL DENKEN, LOKAL HANDELN
Nachhaltigkeit in einer Großstadt wie Köln: aktuelle Entwicklungen und Angebote
www.koeln-kann-nachhaltig.de

VON KÖLNERN FÜR KÖLNER
Was ist dein Lieblingsort in Köln? Diese Frage beantworten diverse Kölnerinnen und Kölner und zeichnen somit ein ganz besonderes Bild der Stadt
www.wearecity.de

SPURENSUCHEN
In Köln gibt es viele Ecken: Historische und kuriose, bunte und grüne. Monika Rosenbaum erklärt den Hintergrund kleiner und großer Sehenswürdigkeiten
www.koelnerecken.blogspot.de

WITZIGER LOKALPATRIOTISMUS
Der FC wird groß gefeiert, über Düsseldorf wird gern gelästert, und auch die Lokalpolitik bekommt in Köln ihr Fett weg
www.facebook.com/KoelnerDontSay

NEUES AUS DEM VEEDEL
Wo finden gerade Dreharbeiten statt? Wer hat den besten Cappuccino? Und wann ist gleich noch mal das nächste Bürgerfest? Hier steht, was in Nippes los ist
nippes-en-bloc.de

KULTUR RUND UM DEN DOM
Verstaubt und dröge? Von wegen! Der Blog der Stadtbibliothek beleuchtet das kulturelle Leben in Köln
www.stadtbibliothekkoeln.wordpress.com

DER ANDERE BLICK
Architektur, Kunst und Menschen: Fotograf Jan Hapke zeigt Köln aus vielen unbekannten und überraschenden Blickwinkeln
secretcologne.de

MIT ZWEI RÄDERN UNTERWEGS
Wie sieht die Kölner Verkehrspolitik in Sachen Fahrradfahrer aus? Dieser Watchblog liefert Ihnen die Antwort darauf
www.radfahren-in-koeln.de

KUNST IN KÖLN
Welche Ausstellungen sich lohnen und wohin sich die lokale Kunstszene bewegt, steht hier
www.artblogcologne.com

DEIN PODCAST GESCHEHE
Auch der Dom ist online! Die aktuelle Predigt sowie den gesamten Sonntagsgottesdienst gibt es hier als Video. Im Audiobereich können Sie außerdem Lebenshilfen, Theatertipps, Gebete und Bibelauslegungen hören
www.domradio.de/podcast

RUMSÜLZEN
Von Neueröffnungen über Kunstausstellungen bis hin zu den Beschlüssen der Bezirksvertretung: Was in Sülz so los ist, wird auf dieser Website berichtet
www.suelz-koeln.de

BÜRGERDIALOG
Nachhaltigkeit und Partizipation
www.kölnagenda.de

MARCO POLO KÖLN
Marcopolo.de bietet Ihnen neben einem Planungs-Tool und interaktiven Karten auch wertvolle Autoren- und User-Tipps sowie viele weitere Funktionen, die die Planung Ihrer Freizeitaktivitäten erleichtern
www.marcopolo.de/koeln

short.travel/hhj6j

DIGITAL MIT MARCO POLO UNTERWEGS
Egal ob online im Internet oder offline als App oder E-Book - MARCO POLO versorgt Sie auch unterwegs stets mit aktuellen Informationen und Tipps auf Ihrem PC, Smartphone, Tablet oder E-Reader.
short.travel/hhj6j

Köln
Cologne

Schienennetz
Rail services
Le réseau

2016

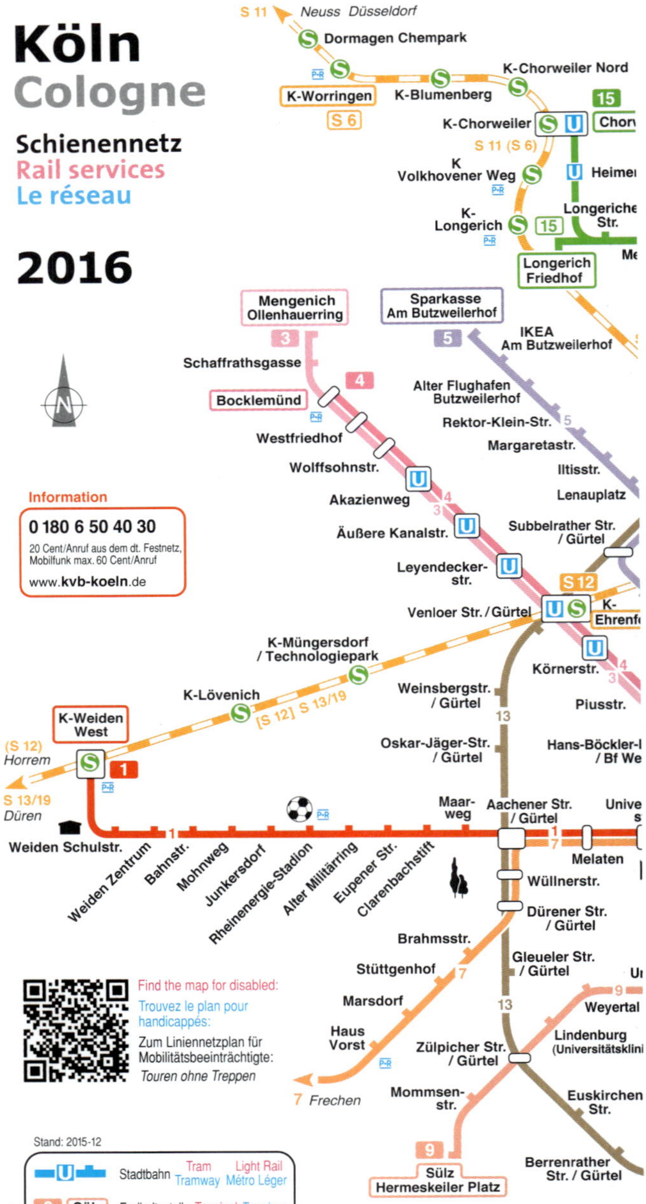

Information

0 180 6 50 40 30

20 Cent/Anruf aus dem dt. Festnetz, Mobilfunk max. 60 Cent/Anruf

www.**kvb-koeln**.de

Find the map for disabled:

Trouvez le plan pour handicappés:

Zum Liniennetzplan für Mobilitätsbeeinträchtigte:

Touren ohne Treppen

Stand: 2015-12

U	Stadtbahn	Tram / Tramway	Light Rail / Métro Léger
9 Sülz	Endhaltestelle	Terminal	Terminus
S	S-Bahn	Commuter traffic	Trafic à courte distance
DB	Fern-verkehr	Long distance traffic	Trafic à grande distance
P+R	Park & Ride		